अनूप बरनवाल 'देशबन्धु'

अनूप बरनवाल का जन्म 15 जुलाई, 1973 को आज़मगढ़, उत्तर प्रदेश के ठेकमाँ बाज़ार में हुआ। उन्होंने तिलकधारी महाविद्यालय, जौनपुर से बी.एस-सी. व एल-एल.बी. की पढ़ाई की और एल-एल.बी. में विश्वविद्यालय स्तर पर सर्वोच्च स्थान हासिल कर गोल्ड मेडल प्राप्त किया। वे 1998 से इलाहाबाद हाईकोर्ट में वकालत कर रहे हैं। विधिक पत्रिका 'वायस ऑफ़ लॉ एंड जस्टिस' के संस्थापक हैं। इलाहबाद हाईकोर्ट द्वारा निकाले जा रहे 'इंडियन लॉ रिपोर्टर' के सम्पादन समूह के सदस्य हैं। उन्होंने संवैधानिक महत्त्व की कई जनहित याचिकाएँ दाख़िल की हैं। सुप्रीम कोर्ट ने उनकी जनहित याचिका (2015) में चुनाव आयोग के चुनाव आयुक्तों की चयन-प्रक्रिया को निष्पक्ष एवं स्वतंत्र बनाने के लिए त्रिस्तरीय समिति के गठन का ऐतिहासिक निर्णय दिया। समान नागरिक संहिता को लागू करने के लिए 'मिशन अनुच्छेद 44 : एक राष्ट्र, एक सिविल क़ानून' के संयोजक हैं।

उनकी प्रमुख कृतियाँ हैं—'समान नागरिक संहिता : चुनौतियाँ और समाधान', 'एक देश-एक चुनाव : भारत में रानीतिक सुधार की सम्भावनाएँ', 'भारतीय संविधान की निर्माण-यात्रा', 'भारतीय भाषा में हाई कोर्ट की वकालत : न्याय को भाषायी आजादी', 'निर्माण-पुरुष डॉ. अम्बेडकर की संविधान यात्रा', 'भारतीय सिविल संहिता का सिद्धान्त', 'तीन तलाक़ की मीमांसा'।

उन्हें उत्तर प्रदेश हिन्दी संस्थान द्वारा राजनीति शास्त्र विधा के लिए 'गणेश शंकर विद्यार्थी पुरस्कार' (2019) और कानून विधा के लिए 'आचार्य परशुराम चतुर्वेदी पुरस्कार' (2018) से सम्मानित किया गया।

सम्प्रति : anoop.deshbandhu@gmail.com

भारतीय भाषा में हाई कोर्ट की वकालत

न्याय को भाषायी-आजादी

अनूप बरनवाल 'देशबन्धु'

लोकभारती पेपरबैक्स

लोकभारती पेपरबैक्स में
पहला संस्करण : 2024

लोकभारती पेपरबैक्स : उत्कृष्ट साहित्य के लोकप्रिय संस्करण

लोकभारती प्रकाशन
पहली मंजिल, दरबारी बिल्डिंग, महात्मा गांधी मार्ग प्रयागराज-211 001
शाखाएँ : 1-बी, नेताजी सुभाष मार्ग, दरियागंज नई दिल्ली-110 002
अशोक राजपथ, साइंस कॉलेज के सामने पटना-800 006
1, अनमोल सोराबजी सन्तुक लेन, मरीन लाइंस मुम्बई-400 002
वेबसाइट : www.lokbhartiprakashan.com
ईमेल : info@lokbhartiprakashan.com

विकास कम्प्यूटर एंड प्रिंटर्स
ट्रॉनिका सिटी-201 102
द्वारा मुद्रित

मूल्य : ₹350

BHARATIYA BHASHA MEIN
HIGH COURT KI VAKALAT
by Anoop Baranwal 'Deshbandhu'

ISBN : 978-81-979896-6-7

भारत रत्न

पुरुषोत्तम दास टंडन

को समर्पित

न्यायमूर्ति पंकज मित्थल
न्यायाधीश
उच्चतम न्यायालय, भारत

सत्यमेव जयते

4, तुगलक रोड
नई दिल्ली—110011
फोन : 011-2379 3636

प्राक्कथन

'भारतीय भाषा में हाई कोर्ट की वकालत' पुस्तक के माध्यम से न्याय की भाषा, उच्च न्यायालय में हिन्दी का प्रयोग और हिन्दी भाषा में प्रमुख निर्णयों को बहुत सुन्दरता से समझाया गया है। समाज में न्याय बहुत ही महत्त्वपूर्ण भूमिका रखता है और न्याय प्रणाली को समझाने व उससे जुड़ी सामग्री को व्यापक रूप से उपलब्ध कराने व समझने के लिए भाषा की भूमिका अत्यन्त महत्त्वपूर्ण है। पिछले चालीस वर्षों से भारतीय न्यायपालिका से जुड़े रहने के कारण मैं न्याय क्षेत्र में भाषा के उपयोग के महत्त्व को समझता हूँ। मेरा स्वयं का मानना है कि निजभाषा के प्रयोग के बिना न्याय अधूरा है और इसलिए जब सम्भव होता है, स्वयं इसका प्रयोग करने का प्रयास भी करता हूँ।

भारत में सैकड़ों स्थानीय भाषाएँ होने के बावजूद, हिन्दी इन सभी भाषाओं की प्रमुख भाषा है। अत: हमारी न्याय प्रक्रिया में हिन्दी का प्रयोग अत्यन्त महत्त्वपूर्ण है। इसका तात्पर्य यह नहीं कि हम अन्य भाषाओं की अनदेखी कर दें। न्याय क्षेत्र में हिन्दी का प्रयोग एक प्रासंगिक कदम है ताकि हर व्यक्ति को उसकी भाषा में न्याय प्राप्त हो सके जो समान अधिकार और संवैधानिक मूल्यों को सुनिश्चित कर सके।

स्वतंत्रता के लगभग 75 वर्ष बाद भी देश में नागरिकों को उनकी अपनी भाषा में न्याय नहीं मिल रहा है। अत: उच्च न्यायालय और सर्वोच्च न्यायालय स्तर पर दिये गए अंग्रेजी निर्णयों को जैसा आम नागरिकों को समझा दिया जाता है, वह मान लेते हैं। परन्तु मूल रूप से उन निर्णयों को स्वयं पढ़ने व समझने से वह वंचित रह जाते हैं। स्वतंत्रता के पश्चात अंग्रेजी भाषा को 10 वर्ष के लिए ही प्रयोग में रखने की संविधान में व्यवस्था की गई थी। परन्तु आज तक न्याय की भाषा अंग्रेजी ही बनी हुई है, यह बड़ी ही विडम्बना है। हमारा लक्ष्य अपने नागरिकों को सरल,

सुलभ और जनसाधारण की भाषा में न्याय दिलवाना है। अत: स्वाभाविक रूप से हिन्दी व क्षेत्रीय भाषा का प्रयोग अति आवश्यक है। कृत्रिम बुद्धिमत्ता (Artificial Intelligence) द्वारा अंग्रेजी निर्णयों का हिन्दी व अन्य भाषाओं में अनुवाद किया जाना अपने-आप में एक सराहनीय कदम है, परन्तु वह पर्याप्त नहीं है।

श्री अनूप बरनवाल जी द्वारा पुस्तक में उच्च न्यायालय में वादों की तैयारी से जुड़ी महत्त्वपूर्ण जानकारी दी गई है, जो किसी भी वकील, न्यायाधीश व वादकार के लिए अत्यन्त हितकारी व लाभकारी है। यह पुस्तक हमें हिन्दी भाषा के प्रयोग, प्रमुख निर्णयों की व्याख्या और उनके महत्त्व को समझने और हिन्दी भाषा किस प्रकार से न्याय के क्षेत्र में एक महत्त्वपूर्ण भूमिका निभा सकती है, के बारे में बहुत कुछ बताती है। यदि हमारा उद्देश्य लोगों की वास्तविक सेवा करने का है, तो जनगण की भाषा हिन्दी में ही उन्हें न्याय प्रदान करना हमारा कर्तव्य बनता है, उसी से हमारी न्यायपालिका 'जनता का न्यायालय' बन सकती है।

मुझे विश्वास है कि बरनवाल जी की यह पुस्तक न्यायपालिका के सन्दर्भ में हिन्दी भाषा में जानकारी प्रदान करके भारतीय समाज को समृद्धि प्रदान करेगी। यह पुस्तक पाठकों को उच्च न्यायालय में हिन्दी भाषा में वकालत करने के लिए प्रेरित व प्रोत्साहित करेगी और सभी लोगों के लिए सूचनाप्रद और शिक्षाप्रद होगी।

—पंकज मित्थल

न्यायमूर्ति पंकज मित्थल
न्यायाधीश
उच्चतम न्यायालय, भारत

सत्यमेव जयते

4, तुगलक रोड
नई दिल्ली—110011
फोन : 011-2379 3636

शुभकामना सन्देश

श्री बरनवाल जी,

आपकी पुस्तक 'भारतीय भाषा में हाई कोर्ट की वकालत' को पढ़कर मुझे अत्यन्त प्रसन्नता हुई। यह पुस्तक न केवल एक महत्त्वपूर्ण विषय पर आपके गहन अध्ययन और शोध का परिणाम है, बल्कि इसमें भारतीय न्यायपालिका में न्याय की भाषा, उच्च न्यायालय में हिन्दी के प्रयोग और हिन्दी भाषा में प्रमुख निर्णयों के बारे में भी बहुत सुन्दरता से दर्शाया गया है, जो कि लोगों के लिए अत्यधिक सहायक होगी।

इस पुस्तक में आपने बड़ी सरलता से विशेष अपील, प्रथम अपील, द्वितीय अपील, जमानत प्रार्थना-पत्र आदि के बारे में हिन्दी में समझाने का प्रयास किया है, जो कि आपके उत्कृष्ट लेखन को दर्शाता है। आपके इस योगदान से विश्वास है कि भारतीय कानूनी प्रक्रिया को समझने में लोगों को मदद मिलेगी।

आपके इस अनूठे कार्य और उत्कृष्ट लेखन के लिए मैं आपको हृदय से शुभकामना देता हूँ।

धन्यवाद,

—पंकज मित्थल

क्रम

अलग-अलग मुकदमों के मसौदे

न्याय-व्यवस्था का भाषायी भारतीयकरण

महान कानूनविद एवं राजनीतिज्ञ पुरुषोत्तम दास टंडन ने संविधान सभा के समक्ष भाषा सम्बन्धी प्रावधान पर बहस के दौरान संकल्प व्यक्त किया था कि 'पाँच वर्ष बीतते-बीतते हिन्दी-राज्यों के उच्च न्यायालय पूरी तरह हिन्दी में काम करना आरम्भ कर देंगे।' पाँच वर्ष की यह अवधि बीते 70 वर्ष से अधिक हो गए, किन्तु आज भी हम इस लक्ष्य से बहुत दूर हैं। आजादी के 78 वर्ष बाद भी हम उच्च न्यायालयों में अंग्रेजी भाषा के महिमामंडन के अधीन अपना कर्मजीवन जीने के आदी-से हो गए हैं और इस तरह कि पता ही नहीं चलता है कि हम न्यायिक कार्यों को लेकर अपनी ही मातृभाषा/मातृभूमि-भाषा के प्रति हीनभावना भी रखने लगे हैं।

कानून का एक छात्र जब उच्च न्यायालय में वकालत करने के लिए आता है, तो आज भी उसे यही बताया जाता है कि बिना अंग्रेजी भाषा के वह वकालत नहीं कर सकता है। उसे अंग्रेजी में मुकदमा तैयार करना होगा, अंग्रेजी में ही बहस करनी होगी, अंग्रेजी में निर्णय पढ़ने को मिलेंगे, अंग्रेजी में ही पुस्तक एवं जर्नल भी पढ़ने को मिलेंगे, इत्यादि-इत्यादि। इस कारण वह न केवल अंग्रेजी भाषा में कानून की शिक्षा ग्रहण करने के लिए, बल्कि उच्च न्यायालय में आकर अंग्रेजी भाषा में ही मुकदमा तैयार करने और बहस करने के लिए मजबूर है।

वर्ष 1998 में जब लेखक इलाहाबाद उच्च न्यायालय में वकालत करने आया, तो यहाँ मिले अंग्रेजी माहौल के कारण उसे भी अंग्रेजी भाषा में मुकदमे लिखवाना और बहस करना आसान-सा लगने लगा। अपनी मातृभाषा में वकालत करना कैसा होता है, आसान होता है या कठिन, यह सब महसूस करने का अवसर ही नहीं मिला। कभी-कभार अपनी मातृभाषा हिन्दी में मुकदमा तैयार करने की इच्छा हुई, किन्तु मजाक का पात्र बन जाने के भय से हिचकिचाहट बनी रही। एक तरह

से अपनी मातृभाषा को लेकर हीनभावना का शिकार हो जाने की स्थिति थी। इस भाषायी हिचक एवं हीनता से बाहर निकलने का मनोबल पहली बार तब मिला, जब 14 फरवरी, 2022 को इलाहाबाद उच्च न्यायालय की एक पीठ के समक्ष एक मामले में बहस के दौरान माननीय न्यायाधीश ने लेखक को हिन्दी भाषा में मुकदमा दाखिल करने का सुझाव दिया। लेखक ने भी माननीय न्यायाधीश से इसके लिए प्रयास करने का वादा किया। उस पल एक झटके में किये गए इस वादे से लेखक ने स्वयं को नैतिक रूप से बँधा महसूस किया है और इसी नैतिक बाध्यता के अधीन हिन्दी भाषा में मुकदमा दाखिल करना आरम्भ किया।

अपनी मातृभाषा को लेकर उपजी भाषायी हीनता को समाप्त करने और हिन्दी भाषा में मुकदमा दाखिल करने का आत्मबल प्रधानमंत्री नरेन्द्र मोदी के विचार से भी मिला, जिसे उन्होंने राज्यों के मुख्यमंत्री और मुख्य न्यायाधीश के 11वें संयुक्त सम्मेलन[1] के उद्‌घाटन अवसर पर व्यक्त किया था। शास्त्रवचन 'न्यायमूलं सुराजं स्यात्' का उल्लेख करते हुए मोदी जी ने कहा—'किसी भी देश में सुराज का आधार न्याय होता है। इसलिए न्याय जनता से जुड़ा होना चाहिए, जनता की भाषा में होना चाहिए। जब तक न्याय के आधार को सामान्य जनता नहीं समझती, उसके लिए न्याय और राजकीय आदेश में कोई फर्क नहीं होता है। ...एक बड़ी आबादी के लिए न्यायिक प्रक्रिया से लेकर फैसलों तक को समझना मुश्किल होता है। हमें इस व्यवस्था को सरल और आम जनता के लिए ग्राह्य बनाने की जरूरत है। हमें कोर्ट में स्थानीय भाषाओं को प्रोत्साहन देने की जरूरत है। इससे देश के सामान्य नागरिकों का न्याय प्रणाली में भरोसा बढ़ेगा, वह उससे जुड़ा हुआ महसूस करेगा। ...सामाजिक न्याय के लिए न्यायपालिका के तराजू तक जाने की ही जरूरत नहीं होती है, सामाजिक न्याय के लिए भाषा भी बहुत बड़ा कारण बन सकती है।'

इस अवसर पर भारत के तत्कालीन मुख्य न्यायाधीश न्यायमूर्ति एन.वी. रमन्ना ने न्याय व्यवस्था के भारतीयकरण पर जोर देते हुए कहा, 'उच्च न्यायालयों के कामकाज में स्थानीय भाषाओं को शामिल करने के लिए कई प्रत्यावेदन आए हैं। इन माँगों पर विचार करने और तार्किक निर्णय लेने का अब समय आ गया है। संवैधानिक न्यायालयों के समक्ष वकालत एक व्यक्ति की बौद्धिकता और कानूनी समझ पर आधारित होनी चाहिए, न कि मात्र उसकी भाषायी प्रवीणता पर।'

---

1. 30 अप्रैल, 2022

9 मार्च, 2024 को भारत के मुख्य न्यायाधीश न्यायमूर्ति डी.वाई. चन्द्रचूड़ द्वारा व्यक्त किया गया विचार[1] भी इस पुस्तक को आत्मबल प्रदान करता है। स्थानीय भाषा में फैसला दिये जाने पर बल देते हुए न्यायमूर्ति चन्द्रचूड़ ने कहा कि 'यदि मैं दिल्ली में बैठकर कोई निर्णय वकील या जज के लिए दे रहा हूँ, तो वो कठिन भाषा में हो सकता है, किन्तु यदि आम आदमी के लिए निर्णय कर रहा हूँ, तो निश्चित रूप से यह सरल भाषा में होना चाहिए।'

भारतीय भाषा समिति[2] द्वारा आयोजित एक कार्यशाला[3] में श्री चम्मू कृष्ण शास्त्री, श्री अतुल कोठारी और देश भर के तमाम विधिवेत्ताओं की उपस्थिति में लेखक ने यह पुस्तक लिखने का वादा किया था। इस पुस्तक को लिखने के पूर्व लेखक पहले खुद भी हिन्दी में मुकदमों की तैयारी करने का और न्यायालय के समक्ष प्रस्तुत करने का अनुभव प्राप्त करना चाहता था। वर्ष 2022-24 के दौरान लेखक ने हिन्दी भाषा में कई मुकदमे दाखिल किये जिनसे प्राप्त अनुभव इस पुस्तक को लिखने में बहुत मददगार साबित हुए। पुस्तक 'भारतीय संविधान की निर्माण यात्रा' को अन्तिम स्वरूप देने की व्यस्तता के कारण इस पुस्तक में कुछ विलम्ब हुआ। फिर भी सक्रिय वकालत में रहते हुए इस पुस्तक का पूर्ण होना लेखक के लिए सन्तोष की बात है।

इस पुस्तक के पहले अध्याय में राष्ट्रभाषा के महत्त्व और हिन्दी को राष्ट्रभाषा के रूप में विकसित करने की आवश्यकता को विमर्श का विषय बनाया गया है। इसके दूसरे अध्याय में उच्च न्यायालय में हिन्दी भाषा में कामकाज से सम्बन्धित संवैधानिक एवं कानूनी प्रगति पर और हिन्दी भाषा के लिए किये गए कार्यों पर और तीसरे अध्याय में हिन्दी भाषा में मुकदमों का मसौदा तैयार करने के तरीके पर विस्तार से चर्चा की गई है। पुस्तक में इसका विशेष ध्यान दिया गया है कि एक नवागन्तुक विधिवक्ता को भी उच्च न्यायालय के मुकदमों के बारे में सम्पूर्ण जानकारी मिले। पुस्तक के अन्त में कुछ मुकदमों के मसौदे को परिशिष्ट के रूप में संलग्न किया गया है। ये मसौदे लेखक द्वारा इलाहाबाद उच्च न्यायालय के समक्ष हिन्दी भाषा में दाखिल मुकदमों पर आधारित हैं। इन्हें पढ़ने के बाद समझा जा सकता है कि हिन्दी में वकालत करना उतना ही आसान है, जितना अंग्रेजी में है।

---

1. महाराजा गंगा सिंह विश्वविद्यालय, बीकानेर के ऑडिटोरियम में।
2. केन्द्र सरकार के शिक्षा मंत्रालय द्वारा संचालित।
3. दिल्ली : 14 अक्टूबर, 2022

हिन्दी, तमिल, तेलुगू, मलयालम, कन्नड़, बंगाली, असमिया, ओड़िया, मराठी, गुजराती, पंजाबी, कश्मीरी जैसी भारतीय भाषाओं में वकालत करना, माँ की तरह अपनी मातृभाषा एवं मातृभूमि-भाषा का सम्मान करना है। इसे लेकर किसी तरह की हीनभावना रखना अनुचित एवं अमान्य है। 25 वर्ष की वकालत में अन्तिम अठारह महीनों के दौरान हिन्दी भाषा में की गई वकालत से प्राप्त अनुभव के आधार पर लेखक कह सकता है कि उच्च न्यायालय के स्तर पर भी भारतीय भाषा में मुकदमों की तैयारी करना और वकालत करना आसान है। जनमानस को उनकी समझ योग्य भाषा में न्याय मिले और न्याय को भाषायी आजादी मिले, इस दिशा में ईमानदारी से कार्य करना हम सभी की समाज एवं राष्ट्र के प्रति जिम्मेदारी और संविधान के प्रति जवाबदेही है। इसके लिए हमें सामूहिक प्रयास करने और संकल्पित होने की आवश्यकता है। उच्च न्यायालय के स्तर पर भाषायी आजादी पाने का यह संकल्प, उच्चतम न्यायालय (सुप्रीम कोर्ट) को भी अंग्रेजी से मुक्त कराकर सम्पूर्ण न्याय-व्यवस्था का भाषायी भारतीयकरण करने, और भाषायी एकता एवं भाषायी साम्यता को स्थापित करने का मार्ग प्रशस्त करेगा, जिसके लिए हमारे संविधान-निर्माताओं ने सपना देखा था।

विश्वास है कि यह पुस्तक, देश के सभी उच्च न्यायालयों के न्यायिक कामकाज में भारतीय भाषाओं को स्थापित करने में सफल होगी और सम्पूर्ण न्याय-व्यवस्था का भाषायी भारतीयकरण करने, और न्याय को भाषायी आजादी दिलाने और इसे सुराजमूलक एवं सामाजिक न्याय के अनुकूल बनाने की सिद्धि प्राप्त करने हेतु संकल्पवान होने में मदद करेगी।

—अनूप 'देशबन्धु'

1

न्याय की भाषा

किसी देश के निर्माण में उसकी भाषा का बहुत महत्त्व है। यह न केवल देश की सांस्कृतिक एकता और भौगोलिक अखंडता की दृष्टि से, बल्कि अन्तिम व्यक्ति को विकास की धारा से जोड़ने की दृष्टि से भी महत्त्वपूर्ण होता है। इसके बावजूद कि भारत, भाषा के मामले में विश्व का सबसे समृद्धशाली देश रहा है, ब्रिटिश हुकूमत के दौरान अंग्रेजी जैसी एक गैर-भारतीय भाषा को सरकारी कार्यालयों, न्यायालयों, शिक्षण संस्थाओं की आधिकारिक भाषा के रूप में स्थापित एवं संरक्षित किया गया। इसके कारण एक तरफ जहाँ कुछ मुट्ठी भर लोगों ने पूरी व्यवस्था पर वर्चस्व बना लिया, वहीं बहुसंख्य भारतीय समाज अपनी अंग्रेजी-अनभिज्ञता के कारण इस व्यवस्था से दूर और नैसर्गिक विकास से वंचित हो गया।

ब्रिटिश हुकूमत से आजादी मिलने के बाद आज भी अंग्रेजी, भारत के लगभग सभी उच्च न्यायालयों में पूरे ठाट-बाट के साथ अपना वर्चस्व बनाए हुए है। इस स्थिति को बदलने की आवश्यकता है या नहीं, इस पर चर्चा करना आवश्यक है।

अंग्रेजी या लोक-भाषा

'न्याय लोक-भाषा में ही होना चाहिए', वैश्विक स्तर पर मान्य यह विचार किसी भी तरह के विवाद से परे है। किन्तु भारत में न्याय की भाषा को लेकर एक अलग विचार गढ़ने का प्रयास किया गया और आजादी के 78 वर्ष बाद आज भी, कुछ अपवादों को छोड़कर, यह अनवरत जारी है। यहाँ आज भी यह बहस प्रासंगिक बनी हुई है कि न्याय की धाराएँ 2-3 प्रतिशत लोगों की अंग्रेजी भाषा में व्यक्त होनी चाहिए या 97-98 प्रतिशत लोगों की लोक-भाषा में। यह तब भी है जब इतने सालों बाद आज भी अंग्रेजी लोक-भाषा का स्थान नहीं बना पाई है। लोक-भाषा नहीं होने

के बावजूद न्यायपालिका में अंग्रेजी का वर्चस्व होना इसकी सामन्ती प्रवृत्ति को दर्शाता है, जिसका उल्लेख करते हुए महान समाजवादी चिन्तक डॉ. राममनोहर लोहिया कहते हैं—

> 'अंग्रेजी हिन्दुस्तान को ज्यादा नुकसान इसलिए नहीं पहुँचा रही है कि वह विदेशी है, बल्कि इसलिए कि भारतीय प्रसंग में वह सामन्ती है। आबादी का सिर्फ एक प्रतिशत छोटा-सा हिस्सा ही अंग्रेजी में ऐसी योग्यता हासिल कर पाता है कि वह उसे सत्ता या स्वार्थ के लिए इस्तेमाल करता है। इस छोटे से हिस्से के हाथ में विशाल जन-समुदाय पर अधिकार और शोषण करने का हथियार है अंग्रेजी। ...दुनिया में सिर्फ हिन्दुस्तान ही एक ऐसा सभ्य देश है जिसके जीवन का पुराना ढर्रा खत्म नहीं होना चाहता, जो अपने लगभग सभी सरकारी और दूसरे सार्वजनिक काम आज भी उस भाषा में करता है, जिसे 99 प्रतिशत लोग समझते तक नहीं। वास्तव में, दुनिया में और कोई ऐसा सभ्य अथवा असभ्य देश नहीं है, जो ऐसा करता है। हिन्दुस्तान को छोड़कर, अपने सार्वजनिक कार्य के लिए किसी भी देश ने अंग्रेजी को अपनाया है, वह तभी जब कि उसकी भाषाएँ प्राय: समाप्त हो गई हों और चाहे जितनी मिश्रित रूप में ही क्यों न हो, अंग्रेजी उनके बोल-चाल की भाषा बन गई हो।'[1]

आजादी के 78 वर्ष बाद आज जब यह स्पष्ट हो गया है कि अंग्रेजी जैसी भाषा भारत में लोक-भाषा का स्थान नहीं ले पाई है, और इस कारण भारत के उच्चतर न्यायालयों से इसे हटाया जाना आवश्यक है, तो एक स्वाभाविक सवाल निकलकर आता है कि न्यायालयों के सन्दर्भ में कौन-सी भाषा अंग्रेजी का स्थान ले सकती है। इस दृष्टि से देश के लिए किसी एक लोक-भाषा को राष्ट्रभाषा घोषित करने का सवाल महत्त्वपूर्ण हो जाता है।

नर्मद नाम से प्रसिद्ध गुजराती भाषा के महान कवि एवं समाजसुधारक नर्मदाशंकर लालशंकर दवे ने सर्वप्रथम वर्ष 1880 में हिन्दी को भारत की राष्ट्रभाषा बनाने का विचार रखा। कुछ ही वर्ष बाद बिहार में हिन्दी को सरकारी स्तर पर प्रतिष्ठित करने की दिशा में एक महत्त्वपूर्ण घटना घटित हुई। वर्ष 1886 में बांग्ला भाषा के विद्वान साहित्यकार भूदेव मुखोपाध्याय ने बिहार का इंस्पेक्टर ऑफ स्कूल रहने के दौरान न्यायालयों में फारसी के स्थान पर हिन्दी का प्रयोग करने का आदेश दिया। भूदेव की ही पहल पर हिन्दी भाषा में कई पाठ्य-पुस्तकें भी तैयार की गईं। इसी तरह महामना मदन मोहन मालवीय के नेतृत्व में 'नागरी प्रचारिणी सभा' द्वारा चलाए गए

---

1. लोहिया के विचार : लोकभारती प्रकाशन; पृष्ठ सं. 135

आन्दोलन (1898-1900) ने पश्चिमोत्तर प्रान्त[1] के न्यायालयों और स्कूलों में हिन्दी भाषा के लिए द्वार खोले। नागरी प्रचारिणी सभा के ही काशी अधिवेशन (1905) में मराठी भाषी लोकमान्य बाल गंगाधर तिलक ने देवनागरी को सभी भारतीय भाषाओं की सम्पर्क लिपि और हिन्दी को राष्ट्रभाषा बनाने का आह्वान किया। महात्मा गांधी ने 1918 में 'दक्षिण भारत हिन्दी प्रचार सभा' की स्थापना कर हिन्दी के लिए दक्षिण भारत में प्रवेश का मार्ग प्रशस्त किया। हिन्दी के राष्ट्रव्यापी स्वरूप को और मजबूती देने के लिए कांग्रेस ने 1930 के अधिवेशन में प्रस्ताव पारित किया कि देश के सभी अन्तरप्रान्तीय कार्य राष्ट्रभाषा हिन्दी में किये जाएँ। महात्मा गांधी की ही पहल पर पूर्वोत्तर राज्यों में हिन्दी के प्रचार के लिए बाबा राघवदास और गोपीनाथ बारदोलोई के नेतृत्व में 1938 में 'असम हिन्दी प्रचार समिति'[2] की स्थापना हुई।

किसी भाषा के भारत जैसे देश की राष्ट्रभाषा होने के लिए उसमें किन विशेषताओं का होना आवश्यक है, इसका जवाब देते हुए महात्मा गांधी निम्न पाँच विशेषताएँ बताते हैं—

1. अमलदारों के लिए वह भाषा सरल होनी चाहिए।
2. उस भाषा के माध्यम से भारतवर्ष का आपसी धार्मिक, आर्थिक एवं राजनीतिक व्यवहार हो सकना चाहिए।
3. यह जरूरी है कि भारतवर्ष के बहुत-से लोग उस भाषा को बोलते हों।
4. राष्ट्र के लिए वह भाषा आसान होनी चाहिए।
5. उस भाषा का विचार करते समय किसी क्षणिक या अल्पस्थायी स्थिति पर जोर नहीं देना चाहिए।

उक्त पाँच विशेषताएँ बताने के बाद महात्मा गांधी निष्कर्ष निकालते हैं कि अंग्रेजी भाषा में इनमें से एक भी लक्षण नहीं है। सवाल-जवाब करते हुए गांधी जी आगे कहते हैं—'तो फिर किस भाषा में ये पाँच विशेषताएँ मिलती हैं। हमें यह कबूल कर ही लेना होगा कि हिन्दी भाषा में ये सभी विशेषताएँ मौजूद हैं।'

महात्मा गांधी का उक्त विचार इसलिए और भी महत्त्वपूर्ण हो जाता है, क्योंकि उनकी अपनी मातृभाषा हिन्दी नहीं, बल्कि गुजराती थी। इसलिए राष्ट्रभाषा के सवाल पर उनका विचार बिलकुल निष्पक्ष है। दूसरी भारतीय भाषाओं को राष्ट्रभाषा के रूप में विकसित किये जाने की क्या गुंजाइश हो सकती है, इसकी भी जाँच-पड़ताल करते हुए महात्मा गांधी कहते हैं कि ये पाँच विशेषताएँ धारण करने में हिन्दी की होड़ करनेवाली

---

1. ब्रिटिश भारत का प्रशासनिक क्षेत्र (वर्तमान क्षेत्र उत्तर प्रदेश, उत्तराखंड, मध्य प्रदेश, राजस्थान, हिमाचल प्रदेश, हरियाणा, दिल्ली)
2. बाद में इसका नाम 'असम राष्ट्रभाषा प्रचार समिति' कर दिया गया।

दूसरी कोई भाषा नहीं है। हिन्दी के बाद का स्थान बांग्ला को प्राप्त है। तिस पर भी बंगाली भाई बंगाल के बाहर तो हिन्दी का ही प्रयोग करते हैं। हिन्दी बोलनेवाला जहाँ जाता है, वहाँ हिन्दी का ही उपयोग करता है और इससे किसी को आश्चर्य नहीं होता। हिन्दी बोलनेवाले धर्म-प्रचारक और उर्दू के मौलवी सम्पूर्ण हिन्दुस्तान में अपना व्याख्यान हिन्दी में ही देते हैं और अनपढ़ जनता भी उसे समझ लेती है। अनपढ़ गुजराती भी उत्तर भारत में जाकर हिन्दी का थोड़ा-बहुत इस्तेमाल कर लेता है, जबकि उत्तर का भैया बम्बई के सेठ की दरबानगिरी करता हुआ भी गुजराती बोलने से इनकार करता है और सेठ भैया के साथ टूटी-फूटी हिन्दी में बोलना शुरू कर देता है। मैंने देखा है कि ठेठ द्रविड़ प्रान्तों में भी हिन्दी की ध्वनि सुनाई पड़ती है। यह कहना ठीक नहीं कि मद्रास में तो सब काम अंग्रेजी से चलता है। मैंने तो वहाँ भी अपना काम हिन्दी में किया है। सैकड़ों मद्रासी मुसाफिरों को मैंने दूसरे लोगों के साथ हिन्दी में बोलते सुना है। ...इस प्रकार राष्ट्रीय भाषा के नाते हिन्दी भाषा का निर्माण हो चुका है।[1]

हिन्दी की उपेक्षा और इसके स्थान पर अंग्रेजी का वर्चस्व होने के कारण आर्थिक असमानता एवं वर्गभेद गहरा होगा, और देश का अन्तिम व्यक्ति स्वराज के वास्तविक लाभ से वंचित रहेगा, इस दृष्टिकोण से भी हिन्दी को राष्ट्रभाषा बनाए जाने पर बल देते हुए गांधी जी कहते हैं—

> 'अगर स्वराज अंग्रेजी बोलनेवाले भारतीयों का, उन्हीं के लिए होनेवाला हो, तो निस्सन्देह अंग्रेजी ही राष्ट्रभाषा होगी। लेकिन अगर स्वराज करोड़ों भूखों मरनेवालों, करोड़ों निरक्षरों, निरक्षर बहनों और दलितों व अन्त्यजों का हो और इन सबके लिए हो, तो हिन्दी ही एकमात्र राष्ट्रभाषा हो सकती है।'

गैर-हिन्दी भारतीय भाषाओं के हिन्दी से किसी तरह के टकराव या अन्तर्विरोध को नकारते हुए गांधी जी आगे कहते हैं—

> 'लोग ऐसा समझते हैं कि हम प्रान्तीय भाषाओं को नष्ट करके हिन्दी को सारे भारतवर्ष की एकमात्र भाषा बनाना चाहते हैं। इस गलतफहमी से भ्रमित होकर वे हमारे प्रचार का विरोध करते हैं। मेरा खयाल है कि हमें इस बारे में अपनी नीति स्पष्ट करके ऐसी गलतफहमियाँ दूर करनी चाहिए। मैं हमेशा से यह मानता रहा हूँ कि हम किसी भी हालत में प्रान्तीय भाषाओं को मिटाना नहीं चाहते। हमारा मतलब तो सिर्फ यह है कि विभिन्न प्रान्तों के पारस्परिक सम्बन्ध के लिए हम हिन्दी भाषा सीखें। ऐसा कहने से हिन्दी के प्रति हमारा कोई पक्षपात प्रकट नहीं होता।

1. हिन्दी नवजीवन, 15-12-1927

हिन्दी को हम राष्ट्रभाषा मानते हैं। वह राष्ट्रीय होने के लायक है। वही भाषा राष्ट्र भाषा बन सकती है, जिसे अधिसंख्यक लोग जानते-बोलते हों और जो सीखने में सुगम हो। ऐसी भाषा हिन्दी ही है।'

अंग्रेजी के मुकाबले हिन्दी को सीखना कैसे आसान, लाभदायक और राष्ट्रहित में है, इस पर चर्चा करते हुए बापू जी लिखते हैं—

'अगर कोई साधारण बंगाली हिन्दुस्तानी सीखने में रोज तीन घंटे खर्च करे, तो सचमुच ही दो महीनों में उसे सीख लेगा और इसी रफ्तार से द्रविड़ को सीखने में छह महीने लगेंगे। कोई बंगाली या द्रविड़ इतने समय में अंग्रेजी सीख लेने की आशा नहीं कर सकता। ...मैं आशा करता हूँ कि अगले कांग्रेस में बंगाल और मद्रास के भाई हिन्दुस्तानी का कामचलाऊ ज्ञान प्राप्त करके आएँगे। जिस भाषा को जनता के ज्यादा-से-ज्यादा लोग समझते हैं, हमारी सबसे बड़ी सभा उस भाषा में अपना काम न करे, तो यह जनता के लिए प्रेरणा की बात नहीं हो सकती। मैं द्रविड़ भाइयों की कठिनाई को समझता हूँ लेकिन मातृभूमि के प्रति उनके प्रेम और उद्यम के सामने कोई चीज कठिन नहीं।'[1]

आजादी के आन्दोलन के दौरान महात्मा गांधी जी के नेतृत्व में हिन्दी को राष्ट्रभाषा के रूप में स्थापित करने को लेकर लगभग आम सहमति थी। ऐसा करना न केवल देश की एकता और अखंडता की दृष्टि से, बल्कि आम लोगों के विकास की दृष्टि से भी महत्त्वपूर्ण था। किन्तु संविधान निर्माण के समय नेतृत्व के स्तर पर इससे अलग विचार भी मौजूद था जो कहीं-न-कहीं मैकाले की भारत को सांस्कृतिक गुलाम बनाए रखनेवाली सोच को पोषित करता था। भारत देश की राजनीतिक आजादी के बदले इस देश की सांस्कृतिक गुलामी का जो सपना मैकाले ने देखा था, उसका सबसे बड़ा माध्यम कुछ और नहीं बल्कि भाषा थी और यह भाषा कोई और नहीं, बल्कि अंग्रेजी भाषा थी।

अनुच्छेद 370 के अलावा भाषा सम्बन्धी प्रारूप भाग XIV-क (नियमित भाग XVII) ऐसा भाग है, जिसे न तो मसौदा समिति के अध्यक्ष डॉ. बी.आर. आंबेडकर ने प्रस्तुत किया और न इस पर हुई आम बहस में उन्होंने भाग लिया। इस तथ्य के अलग-अलग मायने निकाले जा सकते हैं। इसे उनकी प्रावधान से असहमति के रूप में भी देखा जा सकता है। संविधान के भाषा सम्बन्धी प्रावधानों को लेकर डॉ. आंबेडकर की सहमति या असहमति को समझने के लिए उनके भाषा सम्बन्धी विचारों को जानना आवश्यक है।

1. यंग इंडिया; 2-2-1921

भारत की एकता के लिए डॉ. बी.आर. आंबेडकर हिन्दी को राष्ट्रीय भाषा के रूप में स्वीकार करने के पक्षधर थे। विभिन्न प्रान्तों में अलग-अलग राजकीय भाषा से पैदा होनेवाली प्रान्तीय राष्ट्रीयता के खतरे से सावधान करते हुए डॉ. आंबेडकर कहते हैं कि 'भाषावार प्रान्तों को बनाने में कोई खतरा नहीं है। खतरा प्रत्येक प्रान्त को इनकी राजकीय भाषा के साथ भाषावार प्रान्त बनाने में है क्योंकि बाद वाली स्थिति हमें प्रान्तीय राष्ट्रीयता की ओर ले जाती है। प्रान्तीय भाषा को राजकीय भाषा के रूप में प्रयोग करने से प्रान्तीय संस्कृति पृथक, कठोर एवं मजबूत बनती है। इसे होने देने की अनुमति देना खतरनाक है। ऐसी अनुमति देना प्रान्तों को प्रत्येक स्वरूप में पृथक व स्वतंत्र देश होने देने की अनुमति देना है, जो एकीकृत भारत को बर्बाद करने के रास्ते को खोलेगा।[1]

हिन्दी की हिमायत करते हुए डॉ. बी.आर. आंबेडकर आगे कहते हैं कि एक भाषा लोगों को एकीकृत करती है जबकि दो भाषाएँ निश्चित रूप से लोगों को बाँटती हैं। यह एक निष्ठुर नियम है। संस्कृति भाषा से संरक्षित होती है। चूँकि भारतीय लोग एकीकृत होना चाहते हैं और एक साझी संस्कृति बनाना चाहते हैं, इसलिए यह सभी भारतीयों का दायित्व है कि वे हिन्दी को अपनी भाषा माने।[2] डॉ. आंबेडकर के ये विचार सिद्ध करते हैं कि वह भाषा के राष्ट्रीय बोध के पैरोकार थे। शायद इसी कारण उनकी भाषा सम्बन्धी प्रावधान को लेकर तत्कालीन नेतृत्व से असहमति रही होगी, जिसके कारण उन्होंने न तो इस महत्त्वपूर्ण प्रावधान को प्रस्तुत किया और न ही इस पर हुई आम बहस में भाग लिया। यदि उन्हें भाषा सम्बन्धी प्रारूप बनाने की आजादी रही होती, तो शायद न तो हिन्दी का दूसरी भारतीय भाषाओं के साथ किसी तरह का अन्तर्विरोध पैदा होता और न ही हिन्दी को राष्ट्रभाषा की प्रतिष्ठा पाने के लिए आज 78 वर्ष बाद भी इन्तजार करना पड़ता।

एशिया महाद्वीप में 48 देश हैं जिनमें से भारत के अलावा किसी भी देश के राजकाज की मुख्य भाषा अंग्रेजी नहीं है। ईरान में फारसी; कतर, कुवैत, ओमान, यू.ए.ई. एवं बहरीन में अरबी; तुर्किए में तुर्की; चीन एवं ताइवान में मंडारिन; जापान में जापानी; कोरिया में कोरियन; इजराइल में हिब्रू; इंडोनेशिया एवं मलेशिया में बहासा; श्रीलंका में सिंहली और उज्बेकिस्तान में उज्बेक भाषा मान्य है। इसी तरह यूरोप के 44 देशों में से केवल दो देशों—यूनाइटेड किंगडम और जिब्राल्टर की मुख्य भाषा अंग्रेजी है,

1. राइटिंग एंड स्पीच (1) 105
2. राइटिंग एंड स्पीच (1) 145

बाकी 42 देशों की भाषा अंग्रेजी नहीं है। डेनमार्क में डेनिश; स्वीडेन में स्वीडिश; रूस में रूसी; जर्मनी में जर्मन; पोलैंड में पोलिश; इटली में इटैलियन; फ्रांस में फ्रेंच; वेटिकन सिटी में लैटिन और स्पेन में मुख्य भाषा स्पेनिश है। ये देश अंग्रेजी के बिना अपनी मातृभूमि-भाषा अपनाकर ही विकसित देश की श्रेणी में हैं। अंग्रेजी के वैश्विक भाषा होने का जो झुनझुना भारत के लोगों को पकड़ाया गया और इसे न जानने पर अविकसित/अक्षम हो जाने का जो खौफ इन्हें दिखाया गया, ऐसा कभी इन देशों में नहीं हुआ। ये सभी देश अपनी भाषाओं के साथ अपनी संस्कृति को सुरक्षित रखते हुए विकास कर रहे हैं।

फ्रेंच, स्पेनिश, मंडारिन और अरबी जैसी भाषाओं से कई गुना धनी होने के बावजूद हिन्दी भाषा संयुक्त राष्ट्र संघ से मान्य नहीं हो सकी। इसका प्रमुख कारण तत्कालीन ब्रिटिश हुकूमत का इस भाषा के प्रति दुराग्रह था। 1977 में अटल बिहारी वाजपेयी द्वारा बतौर विदेश मंत्री जब संयुक्त राष्ट्र संघ में हिन्दी भाषा में भाषण दिया गया, तो पहली बार वैश्विक समुदाय हिन्दी भाषा से रू-ब-रू हुआ। तब पहली बार किसी भारतीय भाषा को संयुक्त राष्ट्र संघ में अपने गौरव का एहसास हुआ। किन्तु आज भी हिन्दी, संयुक्त राष्ट्र संघ में अपना वास्तविक हक नहीं प्राप्त कर सकी है। हाँ, एक सकारात्मक बदलाव जरूर देखने को मिला है। चीन, जापान जैसे देशों की तरह अब भारत भी संयुक्त राष्ट्र संघ जैसे तमाम वैश्विक मंचों पर और अन्तरराष्ट्रीय द्विपक्षीय वार्ता के दौरान अनुवादक के साथ हिन्दी भाषा में अपनी बात रखने के रास्ते पर चल दिया है। जिसे स्वयं प्रधानमंत्री नरेन्द्र मोदी आगे बढ़ा रहे हैं। इस वैश्विक नीति के कारण ही हिन्दी को अन्तरराष्ट्रीय मान्यता मिली है। इस बदलाव के न केवल वैश्विक सन्दर्भ में, बल्कि घरेलू सन्दर्भ में भी बहुत खास मायने हैं। जब एक तमिल-भाषी या कन्नड़-भाषी या मलयालम-भाषी या मराठी-भाषी या उड़िया-भाषी या बांग्ला-भाषी या असमिया-भाषी, किसी अन्तरराष्ट्रीय मंच पर अपने गुजराती मातृभाषा वाले प्रधानमंत्री को हिन्दी भाषा में सहजता के साथ संवाद स्थापित करते हुए देखता है, तो इसका उसके दिलो-दिमाग पर प्रभाव पड़ता है तथा मात्र अंग्रेजी न जानने के कारण उसके मन में बैठ चुकी हीनभावना भी समाप्त होती है कि अपनी भारतीय भाषा में अन्तरराष्ट्रीय स्तर के बड़े काम नहीं किये जा सकते हैं।

रूसी, स्पेनिश, फ्रेंच, जर्मन की तरह अंग्रेजी को एक भाषा के रूप में सीखने में कोई बुराई नहीं है, किन्तु शिक्षा एवं अनुसन्धान के माध्यम के रूप में, न्यायालयी एवं संसदीय कार्यवाही के माध्यम के रूप में, शासन एवं प्रशासन के माध्यम के

रूप में, अंग्रेजी को बनाए रखना और इसे लगातार प्रतिष्ठित एवं मजबूत करना मान्य नहीं हो सकता है। किसी भाषा का विरोध नहीं है। सवाल दिन-प्रतिदिन के शैक्षणिक-कार्यालयी-न्यायालयी कार्यों के भाषायी माध्यम का है। एक विदेशी भाषा का स्वतंत्र राष्ट्र के राजकाज और शिक्षा की भाषा होना सांस्कृतिक दासता है, जो बहुसंख्य समुदाय को समानता के अवसर से वंचित और एक छोटे से समुदाय को वर्चस्व में बने रहने में मदद करता है। ऐसी भाषायी व्यवस्था के रहते स्वराज आधा-अधूरा है, तो सुराज असम्भव है।

आज भी 98-99 प्रतिशत भारतीयों की मातृभाषा कोई-न-कोई भारतीय भाषा है। इसमें लगभग 44 प्रतिशत लोगों की मातृभाषा हिन्दी है, जबकि मात्र 0.02 प्रतिशत लोगों की मातृभाषा अंग्रेजी है। मूल अंग्रेजी-भाषी लोगों की यह संख्या उन लोगों से भी कोसों पीछे है, जिनकी मातृभाषा बंगाली (8.3 प्रतिशत), मराठी (7.09 प्रतिशत), तेलुगू (6.93 प्रतिशत), तमिल (5.89 प्रतिशत), गुजराती (4.74 प्रतिशत), उर्दू (4.34 प्रतिशत), कन्नड़ (3.73 प्रतिशत), उड़िया (3.2 प्रतिशत), मलयालम (2.97 प्रतिशत), पंजाबी (2.83 प्रतिशत), असमिया (1.3 प्रतिशत) है।[1]

मातृभाषा यानी माता-पिता का अनुकरण करके सीखी जानेवाली वह भाषा, जिसके माध्यम से हम मातृभूमि के आचार-विचार एवं संस्कार को जानते-समझते हैं। मातृभाषा के बारे में रवीन्द्रनाथ टैगोर जी कहते हैं कि जिस तरह हमने माँ की गोद में जन्म लिया है, उसी तरह मातृभाषा की गोद में जन्म लिया है, ये दोनों माताएँ हमारे लिए सजीव और अपरिहार्य हैं। इनके बिना न आनन्द मिलता है, न विस्तार होता है और न ही हमारी योग्यताएँ प्रफुल्लित होती हैं। मातृभाषा के महत्त्व को रेखांकित करते हुए भारतेन्दु हरिश्चन्द लिखते हैं, 'निज भाषा उन्नति अहे, सब उन्नति को मूल। बिन निज भाषा ज्ञान के, मिटै न हिय को शूल।' व्यापक सन्दर्भ में हिन्दी को देश की सामान्य भाषा (राष्ट्रभाषा) के रूप में स्वीकार करते हुए महर्षि अरविन्द घोष सलाह देते हैं कि 'लोग अपनी-अपनी मातृभाषा की रक्षा करते हुए सामान्य भाषा के रूप में हिन्दी को ग्रहण करें।' बिहार राज्य के सभी विभागों में कामकाज के लिए हिन्दी भाषा को अनिवार्य करने की ऐतिहासिक नीति लागू करनेवाले पूर्व मुख्यमंत्री जननायक कर्पूरी ठाकुर मानते थे कि अपनी मातृभाषा को सरकारी कामकाज की भाषा बनाकर ही तरक्की की जा सकती है। इस नीति को उत्तर प्रदेश में लागू करनेवाले पूर्व मुख्यमंत्री मुलायम सिंह यादव ने संसद जैसे संस्थानों में अंग्रेजी पर पाबन्दी लगाने की वकालत की।

---

1. 2011 की जनगणना के अनुसार

यदि न्यायपालिका से न्याय मिलने का भरोसा जनमानस को है, तो इसका बहुत बड़ा आधार 'समझयोग्य न्याय' है। यह समझयोग्य न्याय लोक-भाषा में ही सम्भव है। एक आम व्यक्ति जब अंग्रेजी में निर्णय पाता है और जब वह इसे समझने में स्वयं असमर्थ रहता है या जब उसे ऐसे निर्णय को समझने के लिए किसी अंग्रेजी-ज्ञाता का सहारा लेना पड़ता है, तो उसे न्याय न समझ पाने के कारण उतनी ग्लानि नहीं होती है, जितनी कि अंग्रेजी की अज्ञानता के कारण होती है। ऐसी ग्लानि कई अन्य समस्याओं को पैदा करती है। उनमें से एक, अंग्रेजी माध्यम की शोषक शैक्षणिक व्यवस्था का कायम रहना भी है। इसलिए न्यायपालिका जैसी संस्था में अंग्रेजी का वर्चस्व होने का अर्थ है कि आप बाकी जगहों पर कितना भी भाषायी-सुधार के प्रयास कर लें, उनका विफल होना निश्चित है।

न्यायालयी एवं संसदीय कार्यवाही के साथ-साथ शैक्षणिक एवं अनुसन्धानिक संस्थानों में, शासन-प्रशासन के दिन-प्रतिदिन के कामकाज में लोक-भाषा का अधिक-से-अधिक प्रयोग करके इसे स्थापित किया जा सकता है। ऐसा करने से संस्थागत तौर पर अंग्रेजी का वर्चस्व अपने-आप समाप्त हो जाएगा। आज तक ऐसा नहीं हो पाने के लिए कानूनी-अड़चन कम, अपनी मातृभाषा के प्रति उपजी हमारी हीनभावना ज्यादा जिम्मेदार है। इसलिए कानूनी-अड़चन को समाप्त करने का सवाल कम, स्वयं की हीनभावना को समाप्त करने का सवाल ज्यादा है।

'भारतम' के रूप में हिन्दी : भाषायी एकता की बुनियाद

भाषा पर हुई चर्चा के दौरान डॉ. श्यामा प्रसाद मुखर्जी ने संविधान सभा के समक्ष 13 सितम्बर, 1949 को एक बहुत महत्त्वपूर्ण विचार व्यक्त किया था। हिन्दी साहित्य सम्मेलन के प्रस्ताव की याद दिलाते हुए डॉ. मुखर्जी ने कहा, 'मैं इस संविधान सभा में हिन्दी भाषी प्रान्तों का प्रतिनिधित्व कर रहे लोगों को याद दिलाना चाहूँगा कि जब हम हिन्दी को स्वीकार कर रहे हैं तो इसके बदले अपने ऊपर बहुत बड़ी जिम्मेदारी ले रहे हैं। मैं सुनकर खुश हुआ था, जब कुछ सप्ताह पूर्व हिन्दी साहित्य सम्मेलन द्वारा एक बैठक में प्रस्ताव पारित किया गया कि इन सभी हिन्दी भाषी प्रान्तों में एक या एक से ज्यादा दूसरी भारतीय भाषाओं के अध्ययन की बाध्यकारी व्यवस्था होगी। इसे पवित्र प्रस्ताव न बने रहने दें। यह देखना पंडित गोविन्द बल्लभ पन्त, बाबू पुरुषोत्तम दास टंडन, बाबू श्रीकृष्ण सिन्हा और पंडित रविशंकर शुक्ल पर निर्भर है कि अगले कुछ महीनों में इस व्यवस्था को, यदि

आवश्यक हो तो कानून बनाकर, लागू कराएँ।'[1] अगले दिन श्रीमती जी. दुर्गाबाई ने भी डॉ. मुखर्जी के इस विचार का समर्थन करते हुए कहा कि 'हम हिन्दी साहित्य सम्मेलन के प्रस्ताव को लागू किये जाने की प्रतीक्षा करेंगे।'[2]

डॉ. श्यामा प्रसाद मुखर्जी एवं जी. दुर्गाबाई के उक्त विचारों को सेठ गोविन्द दास के विचार से जोड़कर समझना आवश्यक है, जिसमें उन्होंने संविधान सभा के समक्ष 5 नवम्बर, 1948 को पहली बार हिन्दी को राष्ट्रभाषा घोषित करने की माँग की थी।[3]

संविधान सभा के समक्ष व्यक्त किये गए उक्त विचारों का आजादी के लगभग 75 वर्ष बाद आज भी पूरा न हो पाना दुर्भाग्यपूर्ण है। जहाँ हिन्दी को व्यावहारिक रूप से राष्ट्रभाषा बनाने के लिए हिन्दी साहित्य सम्मेलन के प्रस्ताव के तहत द्वि-भारतीय भाषा नीति को लागू करना आवश्यक है, वहीं देश की भाषायी एकता के लिए हिन्दी को राष्ट्रभाषा के रूप में सैद्धान्तिक मान्यता देना भी आवश्यक है। द्वि-भारतीय भाषा नीति के अन्तर्गत किसी-न-किसी एक गैर-हिन्दी भारतीय भाषा को अलग-अलग हिन्दी राज्यों/राज्यक्षेत्रों की द्वितीय राजभाषा के रूप में, और हिन्दी भाषा को सभी गैर-हिन्दी भाषी राज्यों की द्वितीय राजभाषा के रूप में मान्य करना होगा। यथा—राजस्थान राज्य में उड़िया भाषा, उत्तर प्रदेश पूर्वी राज्य-क्षेत्र में तमिल भाषा, उत्तर प्रदेश मध्य राज्य-क्षेत्र में असमिया भाषा, उत्तर प्रदेश पश्चिमी राज्य-क्षेत्र में मराठी भाषा, मध्य प्रदेश पूर्वी राज्य-क्षेत्र में कश्मीरी भाषा, मध्य प्रदेश पश्चिमी राज्य-क्षेत्र में पंजाबी भाषा, हरियाणा राज्य में बोडो भाषा, छत्तीसगढ़ राज्य में मलयालम भाषा, बिहार उत्तर राज्य-क्षेत्र में कन्नड़ भाषा, बिहार दक्षिण राज्य-क्षेत्र में तेलुगू भाषा, झारखंड राज्य में गुजराती भाषा, हिमाचल प्रदेश राज्य में मणिपुरी भाषा, उत्तराखंड राज्य में कोंकणी भाषा, और दिल्ली राज्य में बंगाली भाषा।

हिन्दी भाषी राज्यों में गैर-हिन्दी भारतीय भाषाओं को द्वितीय राजभाषा के रूप में मान्यता देने के समक्ष सबसे बड़ी बाधा संविधान के अनुच्छेद 345 का प्रावधान है। यह अनुच्छेद राज्य को केवल अपने यहाँ प्रयुक्त होनेवाली किसी भाषा या हिन्दी को राजकीय उद्देश्य के लिए अपनाने की अनुमति देता है। इसके अन्तर्गत गैर-हिन्दी भाषी राज्य तो 'हिन्दी भाषा' को अपना सकते हैं, किन्तु एक हिन्दी भाषी राज्य, जहाँ किसी दूसरी गैर-हिन्दी भारतीय भाषा का प्रयोग नहीं किया जा रहा है, चाहते हुए भी किसी गैर-हिन्दी भारतीय भाषा को अपने यहाँ द्वितीय राजभाषा के रूप में

1. भारतीय संविधान की निर्माण यात्रा; पृष्ठ सं. 418
2. भारतीय संविधान की निर्माण यात्रा; पृष्ठ सं. 418
3. भारतीय संविधान की निर्माण यात्रा; पृष्ठ सं. 410

मान्य नहीं कर सकता है। इस तरह के प्रावधान से गैर-हिन्दी राज्यों में गलत सन्देश जाता है। इस सांविधानिक विसंगति को दूर करने की आवश्यकता है। हिन्दी राज्यों द्वारा गैर-हिन्दी भारतीय भाषा को द्वितीय राजभाषा के रूप में स्वीकार करने से हिन्दी, अपना विकास भारत की मिश्रित संस्कृति की अभिव्यक्ति के माध्यम के रूप में कर सकेगी।

हिन्दी के भाषायी विकासक्रम के दौरान इस भाषा ने अपने साथ दूसरी भाषाओं के अनगिनत शब्द आत्मसात किये हैं। इनमें संस्कृत, पालि, प्राकृत, दक्खिनी, मैथिली, अवधी, राजस्थानी, पंजाबी, गढ़वाली, उर्दू, बंगाली इत्यादि के शब्द शामिल हैं, तो फारसी, अरबी, अंग्रेजी, फ्रेंच, पुर्तगाली, यूनानी इत्यादि के भी। यह हिन्दी भाषा का समावेशी रूप है, जो इसकी उदारता के साथ-साथ समाहार शक्ति को भी दर्शाता है। हिन्दी का भाषायी विकासक्रम एक और स्वरूप में आगे बढ़ रहा है। चूँकि हिन्दी गैर-हिन्दी राज्यों में भी अपना स्थान बना रही है। अत: यहाँ की क्षेत्रीय भाषा का प्रभाव हिन्दी पर पड़ना स्वाभाविक है। इस कारण एक राज्य के क्षेत्रीय भाषा के शब्दों से ओतप्रोत क्षेत्रीय हिन्दी का विकास होना भी संभव है; जैसे असमिया में असमियानिष्ठ हिन्दी, गुजरात में गुजरातीनिष्ठ हिन्दी, कर्नाटक में कन्नड़निष्ठ हिन्दी, इत्यादि। भाषायी विकास की ये सभी धाराएँ हिन्दी को सर्वमान्य एवं राष्ट्रव्यापी बनाती हैं। संविधान के अनुच्छेद 351 की भी मंशा यही है कि हिन्दी सम्पूर्ण देश की मिश्रित संस्कृति की अभिव्यक्ति का माध्यम बने। इस मंशा के अनुरूप हिन्दी का विकास 'भारतम' भाषा के रूप में होना अवश्यम्भावी है। 'हिन्दी' की बुनियाद पर विकसित होनेवाली राष्ट्रभाषा 'भारतम (ब+ह+अ+र+त+म)' में बंगाली, भोजपुरी, पंजाबी, बोडो, बुन्देली का 'ब' है तो हिन्दी, हो, हल्बी का 'ह' भी है; इसमें असमिया, अंगामी, अवधी, अहिराणी का 'अ' है तो उड़िया, कश्मीरी, कन्नड़, गुजराती, कोंकणी, संस्कृत, उर्दू, गारो, डोंगरी, कोकबरोक का 'र' है; इसमें तमिल, तेलुगू का 'त' है, तो मराठी, मलयालम, मणिपुरी, मिजो, मैथिली, नगामीज, मिशिंग, मिकिर, मुंडारी जैसी मातृभूमि-भाषाओं का 'म' भी है। राष्ट्रभाषा 'भारतम', न केवल सम्पूर्ण देश की मिश्रित संस्कृति की अभिव्यक्ति का माध्यम होगी, बल्कि भारत के लिए भाषायी एकता की बुनियाद भी तैयार करेगी।

2

उच्च न्यायालय में हिन्दी

1. संवैधानिक एवं कानूनी प्रावधान

उच्च न्यायालय और सर्वोच्च न्यायालय में न्यायिक कार्य के सन्दर्भ में भाषायी व्यवस्था भारतीय संविधान के अनुच्छेद 348 से संचालित होती है। इस अनुच्छेद का खंड (1) कहता है कि सर्वोच्च न्यायालय और प्रत्येक उच्च न्यायालय की समस्त कार्यवाही अंग्रेजी में होगी। खंड (1) की यह व्यवस्था संसद द्वारा बनाए गए कानून के अधीन है। अनुच्छेद 348 का खंड (2) आगे कहता है कि किसी राज्य का राज्यपाल, राष्ट्रपति की सहमति से उच्च न्यायालय की कार्यवाही में हिन्दी या उस राज्य की राजभाषा के प्रयोग की अनुमति दे सकता है। किन्तु खंड (2) का परन्तुक कहता है कि इस खंड की कोई बात उच्च न्यायालय द्वारा पारित किये जानेवाले निर्णय या आदेश या डिक्री पर लागू नहीं होगी। इस परन्तुक का प्रभाव यह है कि उच्च न्यायालय द्वारा केवल अंग्रेजी में निर्णय पारित करने की व्यवस्था को राज्यपाल भी प्रभावित नहीं कर सकता है।

अनुच्छेद 344 का प्रावधान राष्ट्रपति को ऐसे राजभाषा आयोग की नियुक्ति की शक्ति प्रदान करता है, जो हिन्दी को बढ़ाने, अंग्रेजी पर अंकुश लगाने, अनुच्छेद 348 के उद्देश्य हेतु प्रयुक्त होनेवाली भाषा के सम्बन्ध में संस्तुति करे। इसका खंड (4) आयोग की संस्तुति का परीक्षण करने के लिए एक तीस सदस्यीय भाषा समिति के गठन की बात करता है। राजभाषा आयोग की संस्तुति को आगे बढ़ाते हुए 27 अप्रैल, 1960 को राष्ट्रपति द्वारा आदेश जारी किया गया।[1] इस आदेश के खंड (12) के प्रथम पैरा के अनुसार—राजभाषा आयोग ने संस्तुति की कि जहाँ

---

1. नोटिफिकेशन संख्या 2/8/60-ओ.एल.; राजभाषा विभाग वेबसाइट।

तक सुप्रीम कोर्ट की भाषा का सम्बन्ध है, व्यवस्था परिवर्तन का समय आने पर सुप्रीम कोर्ट की भाषा अन्ततः हिन्दी होनी चाहिए। समिति ने इस संस्तुति को स्वीकार किया है। इसी खंड का द्वितीय पैरा कहता है कि हाई कोर्ट की भाषा के सम्बन्ध में आयोग ने क्षेत्रीय एवं हिन्दी भाषा के पक्ष-विपक्ष पर विचार किया और संस्तुति की कि व्यवस्था परिवर्तन का समय आने पर सभी क्षेत्र के हाई कोर्ट के निर्णय, आदेश एवं डिक्री की भाषा हिन्दी होनी चाहिए, किन्तु समिति ने यह भी विचार दिया कि हाई कोर्ट के निर्णय या आदेश या डिक्री के उद्देश्य के लिए हिन्दी और राज्य की क्षेत्रीय भाषा के वैकल्पिक प्रयोग हेतु आवश्यक विधान लाने सम्बन्धी प्रावधान, राष्ट्रपति की पूर्व सहमति से बनाए जा सकेंगे।

2. राजभाषा कानून : संवैधानिक लक्ष्य के खिलाफ

राष्ट्रपति आदेश, 1960 का खंड (12) हिन्दी को न केवल हाई कोर्ट में, बल्कि सुप्रीम कोर्ट में भी कामकाज की भाषा बनाने की संस्तुति करता है। यह न्याय का भाषायी भारतीयकरण करने की दिशा में एक क्रान्तिकारी कदम था। जिस कालखंड में यह संस्तुति की गई थी, वह अंग्रेजी हुकूमत के साथ-साथ अंग्रेजी भाषा की गुलामी से मुक्त हो जाने का सबसे उपयुक्त समय था। तब भाषायी गुलामी के खिलाफ उठाया गया कोई भी कदम एक स्वाभाविक बदलाव होता और इसे राजनीतिक आजादी की प्राप्ति का एक स्वाभाविक परिणाम माना जाता। तब यदि हमारे नीति-निर्माताओं ने कठोर निर्णय ले लिया होता, तो आज इस देश की न्यायिक व्यवस्था का भाषायी परिदृश्य कुछ और होता। यह ज्यादा सहज और लोकोन्मुखी होता। किन्तु एक लचर नीति के तहत राजभाषा अधिनियम, 1963 बनाया गया। इस कानून की धारा 3, संघ एवं संसद के कामकाज के लिए अंग्रेजी को 15 वर्ष बाद भी जारी रखने की छूट देती है। इस तरह अनुच्छेद 343 के अन्तर्गत जो अंग्रेजी मात्र 15 वर्ष तक के लिए मान्य थी, उसे इस कानून के माध्यम से अनन्तिम समयावधि के लिए स्थायी बना दिया गया।

राजभाषा अधिनियम ने एक तरफ जहाँ सुप्रीम कोर्ट में भाषायी सुधार को लेकर मौन साध लिया, वहीं हाई कोर्ट के कामकाज के लिए अंग्रेजी को जारी रखने की छूट दे दी। यह कानून, राज्यों के राज्यपाल को राष्ट्रपति की सहमति से हिन्दी या क्षेत्रीय भाषा अपनाने की छूट इस तरह देता है मानो हिन्दी, अंग्रेजी की मात्र पिछलग्गू

हो। यह प्रावधान संविधान के अनुच्छेद 344 की मंशा और राजभाषा आयोग की संस्तुति के खिलाफ है।

3. उच्च न्यायालयों में भाषा सम्बन्धी व्यवस्था

निर्णय लेखन के सम्बन्ध में अनुच्छेद 348 के खंड (2) के परन्तुक द्वारा लगाई गई बाधा को राजभाषा अधिनियम, 1963 के माध्यम से कुछ हद तक दूर करने का प्रयास किया गया। इस अधिनियम की धारा 7 का प्रावधान, किसी राज्य के राज्यपाल को उच्च न्यायालय के निर्णय या आदेश या डिक्री में हिन्दी या राज्य की राजभाषा का प्रयोग करने की अनुमति देने की शक्ति प्रदान करता है। राज्यपाल इस शक्ति का प्रयोग राष्ट्रपति की सहमति से अधिसूचना जारी करके कर सकता है। इसके साथ यह शर्त भी लगाई गई है कि यदि निर्णय हिन्दी या अन्य राजभाषा में पारित किया जा रहा है, तो इसके साथ इसका अंग्रेजी में अनुवादित संस्करण भी संलग्न किया जाएगा। धारा 8 एक अन्य शर्त यह भी लगाती है कि संघ सरकार, अधिसूचना जारी करके उक्त प्रावधान को लागू करने की तिथि घोषित करेगी। इस प्रावधान के अनुक्रम में संघ सरकार ने अधिसूचना दिनांक 26.02.1970 जारी करके 7 मार्च, 1970 को धारा 7 का प्रावधान लागू करने की तिथि घोषित की।

7 मार्च, 1970 को धारा 7 लागू होने के बाद अभी तक केवल चार राज्यों के उच्च न्यायालय में हिन्दी को वैकल्पिक भाषा के रूप में अपनाने की छूट दी जा सकी है। ये उच्च न्यायालय—इलाहाबाद उच्च न्यायालय, राजस्थान उच्च न्यायालय, मध्य प्रदेश उच्च न्यायालय और पटना उच्च न्यायालय हैं। यद्यपि इन उच्च न्यायालयों में हिन्दी को वैकल्पिक भाषा के रूप में अपनाने की छूट तो दी गई, किन्तु धारा 7 के कारण हिन्दी में लिखे जानेवाले निर्णयों के लिए अंग्रेजी-अनुवाद रखे जाने की अव्यावहारिक व्यवस्था भी लागू कर दी गई।

इलाहाबाद उच्च न्यायालय

इलाहाबाद उच्च न्यायालय में पहली बार हिन्दी में बहस करने की छूट उत्तर प्रदेश के राज्यपाल द्वारा 1961 में अनुच्छेद 348(2) के अन्तर्गत अधिसूचना (Notification) जारी करके दी गई। किन्तु हिन्दी में बहस करने की यह छूट केवल आपराधिक

मामलों के लिए सीमित थी। पाँच वर्ष बाद 1966 में दूसरी अधिसूचना जारी करके यह छूट सिविल मामलों के लिए भी प्रदान कर दी गई। इसके उपरान्त उत्तर प्रदेश के राज्यपाल द्वारा अधिसूचना दिनांक 05.09.1969 जारी करके इसके माध्यम से इलाहाबाद उच्च न्यायालय में दाखिल होनेवाले शपथ-पत्र और उसकी कार्यवाही में शामिल किये जानेवाले बयानों और दस्तावेजों में हिन्दी का प्रयोग करने की छूट दी गई। यह छूट दो शर्तों के अधीन प्रदान की गई—पहली, कोई भी खंडपीठ अंग्रेजी-अनुवाद दाखिल करने का निर्देश दे सकती है और दूसरी, यदि किसी निर्णय में हिन्दी के किसी अभिवचन या बयान या दस्तावेज को शामिल किया जा रहा है, तो उसके तुरन्त बाद इसके अंग्रेजी-अनुवाद का उल्लेख किया जाएगा।

राजभाषा अधिनियम, 1963 की धारा 7 लागू होने के उपरान्त उत्तर प्रदेश के राज्यपाल ने राष्ट्रपति की सहमति से अधिसूचना दिनांक 28.10.1970 जारी करके इलाहाबाद उच्च न्यायालय में कोई निर्णय या आदेश पारित करने या डिक्री बनाने में हिन्दी का प्रयोग करने की अनुमति इस शर्त के अधीन दे दी कि ऐसे निर्णय/आदेश/डिक्री के साथ इसका अंग्रेजी-अनुवाद संलग्न होना आवश्यक है।

राजस्थान उच्च न्यायालय

संविधान लागू होने के पूर्व 1949 में राजस्थान में उच्च न्यायालय अध्यादेश जारी हो गया था। इस अध्यादेश की धारा 47 के अनुसार उच्च न्यायालय की सभी कार्यवाही देवनागरी लिपि में लिखित हिन्दी में होगी, जो न्यायालय की भाषा होगी। इसके साथ एक परन्तुक जोड़ा गया था, जिसके अनुसार किसी मामले की सुनवाई कर रहे न्यायाधीश के हिन्दी भाषा से अनजान होने पर कार्यवाही अंग्रेजी में की जा सकेगी।

संविधान लागू होने के बाद 14 फरवरी, 1950 को राजस्थान सरकार द्वारा एक अधिसूचना जारी की गई। इस अधिसूचना के अनुसार, भारतीय संविधान के अनुच्छेद 348(2) के अनुक्रम में महामहिम राजप्रमुख, भारत के राष्ट्रपति की सहमति से, राजस्थान उच्च न्यायालय में हिन्दी भाषा का प्रयोग करने के लिए प्राधिकृत कर सकते हैं, जैसा इस खंड के अन्तर्गत अनुमन्य है।

7 मार्च, 1970 को राजभाषा अधिनियम, 1963 की धारा 7 का प्रावधान लागू होने के बाद राजस्थान के राज्यपाल ने राष्ट्रपति की सहमति से आदेश दिनांक 17.02.1971

निर्गत किया। इस आदेश के माध्यम से राजस्थान उच्च न्यायालय में निर्णय, डिक्री या आदेश पारित करने के लिए अंग्रेजी के अलावा हिन्दी का वैकल्पिक प्रयोग करने की अनुमति प्रदान की गई। यह अनुमति इस शर्त के साथ है कि हिन्दी में पारित ऐसे किसी निर्णय, डिक्री या आदेश के साथ इसका अंग्रेजी-अनुवाद संलग्न किया जाएगा।

मध्य प्रदेश उच्च न्यायालय

मध्य प्रदेश उच्च न्यायालय में हिन्दी का प्रयोग करने के सम्बन्ध में मध्य प्रदेश के राज्यपाल ने राष्ट्रपति की सहमति से अधिसूचना दिनांक 18.09.1971 जारी किया। मध्य प्रदेश उच्च न्यायालय में निर्णय, आदेश एवं डिक्री पारित करने के अलावा बाकी सभी कार्यवाही के लिए हिन्दी का प्रयोग करने की छूट निम्न शर्तों के अधीन प्रदान की गई—

1. उच्च न्यायालय की किसी पीठ की इच्छा होने पर, उसके द्वारा हिन्दी में दाखिल शपथ-पत्र, बयान या दस्तावेजों का अंग्रेजी-अनुवाद करने के लिए आदेश पारित किया जा सकता है।
2. किसी निर्णय में हिन्दी भाषा के अभिवचन या बयान या दस्तावेज का उल्लेख होने पर इसका अंग्रेजी-अनुवाद दाखिल किया जाएगा।

पटना उच्च न्यायालय

राजभाषा अधिनियम, 1963 की धारा 7 का प्रावधान लागू होने के लगभग दो वर्ष उपरान्त बिहार के राज्यपाल ने राष्ट्रपति की सहमति से पटना उच्च न्यायालय में हिन्दी का प्रयोग करने के सम्बन्ध में अधिसूचना दिनांक 09.05.1972 जारी की। तीन खंड वाली इस अधिसूचना के अनुसार पटना उच्च न्यायालय के समक्ष (1) दीवानी और फौजदारी मामलों में बहस हेतु (2) शपथ-पत्र सहित आवेदन प्रस्तुत करने हेतु और (3) कोई निर्णय या आदेश या डिक्री पारित करने हेतु हिन्दी भाषा को वैकल्पिक प्रयोग करने के लिए प्राधिकृत किया गया। खंड (2) हेतु आवेदन प्रस्तुत करने के लिए दो अपवाद भी शामिल किये गए—पहला यह कि भारतीय संविधान के अनुच्छेद 226 और 227 के अन्तर्गत प्रस्तुत किये जानेवाले आवेदनों के लिए अंग्रेजी का प्रयोग किया जाता रहेगा और दूसरा यह

कि टैक्स रेफरेंस से सम्बन्धित आवेदन भी केवल अंग्रेजी में प्रस्तुत किये जाते रहेंगे। खंड (3) के लिए एक अपवाद यह भी शामिल किया गया कि हिन्दी में निर्णय, डिक्री या आदेश पारित किये जाने की स्थिति में इसका अंग्रेजी-अनुवाद भी संलग्न किया जाएगा।

झारखंड उच्च न्यायालय

15.11.2000 के पूर्व तक झारखंड राज्य, बिहार राज्य का भाग हुआ करता था और पटना उच्च न्यायालय के न्यायिक क्षेत्राधिकार के अन्तर्गत आता था। अलग राज्य बनने के बाद यद्यपि इस राज्य में हिन्दी को राजभाषा के रूप में स्वीकार किया गया, किन्तु झारखंड उच्च न्यायालय में न्यायिक कार्य की भाषा के रूप में लागू नहीं किया जा सका। हिन्दी को झारखंड उच्च न्यायालय के न्यायिक कामकाज की भाषा के रूप में स्थापित करने के लिए झारखंड राज्य के तत्कालीन राज्यपाल श्री रमेश बैस द्वारा देश के राष्ट्रपति के नाम 16.12.2022 को पत्र लिखा गया। इस पत्र में श्री रमेश बैस ने लिखा है कि—झारखंड जैसे राज्य के उच्च न्यायालय में कानूनी प्रक्रियाओं का माध्यम अंग्रेजी होना न्याय को आम आदमी की समझ एवं पहुँच से दूर बनाता है। अनुच्छेद 348(2) का उल्लेख करते हुए बैस ने आगे लिखा कि चूँकि अब हिन्दी झारखंड की राजकीय भाषा है, इसलिए इसे उच्च न्यायालय की कार्यवाही की भाषा घोषित करना संविधान के प्रावधानों के अनुरूप होगा।

4. हिन्दी भाषा के प्रयोग के सम्बन्ध में प्रमुख निर्णय

राजभाषा अधिनियम, 1963 की धारा 7 का प्रावधान केवल न्यायालयों के निर्णय के सम्बन्ध में हिन्दी के वैकल्पिक प्रयोग की छूट देता है। यह छूट भी इस शर्त के अधीन है कि इन निर्णयों के साथ अंग्रेजी-अनुवाद संलग्न किया जाएगा। दूसरे अन्य महत्त्वपूर्ण विषयों, जैसे मुकदमों का दाखिला या न्यायालय के समक्ष बहस हिन्दी भाषा में हो सकेगी या नहीं, पर यह अधिनियम मौन है। यह एक कानूनी रिक्ति है जिससे उपजे भ्रम के निवारण के लिए सुप्रीम कोर्ट एवं हाई कोर्ट के समक्ष समय-समय पर मामले आते रहे हैं और इन पर निर्णय भी हुए हैं। इन महत्त्वपूर्ण निर्णयों की चर्चा करना आवश्यक है।

सुप्रीम कोर्ट एवं मध्य प्रदेश हाई कोर्ट के निर्णय

मध्य प्रदेश उच्च न्यायालय के समक्ष 1980 में एक चुनाव याचिका (देवीलाल का मामला[1]) हिन्दी भाषा में दाखिल की गई। इस याचिका को अंग्रेजी में न होने के आधार पर खारिज करने के लिए प्रार्थना-पत्र प्रस्तुत किया गया। उच्च न्यायालय ने आदेश दिनांक 21.02.1981 पारित करके इस प्रार्थना-पत्र को खारिज कर दिया। इसी तरह दो अन्य चुनाव याचिकाएँ (जयभानसिंह का मामला[2] और बदन सिंह रघुवंशी का मामला[3]) मध्य प्रदेश हाई कोर्ट की ग्वालियर पीठ के समक्ष हिन्दी भाषा में दाखिल की गई। इन याचिकाओं पर अंग्रेजी में नहीं दाखिल होने के आधार पर आपत्ति की गई। इन आपत्तियों को स्वीकार करते हुए उच्च न्यायालय ने चुनाव याचिका खारिज कर दी। बदन सिंह रघुवंशी मामले में देवीलाल के निर्णय को 'पेर इन्क्यूरियम' घोषित कर दिया गया। ऐसा ही विवाद-विषय मध्य प्रदेश उच्च न्यायालय की इन्दौर पीठ के समक्ष जगदीश रोकड़े के मामले[4] में भी उठा। इस मामले में उच्च न्यायालय ने उस आपत्ति को खारिज कर दिया, जिसके माध्यम से चुनाव याचिका को अंग्रेजी में न होने के आधार पर निरस्त करने की माँग की गई थी। उच्च न्यायालय के इस आदेश के खिलाफ यह मामला सुप्रीम कोर्ट पहुँचा।

अपने ऐतिहासिक निर्णय में सुप्रीम कोर्ट के न्यायमूर्ति ए.एस. आनन्द, न्यायमूर्ति आर.सी. लाहोटी और न्यायमूर्ति शिवराज वी. पाटिल की पीठ ने देवीलाल के निर्णय को मान्य करते हुए कहा कि हाई कोर्ट नियमावली के नियम (2) की व्याख्या इस तरह नहीं की जा सकती, जिससे अनुच्छेद 348(2) की संवैधानिक व्यवस्था अर्थहीन हो जाए। ...नियम (2) की इस तरह व्याख्या कि इसे संविधान के अनुच्छेद 348(2) पर प्राथमिकता मिलने लगे, जैसा जयभानसिंह मामले में किया गया है, गलत है।[5]

हिन्दी में याचिका दाखिल करनेवाले विधिवक्ताओं के नाम—

जयभान सिंह मामले में—श्री टी.सी. सिंघल;

बदन सिंह मामले में—श्री वी.एस. चौहान;

---

1. चुनाव याचिका संख्या 9/1980; देवीलाल श्रीराम खाडव बनाम किनकर नर्मदा प्रसाद।
2. चुनाव याचिका संख्या 4/1998; जयभानसिंह पवैया बनाम माधवराव सिंधिया : ए.आई.आर. 2000 मध्य प्रदेश 111
3. चुनाव याचिका संख्या 11/1999; बदन सिंह रघुवंशी बनाम बी. राजगोपाल नायडू : ए.आई. आर. 2000 मध्य प्रदेश 56
4. चुनाव याचिका संख्या 21/1999; जगदीश रोकड़े बनाम डॉ. विजय लक्ष्मी।
5. सिविल अपील संख्या 2720/2000; डॉ. विजय लक्ष्मी साधो बनाम जगदीश, निर्णय 05.01.2021

जगदीश रोकड़े मामले में—श्री सी. एल. यादव, श्री सुनील यादव, श्री राकेश जैन, श्री संजय शर्मा।

इलाहाबाद हाई कोर्ट के निर्णय

वर्ष 1976 में इलाहाबाद उच्च न्यायालय के समक्ष एक रिट याचिका[1] हिन्दी भाषा में दाखिल की गई। इस याचिका को दाखिल करनेवाले वकील श्री एस.एन. कक्कड़ ने अनुच्छेद 343, 345 एवं 348 और उत्तर प्रदेश राजभाषा अधिनियम, 1951 को आधार बनाकर बहस की कि इनका कानूनी प्रभाव हिन्दी को हाई कोर्ट सहित उत्तर प्रदेश के न्यायालयों की भाषा बनाना है। न्यायमूर्ति एम.एन. शुक्ला और न्यायमूर्ति जी. नाथ की खंडपीठ ने उत्तर प्रदेश के राज्यपाल द्वारा जारी अधिसूचना दिनांक 05.09.1969 का निर्वचन करते हुए निर्णय दिया कि इस अधिसूचना में प्रदत्त हिन्दी प्रयोग की छूट वाली व्यवस्था रिट याचिका, उत्तर शपथ-पत्र, प्रत्युत्तर शपथ-पत्र इत्यादि के सन्दर्भ में भी लागू होगी। यह भी निर्णय दिया कि उच्च न्यायालय का न्यायाधीश, किसी मामले की सुनवाई के दौरान याची या उसके विधिवक्ता को हिन्दी में बहस करने से, यदि वह ऐसा करना चाहता है, रोक नहीं सकता है। इसी तरह न्यायाधीश के लिए यह खुला है कि वह हिन्दी में निर्णय पारित करे, किन्तु इसके लिए बाध्य नहीं किया जा सकता है। केवल शर्त यह है कि हिन्दी में निर्णय दिये जाने की स्थिति में इसका अंग्रेजी-अनुवाद भी संलग्न किया जाए।

उक्त निर्णय के बाद इलाहाबाद उच्च न्यायालय में हिन्दी भाषा के प्रयोग को लेकर एक महत्त्वपूर्ण घटना तब घटित हुई, जब यहाँ की एक एकल पीठ[2] ने अपने अन्तरिम आदेश दिनांक 24.07.2012 के माध्यम से रजिस्ट्री को यह आदेश दे दिया कि वह हिन्दी भाषा में तैयार उत्तर शपथ-पत्र को तभी स्वीकार करे, जब इसके साथ इसका अंग्रेजी-अनुवाद भी संलग्न हो। इस आदेश का हवाला देते हुए इसी हाई कोर्ट के दो न्यायाधीशों की खंडपीठ, जिसमें न्यायमूर्ति अमिताव लाला और न्यायमूर्ति पी.के.एस. बघेल शामिल थे, ने एक अन्य मामले[3] में अन्तरिम

1. प्रबन्धक समिति का मामला : रिट याचिका संख्या 2639/1976; प्रबन्धक समिति बनाम जिला विद्यालय निरीक्षक : 1977 ए.आई.आर. इलाहाबाद 164
2. रिट याचिका संख्या 665/2007; रितेश कुमार त्रिगुनायत बनाम उत्तर प्रदेश राज्य।
3. रिट याचिका संख्या 51172/2012; अरुण कुमार सिंह बनाम उत्तर प्रदेश राज्य।

आदेश दिनांक 05.10.2012 पारित किया कि आदेश दिनांक 24.07.2012 प्रेरक प्रभाव वाला है, इसलिए यह व्यवस्था रिट याचिका, चाहे दीवानी हो या आपराधिक, के सम्बन्ध में भी लागू होगी।

हाई कोर्ट में भाषायी प्रयोग को लेकर उक्त दोनों आदेश गम्भीर प्रभाव वाले थे जिसे देखते हुए न्यायमूर्ति ए.पी. शाही ने श्रीमती राजेश्वरी के मामले[1] में विस्तार से सुनवाई की। संविधान के अनुच्छेद 348(2) और इलाहाबाद हाई कोर्ट नियमावली के अध्याय 4, 8, 14 एवं 15 से सम्बन्धित नियमों की विस्तृत व्याख्या तथा प्रबन्धक समिति के निर्णय का उल्लेख करते हुए न्यायमूर्ति ए.पी. शाही ने अपने निर्णय दिनांक 16.10.2012 में कहा कि आदेश दिनांक 05.10.2012 और 24.07.2012 पारित किए जाते समय सम्बन्धित पीठ को कानूनी पहलुओं की जानकारी नहीं दी गई। न्यायमूर्ति शाही ने निर्णय दिया कि याची को हिन्दी-संलग्नकों का अंग्रेजी-अनुवाद दाखिल करने के लिए बाध्य नहीं किया जा सकता है।

याचिका दाखिल/बहस करनेवाले विधिवक्ताओं के नाम—

प्रबन्धक समिति मामले में—श्री एस.एन. कक्कड़, श्री ए.सी. श्रीवास्तव, श्री जी.सी. द्विवेदी, श्री आर. द्विवेदी।

श्रीमती राजेश्वरी मामले में—श्री यशवन्त वर्मा (वतर्मान में न्यायाधीश), श्री वी.पी. श्रीवास्तव, श्री दयाशंकर मिश्रा।

राजस्थान हाई कोर्ट के निर्णय

राजस्थान उच्च न्यायालय अध्यादेश, 1949 की धारा 47 के अन्तर्गत यह व्यवस्था स्वीकार की गई थी कि उच्च न्यायालय की सभी कार्यवाही 'देवनागरी लिपि में लिखित हिन्दी भाषा' में की जाएगी। इस व्यवस्था को निर्णय, आदेश एवं डिक्री के सम्बन्ध में लागू करने और निर्णय, आदेश एवं डिक्री केवल हिन्दी भाषा में पारित करने की माँग नरेन्द्र कुमार के मामले[2] में की गई। भारतीय संविधान के अनुच्छेद 348(2) और राजभाषा अधिनियम को लागू करते हुए राजस्थान उच्च न्यायालय ने इस रिट याचिका को खारिज कर दिया और कहा कि निर्णय, डिक्री और आदेश

---

1. रिट याचिका संख्या 54488/2012; श्रीमती राजेश्वरी बनाम उत्तर प्रदेश राज्य।
2. रिट याचिका संख्या 2876/1987; नरेन्द्र कुमार बनाम राजस्थान हाई कोर्ट : ए.आई.आर. 1991 राजस्थान 33

हेतु अंग्रेजी के साथ हिन्दी का वैकल्पिक भाषा के रूप में प्रयोग भारतीय संविधान का उल्लंघन नहीं है, बल्कि राजभाषा अधिनियम के अनुसार है। हिन्दी भाषी उच्च न्यायालयों में हिन्दी भाषा के प्रयोग के सम्बन्ध में राजनीतिक इच्छाशक्ति की आवश्यकता पर बल देते हुए न्यायमूर्ति एम.बी. शर्मा एवं न्यायमूर्ति आई.एस. इसरानी की पीठ ने अपने निर्णय दिनांक 05.12.1989 में कहा—

> 'इससे इनकार नहीं किया जा सकता है कि उच्च न्यायालय में हिन्दी का प्रयोग करने के लिए समय-समय पर उठाए गए कदम ने बहुत योगदान किया है, किन्तु जब तक हिन्दी भाषी राज्यों में निर्णय, डिक्री या आदेश में हिन्दी का प्रयोग करने की स्वीकृति देने की राजनीतिक इच्छाशक्ति नहीं होगी और हिन्दी के सम्बन्ध में समुचित कानून नहीं बनेगा, यह भारत के हिन्दी भाषी राज्यों में उच्च न्यायालय के उक्त उद्‌देश्य के लिए 'एकमात्र भाषा' नहीं बन पाएगी। यह कानून-निर्माताओं पर है कि वे अपने मस्तिष्क का प्रयोग करें और आवश्यक कदम उठाएँ, ताकि भारतीय संविधान की मंशा के अनुरूप, कम-से-कम हिन्दी भाषी राज्यों के उच्च न्यायालयों में हिन्दी अपना उचित स्थान प्राप्त कर सके। हम बिना हिचकिचाहट के कह सकते हैं कि हिन्दी में निर्णय पारित करने को लेकर हममें इच्छाशक्ति की कमी है और वस्तुत: उनमें ज्यादा है, जो हिन्दी जानते हैं और हिन्दी में निर्णय दे सकते हैं।'

हिन्दी में उक्त याचिका दाखिल करनेवाले विधिवक्ताओं के नाम—श्री जी.एल. आचार्य, श्री एन.एल. जैन, श्री ए.एस. चतुर्वेदी, श्री यू.के. चतुर्वेदी।

पटना हाई कोर्ट के निर्णय

बिहार सरकार द्वारा जारी अधिसूचना दिनांक 09.05.1972 के खंड (2) के प्रथम अपवाद में कहा गया है कि भारतीय संविधान के अनुच्छेद 226 और 227 के अन्तर्गत प्रस्तुत किए जानेवाले आवेदनों के लिए अंग्रेजी का प्रयोग किया जाता रहेगा। इसका प्रत्यक्ष दिखनेवाला प्रभाव यह है कि यद्यपि अन्य मामले हिन्दी और अंग्रेजी दोनों भाषाओं में दाखिल किए जा सकते हैं, किन्तु अनुच्छेद 226/227 के अन्तर्गत मामलों को केवल अंग्रेजी में ही दाखिल किया जा सकता है। सवाल पैदा होता है कि क्या यह वर्गीकरण तार्किकता पर आधारित है और यदि ऐसे वर्गीकरण

में कोई तार्किकता नहीं है, तो क्या यह भारतीय संविधान के अनुच्छेद 14 का उल्लंघन नहीं है? अनुच्छेद 226 के अन्तर्गत दाखिल होनेवाली रिट याचिकाएँ भी उसी तरह जन-सरोकार से जुड़ी होती हैं, जिस तरह अन्य मामले (प्रथम अपील, द्वितीय अपील या अवमानना) जुड़े होते हैं, इसलिए आम जनता को हिन्दी भाषा की जितनी आवश्यकता 'अन्य मामलों' के लिए होती है, उतनी ही आवश्यकता अनुच्छेद 226/227 के मामलों के लिए भी होनी चाहिए; अंग्रेजी में न होने के कारण जो समस्या, यदि कोई है, रिट याचिका में आ सकती है, वही समस्या प्रथम अपील या द्वितीय अपील जैसे 'अन्य मामलों' में भी आ सकती है।

स्वर्ण सिंह बग्गा (व्यक्तिगत) द्वारा पटना उच्च न्यायालय के समक्ष रिट याचिका[1] दायर कर यह माँग की गई कि उच्च न्यायालय की समस्त कार्यवाही, बहस एवं निर्णय-लेखन हिन्दी भाषा में किया जाए। यह याचिका हिन्दी में दाखिल की गई थी। इस याचिका को एकल पीठ ने अपने आदेश दिनांक 05.05.1995 और 15.05.1995 के माध्यम से खारिज कर दिया। इन आदेशों के खिलाफ दाखिल अपील[2] को दो न्यायाधीशों की खंडपीठ ने खारिज कर दिया।

इसी तरह हिन्दी भाषा में दाखिल एक रिट याचिका[3] को एकलपीठ ने अधिसूचना दिनांक 09.05.1972 के खंड (2) के पहले अपवाद का उल्लेख करते हुए खारिज कर दिया। इस आदेश के विरुद्ध अपील[4] दाखिल की गई। इस अपील में दो न्यायाधीशों की खंडपीठ ने एकल पीठ के आदेश को रद्द करते हुए निर्णय दिनांक 12.05.2010 पारित किया कि अधिसूचना दिनांक 09.05.1972, अनुच्छेद 226 और 227 के अन्तर्गत रिट याचिका को अंग्रेजी में भी दाखिल करने की अनुमति को अपवाद बनाती है। यह अधिसूचना, रिट याचिका सहित सभी प्रार्थना-पत्रों की प्रस्तुति के लिए हिन्दी को वैकल्पिक भाषा के रूप में प्रयोग करने की अनुमति देनेवाले मूल प्रावधान को भंग नहीं करती है।

---

1. सिविल रिट जुरिस्डिक्शन केस संख्या 2825/1995; स्वर्ण सिंह बग्गा बनाम एन.एन. सिंह, रजिस्ट्रार।
2. एल.पी.ए. संख्या 600/1995; स्वर्ण सिंह बग्गा बनाम एन.एन. सिंह, रजिस्ट्रार : आदेश दिनांक 21.07.1995
3. विनय कुमार सिंह बनाम बिहार स्टेट इलेक्ट्रिसिटी बोर्ड; निर्णय दिनांक 09.04.2003 : 2003(2) बी.एल.जे. 418
4. एल.पी.ए. संख्या 475/2003; विनय कुमार सिंह बनाम बिहार स्टेट इलेक्ट्रिसिटी बोर्ड : 2010(3) बी.एल.जे. 83

पटना उच्च न्यायालय में हिन्दी के प्रयोग को लेकर उठा उक्त विवाद एक बार पुनः पाँच वर्ष बाद कृष्णा यादव के मामले[1] में सामने आया। दो न्यायाधीशों की खंडपीठ ने विनय कुमार सिंह के निर्णय से असहमति व्यक्त करते हुए अपने आदेश दिनांक 01.05.2015 के माध्यम से यह मामला पूर्ण पीठ को सन्दर्भित कर दिया। कृष्णा यादव के इस मामले की सुनवाई न्यायमूर्ति ए.पी. शाही, न्यायमूर्ति आशुतोष कुमार और न्यायमूर्ति राजीव रंजन प्रसाद की पूर्ण पीठ ने की। 155 पृष्ठ में लिखे गए पूर्णपीठ के निर्णय दिनांक 30.04.2019 में तीनों माननीय न्यायाधीशों ने अलग-अलग प्रभाव वाले अलग-अलग निर्णय पारित किये। न्यायमूर्ति ए.पी. शाही ने अधिसूचना दिनांक 09.05.1972 को वैध घोषित करते हुए विनय कुमार सिंह के निर्णय को अमान्य कर दिया और कहा कि जब तक यह अधिसूचना संशोधित न हो जाए, हिन्दी में रिट याचिका दायर तो की जा सकती है, किन्तु इसके साथ अंग्रेजी-अनुवाद संलग्न करना आवश्यक होगा। न्यायमूर्ति आशुतोष कुमार ने निर्णय दिया कि अनुच्छेद 226/227 के अन्तर्गत आवेदन हिन्दी भाषा में दाखिल किया जा सकता है, जबकि न्यायमूर्ति राजीव रंजन प्रसाद ने निर्णय दिया कि अनुच्छेद 226/227 के अन्तर्गत आवेदन केवल अंग्रेजी भाषा में ही दाखिल किया जा सकता है। तीन अलग-अलग निर्णय आ जाने के कारण न्यायमूर्ति आशुतोष कुमार और न्यायमूर्ति राजीव रंजन प्रसाद ने बाद में न्यायमूर्ति ए.पी. शाही के निर्णय से सहमति व्यक्त कर दी।

इस तरह पटना उच्च न्यायालय में अनुच्छेद 226/227 के अन्तर्गत आवेदन हिन्दी भाषा में तभी दाखिल किया जा सकता है, जब इसके साथ अंग्रेजी-अनुवाद भी संलग्न किया गया हो। यद्यपि तार्किक वर्गीकरण और अनुच्छेद 14 के उल्लंघन के आधार पर अधिसूचना दिनांक 09.05.1972 की संवैधानिकता का परीक्षण नहीं किया जा सका, किन्तु पूर्णपीठ का निर्णय, इस अधिसूचना के कारण भाषायी प्रयोग को लेकर उपजी कानूनी रिक्तता को भरने और पैदा हुई कठिनाई से उबारने के लिए निकाला गया एक न्यायिक समाधान है। यह न्यायिक समाधान पटना उच्च न्यायालय में हिन्दी भाषा के विकास के लिए महत्त्वपूर्ण तो है ही, साथ-ही-साथ हिन्दी भाषा के सारथियों के लिए राजनीतिक प्रयास करते रहने के लिए प्रेरणास्रोत भी है।

हिन्दी में याचिका दाखिल/बहस करनेवाले विधिवक्ताओं के नाम—

विनय कुमार सिंह मामले में—श्री मदन मोहन प्रसाद।

---

1. आपराधिक रिट जुरिस्डिक्शन केस संख्या 435/205; कृष्णा यादव बनाम बिहार राज्य

कृष्णा यादव मामले में—श्री इन्द्रदेव प्रसाद, श्री उमेश शर्मा, श्री नवीन कौशिक, श्री संजय कुमार, श्री सुबोध कुमार, श्री विनोद कुमार, श्री विश्वरंजन चौधरी, श्री सुनील कुमार सिंह, श्री राजेश कुमार, श्री अमित श्रीवास्तव, (सभी विधिवक्तागण) श्री हरपाल सिंह राणा, डॉ. अजीत कुमार पाठक, राजदेव प्रसाद वर्मा (सभी हस्तक्षेपकर्ता)

5. माननीय न्यायाधीशों के अमूल्य योगदान

इलाहाबाद उच्च न्यायालय में हिन्दी का प्रयोग करने के लिए किए गए प्रयास की चर्चा होने पर न्यायमूर्ति प्रेमशंकर गुप्त का नाम प्रमुखता से लिया जाता है। वर्ष 1977-1992 के पन्द्रह वर्षीय कार्यकाल के दौरान उन्होंने हिन्दी भाषा में लगभग चार हजार निर्णय दिए, जिसके लिए उनका नाम स्वर्णाक्षरों में अंकित है। न्यायमूर्ति बनवारी लाल यादव, न्यायमूर्ति गिरिधर मालवीय, न्यायमूर्ति आर.बी. मेहरोत्रा, न्यायमूर्ति ए.बी. श्रीवास्तव, न्यायमूर्ति रामसूरत सिंह, न्यायमूर्ति वी.के. चतुर्वेदी, न्यायमूर्ति एस.के. अग्रवाल, न्यायमूर्ति शम्भूनाथ श्रीवास्तव, न्यायमूर्ति यतीन्द्र सिंह, न्यायमूर्ति शशिकान्त गुप्त, न्यायमूर्ति अशोक कुमार ने भी हिन्दी में निर्णय देकर इलाहाबाद हाई कोर्ट में इस भाषा को जीवन्त बनाए रखने में प्रमुख भूमिका निभाई। न्यायमूर्ति यतीन्द्र सिंह तो बहुत आत्मविश्वास के साथ खुले न्यायालय में निर्णय लिखवाते थे।

हिन्दी भाषा में निर्णय देने की इस धारा को वर्तमान में न्यायमूर्ति सिद्धार्थ, न्यायमूर्ति सौरभ श्याम शमशेरी, न्यायमूर्ति शेखर कुमार यादव, न्यायमूर्ति डॉ. गौतम चौधरी, न्यायमूर्ति कृष्ण पहल, न्यायमूर्ति सुभाष विद्यार्थी, न्यायमूर्ति उमेश चन्द्र शर्मा, न्यायमूर्ति नलिन कुमार श्रीवास्तव आगे बढ़ा रहे हैं। न्यायमूर्ति डॉ. गौतम चौधरी ने हिन्दी भाषा में दस हजार से अधिक निर्णय देकर इतिहास रचा है। उनका यह प्रयास न्यायपालिका के भाषायी भारतीयकरण के लिए मील का पत्थर है। विशेष अपील के एक मामले में न्यायमूर्ति सौरभ श्याम शमशेरी ने अपना अलग सहमतिवाला निर्णय हिन्दी में दिया है, जबकि वरिष्ठ न्यायाधीश का निर्णय अंग्रेजी भाषा में है। अंग्रेजी भाषा में दाखिल मुकदमों का निर्णय हिन्दी भाषा में लिखवाने की कठिनाई को आसानी से समझा जा सकता है। यह प्रयास हिन्दी भाषा के प्रति समर्पण के बिना सम्भव नहीं है।

राजस्थान उच्च न्यायालय में न्यायमूर्ति महेन्द्र माहेश्वरी, न्यायमूर्ति उमाशंकर व्यास, न्यायमूर्ति शुभा मेहता भी हिन्दी भाषा में निर्णय लिखवाने के लिए प्रसिद्ध रहे हैं। अभी कुछ दिन पूर्व अक्टूबर, 2023 में न्यायमूर्ति डॉ. अंशुमान ने हिन्दी भाषा में निर्णय देकर हिन्दी की धारा को पटना उच्च न्यायालय में भी आगे बढ़ाया है।

हिन्दी भाषा में निर्णय लिखवाने को लेकर एक न्यायाधीश के समक्ष तीन प्रमुख समस्याएँ आती हैं—हिन्दी में नाममात्र के मुकदमों का दाखिला, पूर्वनिर्णयों/नजीरों का हिन्दी के बजाए अंग्रेजी में होना और हिन्दी भाषा के स्टेनो का अभाव। यदि हिन्दी में निर्णय नहीं आ पा रहा है, तो इस भाषा में नजीर होने का तो सवाल ही नहीं है। मूल सवाल है कि हिन्दी में निर्णय लिखवाने की गतिशीलता को और इसमें रुचि रखनेवाले एक न्यायाधीश की निरन्तरता को कैसे बनाए रखा जाए। इसका सबसे प्रभावशाली समाधान है कि हिन्दी में अधिक-से-अधिक मुकदमे दाखिल हों। इससे न्यायाधीशगणों का झुकाव हिन्दी में निर्णय लिखवाने की तरफ बढ़ेगा, और तब हिन्दी में नजीर भी बनने लगेंगे और हिन्दी स्टेनो के अभाव का भी समाधान हो जाएगा। किन्तु इसके लिए आवश्यक है कि न्यायिक कार्यों के सन्दर्भ में हम सभी अपनी मातृभाषा/मातृभूमि-भाषा के प्रति हीनभावना को समाप्त करें।

इस सम्बन्ध में विधि साहित्य प्रकाशन द्वारा प्रकाशित किए जा रहे 'उच्चतम न्यायालय निर्णय पत्रिका', 'उच्च न्यायालय सिविल निर्णय पत्रिका' और 'उच्च न्यायालय दांडिक निर्णय पत्रिका' को और ज्यादा अद्यतन एवं उपयोगी बनाया जाना आवश्यक है। अभी भी ये पत्रिकाएँ दो वर्ष पीछे होकर प्रकाशित हो रही हैं। इधर सुप्रीम कोर्ट की पहल पर निर्णय हिन्दी सहित कई भारतीय भाषाओं में अनुवाद कर सुप्रीम कोर्ट एवं हाई कोर्ट की वेबसाइट्स पर डाले जा रहे हैं। इनका प्रयोग विधि साहित्य प्रकाशन द्वारा स्वयं को अद्यतन करने में किया जा सकता है। अद्यतन न होने के कारण इस संस्थान द्वारा किए जा रहे प्रयास सिर्फ खानापूर्ति बनकर रह जाते हैं। हिन्दी में प्रकाशित इन पत्रिकाओं का प्रयोग शायद ही वकीलों के चैम्बर में या न्यायालयी कार्यवाही में हो पाता है।[1]

---

1. श्री आनन्द चावला, विधिवक्ता जबलपुर से हुई वार्ता पर आधारित।

6. श्रद्धेय विधिवक्ताओं के अविस्मरणीय प्रयास

अंग्रेजी की भाषायी गुलामी को तोड़ते हुए वर्ष 1976 में श्री एस.एन. कक्कड़ द्वारा इलाहाबाद उच्च न्यायालय से हिन्दी-प्रयोग का जो अलख जगाया गया, उसे आगे बढ़ाना और मूर्तरूप देना हम सभी की जिम्मेदारी है। श्री एन.सी. राजवंशी, श्री वी.पी. श्रीवास्तव, श्री धर्मपाल सिंह, श्री अशोक मेहता, श्री राधाकान्त ओझा, श्री अमरेन्द्र नाथ सिंह, श्री दिलीप कुमार, श्री दयाशंकर मिश्र, श्री प्रदीप कुमार, श्री प्रदीप वर्मा, श्री देश रतन चौधरी जैसे वरिष्ठ विधिवक्ताओं को हिन्दी भाषा में बहस करते हुए सुनना खुशी प्रदान करता है। श्री भोलानाथ यादव एवं डॉ. डी.के. तिवारी जहाँ विधि क्षेत्र की पुस्तकों का लेखन कर इलाहाबाद हाई कोर्ट में हिन्दी भाषा की धारा को आगे बढ़ा रहे हैं, वहीं श्री वीरेन्द्र सिंह पिछले कई वर्षों से हिन्दी में ही मुकदमे तैयार कर दाखिल कर रहे हैं। उनकी विरासत को आगे बढ़ाते हुए उनकी पुत्री साधना सिंह ने हिन्दी भाषा में लगभग डेढ़ सौ मुकदमे दाखिल किये हैं। इसी तरह श्री चन्द्रभान कुशवाहा, श्री सुधीर कुमार सिंह, श्री राकेश कुमार गुप्त, श्री नित्य प्रकाश तिवारी, श्री सुधीर कुमार, श्री सन्तोष कुमार मिश्र, श्री अशोक कुमार गुप्ता ने भी हिन्दी में मुकदमे दाखिल किये हैं। हिन्दी के लिए इन सभी का समर्पित योगदान, इलाहाबाद हाई कोर्ट के दूसरे विधिवक्ताओं के लिए प्रेरणास्रोत है।

पटना उच्च न्यायालय में श्री इन्द्रदेव प्रसाद हिन्दी भाषा के लिए लम्बे समय से लड़ाई लड़ रहे हैं। वह हिन्दी में ही मुकदमे दाखिल करते हैं और हिन्दी में ही बहस भी करते हैं। अभी हाल ही में उनके द्वारा हिन्दी में एक मामला दाखिल किया गया। इसका अंग्रेजी-अनुवाद दाखिल करने के सवाल पर उनके इस दृढ़ आग्रह कि अंग्रेजी-अनुवाद स्वयं उच्च न्यायालय के अनुवाद विभाग द्वारा करवाया जाना चाहिए, को न्यायमूर्ति पी.बी. बजंथरी ने स्वीकार कर लिया। श्री इन्द्रदेव प्रसाद के अलावा श्री मदन मोहन प्रसाद, श्री विश्वरंजन चौधरी, श्री सुनील कुमार सिंह जैसे विधिवक्ता पटना उच्च न्यायालय में हिन्दी भाषा की सेवा कर रहे हैं।

राजस्थान उच्च न्यायालय में 1987 में श्री जी.एल. आचार्य, श्री एन.एल. जैन, श्री ए.एस. चतुर्वेदी, श्री यू.के. चतुर्वेदी ने नरेन्द्र कुमार का मामला दाखिल करके हिन्दी के लिए लड़ाई जारी रखने के प्रवाह को आगे बढ़ाया। श्री वेदपाल शास्त्री जी पिछले कई दशकों से हिन्दी भाषा में ही मुकदमे दाखिल कर रहे हैं। उनकी विरासत को श्री शशि भूषण गुप्ता एवं श्री सूर्य प्रताप सिंह राजावत जैसे विधिवक्ता आगे बढ़ा रहे हैं।

मध्य प्रदेश उच्च न्यायालय में 1999-2000 के दौरान श्री टी.सी. सिंघल, श्री वी.एस. चौहान, श्री सी.एल. यादव, श्री सुनील यादव, श्री राकेश जैन और श्री संजय शर्मा ने हिन्दी भाषा में अलग-अलग चुनाव याचिकाएँ दाखिल करके हिन्दी की जो सेवा की है, वह अविस्मरणीय है। मध्य प्रदेश उच्च न्यायालय, जबलपुर के विधिवक्ता श्री आनन्द चावला पिछले 20 वर्षों से सिर्फ और सिर्फ हिन्दी भाषा में ही मुकदमे दाखिल कर रहे हैं और बहस भी कर रहे हैं।

पंजाब उच्च न्यायालय में पंजाबी एवं हिन्दी भाषा को वैकल्पिक भाषा के रूप में प्रयोग करने और अनुच्छेद 348 में संशोधन करने के लिए वहाँ के विधिवक्ता श्री नवीन कौशिक लगातार सक्रिय हैं और वह इसे लेकर विधायकों एवं सांसदों से हस्ताक्षर लेकर अभियान चला रहे हैं। उन्होंने पुस्तक 'भारत का संविधान और भारतीय भाषाएँ' भी लिखी है। दिल्ली के जिला न्यायालयों में हिन्दी का प्रयोग करने के सम्बन्ध में जारी अधिसूचना को लागू कराने के लिए श्री उमेश शर्मा जी ने दिल्ली उच्च न्यायालय में जनहित याचिका दायर की है।

उच्च न्यायालय एवं सर्वोच्च न्यायालय में भारतीय भाषाओं को स्थापित करने को लेकर श्री श्याम रुद्र पाठक के नेतृत्व में 'न्याय एवं विकास अभियान' ने 225 दिन दिल्ली में धरना-प्रदर्शन किया। इस दौरान 16 जुलाई, 2012 को उन्हें गिरफ्तार कर तिहाड़ जेल भेज दिया गया। सात दिन बाद 25 जुलाई को उन्हें रिहा किया गया। हिन्दी भाषा के विकास के लिए स्व. राजकरण सिंह और श्री पुष्पेन्द्र चौहान द्वारा स्थापित 'भारतीय भाषा संरक्षण आन्दोलन' का प्रयास अतुलनीय है। इस आन्दोलन ने धरना-प्रदर्शन एवं अनशनों के माध्यम से दिल्ली बार काउंसिल में पंजीकरण के पूर्व अंग्रेजी-परीक्षा की अनिवार्यता को और संघ लोक सेवा आयोग की परीक्षा से अंग्रेजी की अनिवार्यता को समाप्त करने के लिए लगातार प्रयास किया है।

मातृभाषा को न्यायालय के कामकाज की भाषा बनाने के लिए 'भारतीय भाषा अभियान' द्वारा सघन राष्ट्रव्यापी प्रयास किया जा रहा है। इस अभियान को वर्तमान में श्री जगदीप राय एवं श्री कामेश्वर मिश्र का नेतृत्व प्राप्त है। इसी तरह 'हिन्दी से न्याय' के माध्यम से श्री चन्द्रशेखर उपाध्याय भी न्यायालयों में हिन्दी को स्थापित करने हेतु आवश्यक कानूनी सुधार करने के लिए लगातार प्रयासरत हैं।

उक्त सभी व्यक्तिगत/सांगठनिक प्रयासों को आगे बढ़ाते हुए उच्च न्यायालय के स्तर पर भारतीय भाषा में मुकदमों के दाखिले को प्रोत्साहित करने की आवश्यकता

है। जिन उच्च न्यायालयों में हिन्दी में कामकाज करने की कानूनी छूट है, वहाँ पर आज भी हिन्दी भाषा में मुकदमों का दाखिला नाममात्र ही है। हिन्दी भाषा में मुकदमों के दाखिलों की संख्या बढ़ाकर ही हम इस कानूनी छूट को सार्थक सिद्ध कर सकते हैं और दूसरे उन उच्च न्यायालयों में, जहाँ भारतीय भाषा में कामकाज करने की कानूनी छूट नहीं है, कानूनी सुधार करने की आवश्यकता पर बल दे सकते हैं।

7. हिन्दी में वकालत के सुखद अनुभव

14 फरवरी, 2022 को इलाहाबाद उच्च न्यायालय की एक पीठ के समक्ष लेखक द्वारा किए गए वादे को निभाने की चुनौती अगले ही दिन आ गई, जब उसी मामले में आदेश-संशोधन हेतु प्रार्थना-पत्र दाखिल करना पड़ा। लेखक ने पहली बार अपनी मातृभाषा हिन्दी में प्रार्थना-पत्र दाखिल किया। इसके बाद हिन्दी में मुकदमे तैयार कर दाखिल करने का सिलसिला आरम्भ हो गया। सबसे अधिक चिन्ता इस बात को लेकर थी कि हिन्दी में दाखिल मुकदमों पर माननीय न्यायाधीशों की क्या प्रतिक्रिया होगी? क्या न्यायाधीशगण हिन्दी में दाखिल इन मामलों की सुनवाई सहजता के साथ करेंगे या फिर उनका कोई अलग विचार होगा? मध्य प्रदेश हाई कोर्ट के एक वायरल वीडियो से इस चिन्ता का बढ़ जाना स्वाभाविक था।

मध्य प्रदेश उच्च न्यायालय के समक्ष हिन्दी में दाखिल मुकदमे पर बहस के आरम्भ में पीठासीन न्यायाधीश महोदय ने विधिवक्ता से कहा, 'आप भी हिन्दी में बनाने लगे हैं चावला जी, राष्ट्रीय भाषा की आपको सेवा करनी है..।' बहस करने के दौरान विधिवक्ता से अंग्रेजी का कोई शब्द निकल जाने पर न्यायाधीश द्वारा बार-बार टोक दिया जाता है। जैसे रिजल्ट को रिजल्ट नहीं बल्कि परीक्षाफल कहने के लिए, एनेक्सर को एनेक्सर नहीं बल्कि परिशिष्ट कहने के लिए, पेज नम्बर को पेज नम्बर नहीं बल्कि पृष्ठ क्रमांक कहने के लिए न्यायाधीश द्वारा कई बार टोका जाता है। एक बार तो न्यायाधीश महोदय ने बहस कर रहे विधिवक्ता महोदय से यहाँ तक कह दिया कि 'यदि आप गलत बोलेंगे, तो पिटीशन फेंक दूँगा अभी।'

उक्त वीडियो देखने के बाद हिन्दी में मुकदमा दाखिला को हतोत्साहित करने का आभास होता है। बहुत सारे मुकदमे जो अंग्रेजी में दाखिल होते हैं, पर बहस

के दौरान यदा-कदा हिन्दी के शब्द निकल जाने पर कोई आपत्ति नहीं की जाती है। भले ही अंग्रेजी को लेकर हम सहज या मोह महसूस करते हों, किन्तु हिन्दी में कार्य करना हमारी समाज, राष्ट्र और संविधान के प्रति जिम्मेदारी है। सवाल उठता है कि हम मातृभूमि-भाषा हिन्दी को लेकर असहिष्णु कैसे हो सकते हैं? यह क्यों भुला दिया जाता है कि हम सुधार की दिशा में कम-से-कम एक कदम आगे तो बढ़ रहे हैं। समय के साथ हम शुद्ध हिन्दी में बहस भी करने लगेंगे, किन्तु शुद्ध हिन्दी में बहस न कर पाने और यदा-कदा अंग्रेजी के शब्द या वाक्य निकल जाने के कारण हिन्दी में वकालत को हतोत्साहित करना उचित नहीं है।

इलाहाबाद उच्च न्यायालय में लेखक ने सिविल एवं फौजदारी के कई मुकदमे हिन्दी भाषा में तैयार कर दाखिल किये। इन मामलों को लेकर पिछले एक वर्ष के दौरान लगभग पचीस से अधिक न्यायाधीशों के समक्ष बहस करने का अवसर मिला। सुखद है कि किसी भी न्यायाधीश महोदय के समक्ष शुद्ध हिन्दी में बहस करनेवाली बाध्यता जैसी कोई समस्या नहीं आई, हिन्दी-अंग्रेजी मिश्रित बहस करने का अवसर मिला। यह इलाहाबाद उच्च न्यायालय में यहाँ के माननीय न्यायाधीशों के हिन्दी के प्रति सकारात्मक भाव को दर्शाता है। समझने की आवश्यकता है कि रातोंरात बदलाव नहीं आ जाएगा।

8. हम विधिवक्ताओं की जिम्मेदारी

मुकदमों की तैयारी के दौरान अंग्रेजी के कारण हमारा भाषायी स्तर कभी-कभी कितना नीचे चला जाता है, इसे एक उदाहरण के माध्यम से समझा जा सकता है। एक बड़े चैम्बर में तैयार सहायक प्रोफेसर नियुक्ति सम्बन्धी एक रिट याचिका के आरम्भिक पैरा की शुरुआत कुछ इस तरह की गई थी—'That the petitioners before this Hon'ble Court are selection of advertisement no. 42 of 2008, published by Commission...'। इसका अर्थ है कि 'इस माननीय न्यायालय के समक्ष याचीगण आयोग द्वारा प्रकाशित विज्ञापन संख्या 42 वर्ष 2008 के चयन हैं।' रिट याचिका लिखवाते समय वकील साहब का आशय ऐसा कुछ लिखवाने का कदापि नहीं रहा होगा। किन्तु न चाहते हुए भी ऐसी तमाम गलतियाँ हलफनामे पर सिर्फ इसलिए होती हैं, क्योंकि भाषायी अनभिज्ञता के कारण हम इन गलतियों से निकलनेवाले भाव से अनजान रहते हैं। यदि इसे अपनी मातृभाषा में लिखा जाता,

तो शायद ही ऐसी भाषायी गलती होती। ऐसी गलती होते रहने का कारण कुछ और नहीं, बल्कि अंग्रेजी की भाषायी गुलामी है।

आजादी के 78 वर्ष बाद आज भी, उच्च न्यायालय के स्तर पर अंग्रेजी की भाषायी गुलामी को नहीं तोड़ पाने और अपनी मातृभूमि-भाषा के प्रति हीनभावना को समाप्त नहीं कर पाने का कोई कारण नहीं दिखता है। उच्च न्यायालय के स्तर पर वकालत को अपनी मातृभाषा/मातृभूमि-भाषा में सुगम बनाने और न्यायिक कार्य को भाषायी गुलामी से मुक्त करने की जिम्मेदारी हम सभी विधिवक्ताओं की है। हमारी एक ईमानदार कोशिश देश भर के उच्च न्यायालयों को अंग्रेजी की भाषायी गुलामी से मुक्त कर सकती है, जिसके लिए पुरुषोत्तम दास टंडन जैसे हमारे संविधान निर्माताओं ने स्वप्न देखा था।

3

हाई कोर्ट के मुकदमों की तैयारी

1. सामान्य

उच्च न्यायालय में कोई भी याचिका या अपील या निगरानी या प्रार्थना-पत्र तैयार करने के लिए एक प्रारूप/मसौदा (फॉर्मेट) निर्धारित है। इसी निर्धारित प्रारूप में मामलों को तैयार कर दाखिल किया जाता है। एक मामले का मसौदा बनाने के लिए विधिवक्ता (एडवोकेट) को मुख्यत: मामले के तथ्य, कानूनी बिन्दु, आधार एवं प्रार्थना को तैयार करने के साथ यह तय करना होता है कि सम्बन्धित मामले को मजबूती से प्रस्तुत करने के लिए कौन-कौन से दस्तावेज दाखिल किये जाएँ और इन्हें कैसे मसौदे का हिस्सा बनाया जाए। अलग-अलग मामलों की तैयारी के लिए कुछ मूलभूत बातों को ध्यान में रखना आवश्यक है। जैसे मैंडेमस हेतु रिट याचिका दाखिल करने के लिए यह आवश्यक है कि पूर्व में सक्षम प्राधिकारी के समक्ष माँग की गई हो और इस माँग पर कोई कार्यवाही न हुई हो।

यद्यपि प्रत्येक मामले के मसौदे की तैयारी अलग-अलग तथ्यों के साथ अलग-अलग तरीके से की जाती है, किन्तु कुछ आधारभूत बातें, शब्दावली एवं वाक्य एक जैसे होते हैं। इन आधारभूत बातों, शब्दावली एवं वाक्यों का प्रयोग सामान्यतया हर मामले में किया जाता है। जैसे, किसी भी तरह की रिट याचिका का पहला पैरा याचिका के प्रथम याचिका होने और द्वितीय पैरा कैविएट से सम्बन्धित होते हैं; प्रथम अपील या द्वितीय अपील या विशेष अपील के मेमोरेंडम में 'आधार' लिखने का आरम्भ एक निर्धारित तरीके से किया जाता है; शपथ-पत्र का प्रथम पैरा शपथकर्ता के बारे में होता है, इत्यादि-इत्यादि। अंग्रेजी भाषा में तैयार होनेवाले मसौदों में ये सभी सामान्य बातें पूर्व-निर्धारित हैं। इन्हें बार-बार तैयार करने की आवश्यकता नहीं होती है। इसी तरह का प्रयोग हिन्दी या किसी भारतीय भाषा में किसी मामले

का मसौदा तैयार करने के लिए किया जा सकता है। एक बार तैयार होने के बाद हिन्दी भाषा में भी मुकदमों का मसौदा तैयार करना उसी तरह आसान हो जाएगा, जिस तरह अंग्रेजी भाषा में है।

एक और विषय न्यायिक कार्यवाही सम्बन्धी कुछ ऐसे प्रचलित शब्दों को लेकर है, जो अंग्रेजी या फारसी मूल के हैं; जैसे एफ.आई.आर. के लिए 'रिपोर्ट' शब्द है। 'एफ.आई.आर.' के पहले दो शब्दों—'फर्स्ट' और 'इन्फॉर्मेशन' के हिन्दी अनुवाद को लेकर कोई समस्या नहीं है, किन्तु 'रिपोर्ट' के लिए 'आख्या' या 'प्रतिवेदन' या 'विवरण' शब्द का प्रयोग बहुत उलझाऊ लगता है। इसलिए 'प्रथम सूचना रिपोर्ट' को लेकर आगे बढ़ लेने में समझदारी है। आमजन एफ. आई.आर. को चालू भाषा में 'रपट' कह देते हैं। रपट कहने पर वे इसका मतलब तुरन्त समझ जाते हैं। आजकल एफ.आई.आर. के लिए एक नया शब्द 'प्राथमिकी' गढ़ लिया गया है। ऐसे नये शब्दों का गढ़ा जाना अवश्यम्भावी है और भाषायी-विकास का हिस्सा है। ये नये शब्द भले ही अजीब लगें, किन्तु इनका प्रयोग करने से ये शब्द निखरेंगे और चमकेंगे भी। 'रपट' या 'रिपोर्ट' जैसे प्रचलित शब्दों को स्वीकार करना जहाँ आवश्यक है, वहीं 'प्राथमिकी' जैसे शब्दों का गढ़ा जाना भी अनिवार्य है। इस सम्बन्ध में डॉ. राममनोहर लोहिया का विचार प्रासंगिक एवं प्रेरक है। बाहरी प्रचलित शब्द को स्वीकार करने की वकालत[1] करने के साथ डॉ. लोहिया कहते हैं—'हिन्दुस्तानी में सात लाख के करीब शब्द हैं, जबकि अंग्रेजी में अढ़ाई लाख के आस-पास। ...संसार की सबसे धनी भाषा है, हिन्दी। लेकिन बर्तनों पर धरे-धरे काई जम गई है। यह बर्तन मँजने पर ही चमकेंगे। किसी रसायन-शास्त्र के अनुसन्धान में नहीं। जब काई जमे ऊबड़-खाबड़ शब्दों का इस्तेमाल विश्वविद्यालय, न्यायालय, विधायिकाओं वगैरह में होने लगेगा, तब यह चमकेंगे और उनके अर्थ जमेंगे।'[2]

1.1 मसौदा तैयारी में हिन्दी शब्दों को लेकर आ रही समस्या

फरवरी, 2022 में पहली बार हिन्दी भाषा में दाखिल किए जा रहे करेक्शन प्रार्थना-पत्र की तैयारी के दौरान लेखक के समक्ष पहली समस्या अंग्रेजी के कुछ प्रचलित शब्द/शब्दावली के लिए हिन्दी शब्द तलाशने को लेकर आई। जैसे, 'इन दि हाई

1. लोहिया के विचार : लोकभारती प्रकाशन; पृष्ठ सं. 149 एवं 177
2. तथैव; पृष्ठ सं. 177

कोर्ट ऑफ जूडिकेचर एट इलाहाबाद' या 'सिविल' या स्वयं 'करेक्शन एप्लीकेशन' को हिन्दी में क्या लिखा जाए?

'सिविल' एक बहुत ही सामान्य प्रयोग में आनेवाला अंग्रेजी शब्द है। इसके लिए 'दीवानी' शब्द का भी प्रयोग किया जाता है। अदालतों की चौखट तक आनेवाले मुकदमे सामान्यतया दो प्रकृति के होते हैं—एक फौजदारी और दूसरा दीवानी। मार-पीट एवं अपराध से सम्बन्धित मामले फौजदारी या आपराधिक प्रकृति के होते हैं, जबकि जमीन-जायदाद या अधिकार से उपजे विवाद सम्बन्धी मामले दीवानी या सिविल प्रकृति के होते हैं। सिविल मामलों के अन्तर्गत संविदा, सम्पत्ति, व्यक्ति, परिवार, अपकृत्य, कॉर्पोरेट, प्रशासन से उपजे विवाद सम्बन्धी मामले आते हैं। 'दीवानी' फारसी मूल का शब्द है। इसके लिए कभी-कभी हिन्दी शब्द 'नागरिक' या 'व्यवहार' का प्रयोग किया जाता है। 'नागरिक' को कहीं से भी 'सिविल' के भाववाला शब्द नहीं कहा जा सकता है। नागरिक संज्ञा है, तो सिविल विश्लेषण। 'व्यवहार' शब्द कुछ निकट हो सकता है, किन्तु यह भी इसका पूर्ण भाव नहीं देता है। अब जबकि 'सिविल' या 'दीवानी' जैसे शब्द प्रचलित और जान-पहचान के शब्द हैं, इनके लिए कोई दूसरा शब्द गढ़ने की आवश्यकता नहीं होनी चाहिए। ऐसे प्रचलित शब्दों को स्थान देकर ही हम हिन्दी को सर्वसमावेशी और सर्वस्वीकार्य बना सकते हैं।

1.2 हाई कोर्ट के शीर्षक-नाम : हिन्दी में क्या?

किसी न्यायालय में दाखिल होनेवाले एक मामले का आरम्भ उस न्यायालय के शीर्षक-नाम को सम्बोधित करते हुए किया जाता है। इलाहाबाद उच्च न्यायालय में दाखिल हो रहे किसी मामले के मसौदे में इस उच्च न्यायालय को इसके शीर्षक-नाम 'इन दि हाई कोर्ट ऑफ जूडिकेचर एट इलाहाबाद' से सम्बोधित किया जाता है।[1] इसी तरह पटना उच्च न्यायालय में शीर्षक-नाम 'इन दि हाई कोर्ट ऑफ जूडिकेचर एट पटना' मान्य है। जबकि झारखंड उच्च न्यायालय के लिए जूडिकेचर शब्द के बिना शीर्षक-नाम 'इन दि हाई कोर्ट ऑफ झारखंड एट रांची' का प्रयोग किया जाता है।[2] इसी तरह मध्य प्रदेश उच्च न्यायालय में भी शीर्षक-नाम 'इन दि हाई

1. इलाहाबाद उच्च न्यायालय नियम, 1952; अध्याय 9, नियम 1
2. झारखंड उच्च न्यायालय नियम, 2001; अध्याय 7, नियम 49

कोर्ट ऑफ मध्य प्रदेश, प्रिंसिपल सीट एट जबलपुर', 'इन दि हाई कोर्ट ऑफ मध्य प्रदेश, बेंच एट इन्दौर/ग्वालियर' मान्य है।[1] राजस्थान उच्च न्यायालय के लिए एट के स्थान पर फॉर शब्द वाला शीर्षक-नाम 'इन दि हाई कोर्ट ऑफ जूडिकेचर फॉर राजस्थान' का प्रयोग किया जाता है।[2]

उक्त सभी अलग-अलग शीर्षक-नाम अंग्रेजी भाषा में बनी नियमावली में स्वीकार किए गए हैं। हिन्दी में ऐसे किसी नियम के अभाव के कारण शीर्षक-नाम को लेकर अस्पष्टता है। पहली बार हिन्दी में मुकदमा तैयार करते समय उचित शीर्षक-नाम खोजना लेखक के समक्ष एक मुश्किल सवाल था। एक विधिवक्ता महोदय ने हिन्दी में दाखिल एक मामले में इलाहाबाद उच्च न्यायालय के लिए शीर्षक-नाम—'समक्ष सम्माननीय उच्च न्यायालय क्षेत्राधिकार, इलाहाबाद' का प्रयोग किया था। यहाँ 'जूडिकेचर' के लिए हिन्दी शब्द 'क्षेत्राधिकार' लिखा गया है। इसकी समीक्षा करना आवश्यक है। सामान्यतया हिन्दी शब्द 'क्षेत्राधिकार' का प्रयोग 'जूरिस्डिक्शन' के लिए किया जाता है। इसका भाव किसी मुकदमे के सन्दर्भ में किसी न्यायालय के अधिकार-क्षेत्र को लेकर है। जबकि शीर्षक-नाम में 'जूडिकेचर' शब्द का प्रयोग सामान्य भाव के साथ किया गया है न कि किसी मुकदमे के सन्दर्भ में उसके अधिकार-क्षेत्र को लेकर। कॉलिन्स डिक्शनरी और वेबस्टर डिक्शनरी में 'जूडिकेचर' का अर्थ 'एडमिनिस्ट्रेशन ऑफ जस्टिस अर्थात न्याय-प्रशासन' लिखा गया है। इसी तरह ऑक्सफोर्ड डिक्शनरी में इसका अर्थ 'एक देश में संगठित न्यायालयों की व्यवस्था' और कैम्ब्रिज डिक्शनरी में 'विधिक व्यवस्था और इसके द्वारा किया जा रहा कार्य' बताया गया है। इन भावार्थों को देखते हुए शीर्षक-नाम हेतु शब्द 'जूडिकेचर' के लिए हिन्दी में संक्षिप्त शब्द 'न्याय-प्रशासन' का प्रयोग करना ज्यादा उचित एवं सार्थक है। इस शब्द के साथ हिन्दी में शीर्षक-नाम 'माननीय उच्च न्यायालय, इलाहाबाद के न्याय-प्रशासन के समक्ष' का प्रयोग करना आरम्भ किया। इसी तरह दूसरे उच्च न्यायालयों के लिए निम्न शीर्षक-नाम का प्रयोग किया जा सकता है—

'माननीय उच्च न्यायालय, पटना के न्याय-प्रशासन के समक्ष'

'माननीय झारखंड उच्च न्यायालय, रांची के समक्ष'

'माननीय मध्य प्रदेश उच्च न्यायालय, प्रधान पीठ, जबलपुर के समक्ष'

---

1. मध्य प्रदेश उच्च न्यायालय नियम, 2008; अध्याय 9, नियम 2
2. राजस्थान उच्च न्यायालय नियम, 1952; अध्याय 9, नियम 125

'माननीय मध्य प्रदेश उच्च न्यायालय, खंडपीठ, इन्दौर/ग्वालियर के समक्ष'
'माननीय उच्च न्यायालय, राजस्थान के न्याय-प्रशासन के समक्ष'

1.3 शपथ-पत्र हेतु हिन्दी में प्रयुक्त होनेवाले शब्द एवं वाक्य

कुछ अपवादों के अलावा, लगभग सभी तरह की याचिकाओं एवं प्रार्थना-पत्रों के साथ शपथ-पत्र (Affidavit) भी दाखिल होता है। ऐसे शपथ-पत्र का प्रारूप (Format) पूर्व निर्धारित है। शपथ-पत्र संक्षिप्त स्वरूप में हो सकता है या विस्तृत स्वरूप में। जैसे इलाहाबाद उच्च न्यायालय में रिट याचिका के साथ संक्षिप्त शपथ-पत्र दाखिल होता है, जबकि जमानत प्रार्थना-पत्र के साथ विस्तृत शपथ-पत्र दाखिल होता है। रिट याचिका में सभी तथ्य एवं आधार इसी याचिका में लिखे जाते हैं, और इसके समर्थन में संक्षिप्त शपथ-पत्र दाखिल किया जाता है। जबकि जमानत प्रार्थना-पत्र में केवल आवश्यक प्रार्थना की जाती है और सभी तथ्य एवं आधार का उल्लेख इसके समर्थन में दाखिल होनेवाले शपथ-पत्र में किया जाता है।

पूर्व निर्धारित शपथ-पत्र के प्रारूप में कुछ शब्द/शब्दावली एवं वाक्य सामान्य प्रकृति के होते हैं। इनका एक बार हिन्दी अनुवाद करने के बाद समस्या न्यूनतम हो जाएगी। अंग्रेजी भाषा में तैयार शपथ-पत्र में एक शब्दावली 'कंटेंट्स ऑफ पैराग्राफ नम्बर...' का प्रयोग किया जाता है। शब्द 'पैरा' हिन्दी में भी प्रयोग किए जानेवाला एक प्रचलित शब्द है। यह कहा जा सकता है कि भले ही हिन्दी के लिए शब्द 'पैरा' एक प्रचलित शब्द हो, फिर भी इसके स्थान पर हिन्दी शब्द का ही प्रयोग किया जाना चाहिए। इस स्थिति में 'वाक्यखंड' या 'परिच्छेद' जैसे किसी अनजाने शब्द का प्रयोग आरम्भ करना होगा। हिन्दी भाषा को इतना कठोर बनाने की आवश्यकता नहीं है। यदि पैरा जैसे शब्द अपने अधिक प्रचलन के कारण हिन्दी शब्द की तरह स्वीकृत हो गए हैं, तो इनका प्रयोग बिना किसी हिचकिचाहट के किया जाना चाहिए। हाँ, कंटेंट्स जैसे शब्द, जो अभी भी हिन्दी भाषा के लिए अनजाने हैं, के लिए उपयुक्त हिन्दी शब्द खोजकर उसका प्रयोग किया जा सकता है। 'कंटेंट्स' के लिए हिन्दी में शब्द 'वस्तु' या 'विषय' या 'विषय-सूची' या 'अन्तर्वस्तु' हो सकते हैं। शपथ-पत्र के सन्दर्भ में 'कंटेंट्स' के लिए सबसे उपयुक्त एवं समभाव वाला शब्द 'अन्तर्वस्तु' है। इस तरह शपथ-पत्र में अंग्रेजी शब्दावली

'कंटेंट्स ऑफ पैराग्राफ नम्बर...' के लिए हिन्दी शब्दावली 'पैरा संख्या...के अन्तर्वस्तु' का प्रयोग करना आरम्भ किया।

1.4 भिन्न-भिन्न प्रार्थना-पत्र के लिए हिन्दी शब्द

हाई कोर्ट के समक्ष अलग-अलग उद्देश्य के लिए अलग-अलग नाम से प्रार्थना-पत्र दाखिल होते हैं। लेखक को जब पहली बार हिन्दी भाषा में करेक्शन प्रार्थना-पत्र दाखिल करना पड़ा, तो इसके लिए हिन्दी शब्द ढूँढ़ना एक चुनौती थी। करेक्शन एप्लीकेशन को यदि संशोधन प्रार्थना-पत्र लिखा जाता है, तो इसका अर्थ मॉडिफिकेशन एप्लीकेशन या अमेंडमेंट एप्लीकेशन के लिए भी निकाला जा सकता है। यदि करेक्शन एप्लीकेशन के लिए संशोधन प्रार्थना-पत्र लिखा जाता है, तो मॉडिफिकेशन एप्लीकेशन या अमेंडमेंट एप्लीकेशन के लिए हिन्दी में क्या लिखा जाएगा? अंग्रेजी में लिखे जानेवाले तीनों शब्द—करेक्शन या मॉडिफिकेशन या अमेंडमेंट—का अर्थ 'संशोधन' ही होता है, किन्तु अलग-अलग प्रार्थना-पत्र के रूप में ये तीनों शब्द अलग-अलग अर्थ देते हैं। इसी तरह यदि रिकॉल एप्लीकेशन के लिए वापसी प्रार्थना-पत्र लिखा जाता है, तो विदड्रॉ एप्लीकेशन के लिए क्या लिखा जाएगा? अंग्रेजी में लिखे जानेवाले दोनों शब्दों—रिकॉल और विदड्रॉ—का अर्थ 'वापसी' होता है, किन्तु अलग-अलग प्रार्थना-पत्र के रूप में ये दोनों शब्द अलग-अलग अर्थ देते हैं। ऐसे तमाम प्रार्थना-पत्रों जैसे करेक्शन एप्लीकेशन, मॉडिफिकेशन एप्लीकेशन, अमेंडमेंट एप्लीकेशन, रिकॉल एप्लीकेशन, विदड्रॉ एप्लीकेशन, रिव्यू एप्लीकेशन, रिस्टोरेशन एप्लीकेशन, लिस्टिंग एप्लीकेशन, इम्प्लीडमेंट एप्लीकेशन, सब्स्टीट्यूशन एप्लीकेशन, डिले कंडोनेशन एप्लीकेशन, कैविएट एप्लीकेशन के लिए हिन्दी में समभाव वाले उपयुक्त शब्द की तलाश करना आवश्यक है।

हिन्दी में दाखिल मछली पालन पट्टा सम्बन्धी एक मामले में गाँव सभा को पक्षकार बनाने के लिए लेखक को इम्प्लीडमेंट एप्लीकेशन दाखिल करनी पड़ गई। न्यायालयी भाषा में इम्प्लीडमेंट का तात्पर्य किसी व्यक्ति या संस्था को पक्षकार बनाने से होता है। इम्प्लीडमेंट एप्लीकेशन के लिए हिन्दी भाषा में उपयुक्त शब्दावली तलाशने के दौरान कई विकल्प जैसे—'पक्षकारिता प्रार्थना-पत्र' या 'पक्षकार-निर्माण प्रार्थना-पत्र' या 'पक्षकार-संयोजन प्रार्थना-पत्र' मस्तिष्क में आया। अन्ततः 'पक्षकार-संयोजन प्रार्थना-पत्र' का प्रयोग करके यह प्रार्थना-पत्र दाखिल किया।

अंग्रेजी में लिखे जानेवाले तीनों शब्द—करेक्शन या मॉडिफिकेशन या अमेंडमेंट—का अर्थ 'संशोधन' ही होता है, किन्तु अलग-अलग एप्लीकेशन के रूप में ये तीनों शब्द अलग-अलग अर्थ देते हैं। करेक्शन एप्लीकेशन और मॉडिफिकेशन एप्लीकेशन किसी आदेश या निर्णय में संशोधन के लिए दाखिल की जाती हैं। अन्तर यह है कि करेक्शन एप्लीकेशन जहाँ किसी निर्णय/आदेश में टंकण-त्रुटि को सुधारने के लिए दाखिल होती है, वहीं मॉडिफिकेशन एप्लीकेशन किसी आदेश में गुणवत्ता पर आधारित संशोधन करने के लिए दाखिल की जाती है। इसके अलावा अमेंडमेंट एप्लीकेशन किसी मुकदमे के अभिवचनों में संशोधन करने के लिए दाखिल की जाती है। अब इन तीनों प्रकार के संशोधन प्रार्थना-पत्रों को स्पष्ट करते हुए हिन्दी में उपयुक्त शब्द/शब्दावली तलाशने की आवश्यकता है। मॉडिफिकेशन एप्लीकेशन के लिए 'आदेश-सुधार प्रार्थना-पत्र' या 'सुधार प्रार्थना-पत्र' और करेक्शन एप्लीकेशन के लिए 'आदेश-संशोधन प्रार्थना-पत्र' का प्रयोग किया जा सकता है। जबकि अमेंडमेंट एप्लीकेशन के लिए 'अभिवचन-संशोधन प्रार्थना-पत्र' का प्रयोग किया जा सकता है।

रिव्यू एप्लीकेशन किसी निर्णय/आदेश की गुणवत्ता पर पुनर्विचार करने के लिए दाखिल की जाती है। इसके लिए हिन्दी शब्दावली 'पुनर्विचार प्रार्थना-पत्र' प्रचलित है। इसे लेकर कोई समस्या नहीं है। इसी तरह रिस्टोरेशन एप्लीकेशन, विधिवक्ता की अनुपस्थिति में किसी मामले को बिना उसकी गुणवत्ता पर चर्चा किये पारित निरस्त-आदेश के खिलाफ, उस मामले को पुनर्स्थापित करने के लिए दाखिल की जाती है। इसी प्रार्थना-पत्र के माध्यम से निरस्त करने के आदेश को वापस लेने के लिए भी प्रार्थना की जाती है। रिकॉल एप्लीकेशन, ऐसे एकपक्षीय आदेश को वापस लेने के लिए दाखिल की जाती है, जो भले ही विधिवक्ता की अनुपस्थिति में पारित किया गया है, किन्तु इसमें मामले की गुणवत्ता पर भी चर्चा की गई होती है। जहाँ रिकॉल एप्लीकेशन किसी एकपक्षीय आदेश को वापस लेने के लिए दाखिल की जाती है, वहीं विदड्रॉ एप्लीकेशन किसी मामले को वापस लेने के लिए दाखिल की जाती है।

जहाँ इम्प्लीडमेंट एप्लीकेशन नया पक्षकार जोड़ने के लिए दाखिल होती है, वहीं सब्स्टीट्यूशन एप्लीकेशन किसी पक्षकार की मृत्यु हो जाने पर उसके वारिस को पक्षकार के रूप में प्रतिस्थापित करने के लिए दाखिल की जाती है। सब्स्टीट्यूशन एप्लीकेशन के लिए 'पक्षकार-प्रतिस्थापन प्रार्थना-पत्र' का प्रयोग करना उचित है। कैविएट एप्लीकेशन नैसर्गिक न्याय के सिद्धान्त पर आधारित है। इस एप्लीकेशन को

दाखिल करने का उद्‌देश्य प्रार्थी के विरुद्ध कोई आदेश करने के पूर्व उसे सूचित करना और प्रतिवाद करने का अवसर देना है। इस भाव के साथ शब्द 'कैविएट' का हिन्दी में भी खुलकर प्रयोग किया जाता है। इसके लिए अलग हिन्दी शब्द जैसे, 'सुनवाई पूर्व सूचना प्रार्थना-पत्र' या 'प्रतिवाद हेतु सूचना प्रार्थना-पत्र' इत्यादि खोजा जा सकता है, किन्तु हिन्दी में 'कैविएट' शब्द इतना प्रचलित है कि इसके लिए किसी दूसरे नये अपरिचित शब्द को खोजने की आवश्यकता नहीं रह जाती है। उच्च न्यायालय में सर्वाधिक प्रयोग में आनेवाला प्रार्थना-पत्र 'लिस्टिंग एप्लीकेशन' है। इस प्रार्थना-पत्र के माध्यम से न्यायालय से किसी मामले को सूचीबद्ध करने हेतु आदेश करने की माँग की जाती है। इसके लिए 'सूचीकरण प्रार्थना-पत्र' शब्दावली को प्रचलन में लाया जा सकता है। यह न केवल संक्षिप्त है, बल्कि भाव एवं उद्‌देश्य को भी स्पष्ट करती है।

इस तरह अलग-अलग उद्‌देश्य हेतु दाखिल होले वाले प्रार्थना-पत्र एवं शपथ-पत्र के लिए निम्न हिन्दी-शब्दावली का प्रयोग किया जाना उचित है—

Correction Application	:	आदेश-संशोधन प्रार्थना-पत्र
Modification Application	:	आदेश-सुधार प्रार्थना-पत्र
Amendment Application	:	अभिवचन-संशोधन प्रार्थना-पत्र
Recall Application	:	आदेश-वापसी प्रार्थना-पत्र
Withdraw Application	:	याचिका-वापसी प्रार्थना-पत्र
Review Application	:	पुनर्विचार प्रार्थना-पत्र
Restoration Application	:	पुनर्स्थापन प्रार्थना-पत्र
Substitution Application	:	पक्षकार-प्रतिस्थापन प्रार्थना-पत्र
Impleadment Application	:	पक्षकार-संयोजन प्रार्थना-पत्र
Clarification Application	:	स्पष्टीकरण प्रार्थना-पत्र
Stay Extension Application	:	स्थगन विस्तार प्रार्थना-पत्र
Time Extension Application	:	अवधि विस्तार प्रार्थना-पत्र
Delay Condonation Application	:	विलम्ब माफी प्रार्थना-पत्र
Listing Application	:	सूचीकरण प्रार्थना-पत्र
Caveat Application	:	कैविएट प्रार्थना-पत्र
Counter Affidavit	:	उत्तर शपथ-पत्र
Rejoinder Affidavit	:	प्रत्युत्तर शपथ-पत्र
Supplementary Affidavit	:	पूरक शपथ-पत्र

2. रिट याचिका

2.1 रिट के बारे में

आंग्ल न्यायशास्त्र के अन्तर्गत विकसित 'रिट' एक परमाधिकार-शक्ति है, जिसका प्रयोग सम्राट द्वारा लोगों के अधिकार एवं आजादी को सुरक्षित करने के लिए किया जाता था। शक्ति पृथक्करण का सिद्धान्त मान्य होने के बाद रिट शक्ति का प्रयोग न्यायपालिका द्वारा किया जाने लगा। भारतीय संविधान के अनुच्छेद 32 और 226 में भी 'रिट' का उल्लेख किया गया है। अनुच्छेद 32 के अन्तर्गत सुप्रीम कोर्ट को और अनुच्छेद 226 के अन्तर्गत हाई कोर्ट को रिट जारी करने की शक्ति दी गई है। जहाँ सुप्रीम कोर्ट केवल मूल अधिकार को सुरक्षित करने के लिए रिट जारी कर सकता है, वहीं हाई कोर्ट मूल अधिकार और विधिक अधिकार दोनों को सुरक्षित करने के लिए रिट शक्ति का प्रयोग कर सकता है।

यद्यपि भारतीय संविधान में रिट का प्रयोग व्यापक सन्दर्भ में किया गया है, किन्तु इसके साथ पाँच विशिष्ट रिटों—हेबियस कॉर्पस, मैंडेमस, प्रोहिबिशन, सर्शियोररी और क्वो वारंटो का भी उल्लेख किया गया है। प्रारूप संविधान में इस तरह कुछ विशिष्ट रिटों का प्रयोग किए जाने का संविधान सभा में विरोध किया गया है। एच.वी. कामथ ने संशोधन प्रस्तुत कर एक नया प्रावधान प्रस्तावित किया, जिसमें किसी भी रिट का उल्लेख नहीं किया गया था।[1] प्रारूप प्रावधान में कुछ रिटों का उल्लेख करने का कारण स्पष्ट करते हुए डॉ. बी.आर. आंबेडकर ने कहा कि ये रिट बहुत पहले से ग्रेट ब्रिटेन में अस्तित्व में रही हैं। इनकी प्रकृति और इनके द्वारा प्रदान किया जानेवाला उपचार प्रत्येक विधिवक्ता को मालूम है, परिणामत: हमने सोचा कि जैसा कि एक व्यक्ति के लिए, यहाँ तक कि जो बहुत उपजाऊ कल्पनाशक्ति रखता है, कुछ नया खोजना असम्भव है, वहीं इन रिटों में, जो हजारों वर्षों से अस्तित्व में रही हैं एवं जो प्रत्येक अंग्रेज को उनकी आजादी की सुरक्षा के सन्दर्भ में पूर्ण सन्तुष्टि प्रदान किये हैं, सुधार करना शायद ही सम्भव हो। इसलिए हमने सोचा कि ऐसी कोई स्थिति, जो इन रिटों को रखनेवाले इंग्लिश विधिशास्त्र में मौजूद है और जो अचूक एवं पूर्णसिद्ध पाए हुए हैं, को संविधान में इनके नाम के साथ उल्लिखित करना चाहिए, और यह उल्लेख, सुप्रीम कोर्ट के

---

1. भारतीय संविधान की निर्माण यात्रा; पृष्ठ सं. 230

दूसरे तरीके से न्याय प्रदान करने के अधिकार को हानि पहुँचाए बिना किया गया है।[1] डॉ. बी.आर. आंबेडकर के सम्बोधन के बाद संविधान सभा ने एच.वी. कामथ के संशोधन को अस्वीकार कर दिया।

2.2 रिट का हिन्दी अनुवाद

अनुच्छेद 32 और 226 में प्रयुक्त 'रिट' शब्द के लिए हिन्दी भाषा में भी सामान्यतया इसी शब्द का प्रयोग प्रचलित है। कभी-कभी इसके लिए 'आज्ञा-पत्र' जैसे शब्द का प्रयोग किया जाता है। वस्तुत: 'रिट', परमाधिकार-शक्ति का प्रयोग कर जारी किया जानेवाला एक आदेश है। इसलिए इसके लिए सर्वाधिक उपयुक्त शब्द 'परमादेश' है। किन्तु समस्या यह है कि हिन्दी में 'परमादेश' शब्द का प्रयोग 'मैंडेमस' नाम की एक विशिष्ट रिट के लिए किया जाता है। 'परमादेश' शब्द का प्रयोग, 'रिट' शब्द के लिए सामूहिक भाव में किया जाना ज्यादा उचित है। यही शब्द रिट के भाव को सही मायने में स्पष्ट करता है। 'मैंडेमस' नाम की विशिष्ट रिट के लिए इसके भाव के अनुरूप कोई नया शब्द खोजा जाना उचित है।

हेबियस कॉर्पस, मैंडेमस, प्रोहिबिशन, सर्शियोररी और क्वो वारंटो नाम से स्थापित रिट के लिए हिन्दी में क्रमश: बन्दी-प्रत्यक्षीकरण, परमादेश, प्रतिषेध, उत्प्रेषण और अधिकार-पृच्छा का प्रयोग किया जाता है। इससे इनकार नहीं किया जा सकता है कि ये नये शब्द अलग-अलग विशिष्ट रिटों के लिए विकसित किए गए हैं। इस तरह का विकास करते समय हम मूल रिटों के भाव की उपेक्षा नहीं कर सकते हैं। इस दृष्टि से अलग-अलग रिटों के लिए हिन्दी शब्दों की उपयुक्तता की समीक्षा करना आवश्यक है।

1. **हेबियस कॉर्पस—** यह रिट, बिना किसी प्राधिकार के निरुद्ध किए गए व्यक्ति को न्यायालय के समक्ष प्रस्तुत करने और रिहा करने के लिए जारी की जाती है। शब्द 'बन्दी प्रत्यक्षीकरण' इसके भाव को पूर्णता के साथ प्रकट नहीं करता है। इसकी तुलना में शब्द 'बन्दी-मुक्ति परमादेश या बन्दी-मुक्तिआदेश' ज्यादा समभाव वाला उचित शब्द है।
2. **मैंडेमस—** इस रिट के माध्यम से किसी लोक-अधिकारी को उसके कानून-अधिरोपित कर्तव्य का निर्वहन करने के लिए या ऐसे कर्तव्य

1. भारतीय संविधान की निर्माण यात्रा; पृष्ठ सं. 231

को अवैध तरीके से न करने के लिए कहा जाता है। सामान्यतया इसके लिए शब्द 'परमादेश' का प्रयोग किया जाता है। जबकि सभी तरह के रिट, 'परमादेश' हैं, मैंडेमस जैसी विशिष्ट रिट के लिए दूसरा शब्द तलाशना उचित है। इसके लिए समभाव वाला शब्द 'कर्तव्य-निर्वहन परमादेश या कर्तव्य-निर्वहनादेश' ज्यादा सार्थक एवं उचित शब्द है।

3. **प्रोहिबिशन—** किसी अधीनस्थ न्यायालय या न्यायाधिकरण द्वारा क्षेत्राधिकार के बाहर या कानून के विरुद्ध चलाए जा रहे किसी मामले की कार्यवाही को रोकने के लिए यह रिट जारी की जाती है। इसके लिए प्रयोग किए जानेवाले शब्द 'प्रतिषेध' की तुलना में शब्द 'कार्यवाही-निषेध परमादेश या कार्यवाही-निषेधादेश' ज्यादा समभाव वाला उचित शब्द है।
4. **सर्शियोररी—** यह रिट, किसी अधीनस्थ न्यायालय या न्यायाधिकरण या अर्द्ध-न्यायिक प्राधिकारी द्वारा पारित निर्णय/आदेश के अवैध होने की दशा में इन्हें निरस्त करने के लिए जारी किया जाता है। इसके लिए प्रयोग किए जानेवाले शब्द 'उत्प्रेषण' की तुलना में शब्द 'निर्णय-निरस्त परमादेश या निर्णय-निरस्तादेश' ज्यादा स्पष्ट और समभाव वाला शब्द है।
5. **क्वो वारंटो—** यह रिट, किसी व्यक्ति द्वारा अनधिकार तरीके से कोई सार्वजनिक पद धारण करने के विरुद्ध जारी की जाती है। इसके लिए शब्द 'अधिकार पृच्छा' का प्रयोग किया जाता है। इसकी तुलना में शब्द 'अधिकार-पृच्छा परमादेश या अधिकार-पृच्छादेश' का प्रयोग करना क्वो वारंटो के भाव को ज्यादा पूर्ण बनाता है।

इस तरह रिट और विशिष्ट रिटों के लिए निम्न उपयुक्त हिन्दी शब्द निकलकर आते हैं—

रिट	:	परमादेश।
हेबियस कॉर्पस	:	बन्दी-मुक्ति परमादेश या बन्दी-मुक्तिआदेश।
मैंडेमस	:	कर्तव्य-निर्वहन परमादेश या कर्तव्य-निर्वहनादेश।
प्रोहिबिशन	:	कार्यवाही-निषेध परमादेश या कार्यवाही-निषेधादेश।
सर्शियोररी	:	निर्णय-निरस्त परमादेश या निर्णय-निरस्तादेश।
क्वो वारंटो	:	अधिकार-पृच्छा परमादेश या अधिकार-पृच्छादेश।

2.3 मूलभूत बातें

- कानून के दोनों क्षेत्र—सिविल और आपराधिक—के लिए अलग-अलग रिट याचिकाएँ दाखिल होती हैं—सिविल क्षेत्र के लिए सिविल प्रकीर्ण रिट याचिका और आपराधिक क्षेत्र के लिए आपराधिक प्रकीर्ण रिट याचिका।
- हेबियस कॉर्पस रिट (बन्दी-मुक्ति परमादेश) की माँग के साथ दाखिल होनेवाली रिट याचिका सामान्यतया 'आपराधिक प्रकीर्ण रिट याचिका' के रूप में और क्वो वारंटो रिट (अधिकार-पृच्छा परमादेश) की माँग के साथ दाखिल होनेवाली रिट याचिका सामान्यतया 'सिविल प्रकीर्ण रिट याचिका' के रूप में तैयार होती है।
- सामान्यतया सभी उच्च न्यायालय, अपनी-अपनी नियमावली में रिट याचिका सम्बन्धी प्रक्रिया को विनियमित करने के लिए प्रावधान बनाए हुए हैं। जैसे, इलाहाबाद हाई कोर्ट नियम, 1952 के अन्तर्गत रिट से सम्बन्धित दो अध्याय—हेबियस कॉर्पस रिट से सम्बन्धित अध्याय 21 और अन्य रिट से सम्बन्धित अध्याय 22 शामिल किए गए हैं। इसी तरह राजस्थान हाई कोर्ट नियम, 1952 के भाग 4 का अध्याय 21 हेबियस कॉर्पस रिट, अध्याय 22 अन्य रिट और अध्याय 22-क जनहित याचिका से सम्बन्धित है।

2.4 जनहित याचिका के प्रारूप के लिए विशेष पैरा

- बहुत से मामले ऐसे होते हैं, जिसमें याची का व्यक्तिगत हित नहीं होता है, बल्कि वे दूसरे निर्धन एवं अक्षम व्यक्ति के मूल अधिकार को लागू कराने से सम्बन्धित या जनहित से जुड़े हुए होते हैं। ऐसे मामलों में व्यक्तिगत हित न होने के आधार पर याची की अधिकारिता (Locus Standi) पर सवाल न उठाया जा सके, इसके लिए लोकहित वाद के सिद्धान्त का प्रतिपादन किया गया। यद्यपि इस सिद्धान्त की बुनियाद प्रतिनिधि वाद के रूप में न्यायमूर्ति कृष्णा अय्यर[1] ने 1981 में ही रख

1. अखिल भारतीय रेलवे शोषित कर्मचारी संघ बनाम भारत संघ; ए.आई.आर. 1981 सु.को. 298

दी थी, किन्तु इसको विस्तार देने एवं नियम के रूप में स्थापित करने का महती कार्य न्यायमूर्ति पी.एन. भगवती[1] ने 1982 में किया। लोकहित वाद के सिद्धान्त के अन्तर्गत कोई भी व्यक्ति, निजी हित न होने के बावजूद, किसी लोकहित के मामले को रिट याचिका के माध्यम से दाखिल कर सकता है।

- संविधान के अनुच्छेद 226 के अन्तर्गत दाखिल होनेवाली जनहित याचिका, चाहे सिविल प्रकृति की हो या आपराधिक प्रकृति की, का प्रारूप रिट याचिका जैसा ही होता है। सच्ची एवं उचित जनहित याचिका को प्रोत्साहित करने और असंगत विचार वाली जनहित याचिका को रोकने, और याची की साख को स्पष्ट करने के लिए सर्वोच्च न्यायालय ने सभी उच्च न्यायालयों को आवश्यक नियम बनाने का दिशा निर्देश दिया।[2] इस दिशा निर्देश के अनुपालन में लगभग सभी उच्च न्यायालयों द्वारा अपनी-अपनी नियमावली में जनहित याचिका दाखिला प्रक्रिया में आवश्यक बदलाव किए गए।
- इलाहाबाद उच्च न्यायालय में दाखिल होनेवाली जनहित याचिका के साथ निम्न पैरा को जोड़ना आवश्यक बनाया गया है—

  > 'यह कि इस याचिका के माध्यम से उठाए गए लोकहित सम्बन्धी वाद-विषय से याचिकाकर्ता का जुड़ाव रहा है; यह कि उसका मामले में कोई व्यक्तिगत या निजी हित नहीं है; यह कि इस याचिका में उठाए गए प्रश्न पर सुप्रीम कोर्ट या हाई कोर्ट का कोई प्रामाणिक निर्णय नहीं है; और यह कि इस याचिका के परिणाम से उसे या उसके किसी सहयोगी को कोई अनुचित लाभ नहीं होगा या किसी व्यक्ति, संस्था या राज्य को कोई अनुचित हानि नहीं होगी।'[3]

- मध्य प्रदेश उच्च न्यायालय में दाखिल होनेवाली जनहित याचिका को मध्य प्रदेश उच्च न्यायालय नियमावली, 2008 के प्रारूप संख्या 8 के

---

1. एस.पी. गुप्ता एवं अन्य बनाम राष्ट्रपति एवं अन्य; ए.आई.आर. 1982 सु.को. 149
2. उत्तरांचल राज्य बनाम बलवन्त सिंह चौफल व अन्य; (2010) 3 एस.सी.सी. 402
3. इलाहाबाद उच्च न्यायालय नियम, 1952; अध्याय 22, नियम 1(3-क)

अनुसार होना आवश्यक है।[1] इस जनहित याचिका में निम्न तथ्यों[2] का होना आवश्यक बनाया गया है—

1. याची की सामाजिक लोक हैसियत और उसके जन-सरोकार से सम्बन्धित पूर्व हैसियत,
2. जनहित याचिका दाखिल करने में आ रहे खर्च के लिए याची के अर्थ के स्रोत,
3. याचिका के तथ्यों की जानकारी का स्रोत,
4. वाद-कारण बनानेवाले तथ्य,
5. जन-सरोकार को पहुँच रही क्षति की प्रकृति,
6. वाद-कारण में याची का व्यक्तिगत हित, यदि कोई है।

जनहित याचिका में यह घोषणा करना भी आवश्यक है कि मामले में गहन शोध किया गया है और इससे जुड़ी सभी आवश्यक सामग्री को याचिका में शामिल किया गया है।[3]

- दिल्ली उच्च न्यायालय ने बलवन्त सिंह चौफल के निर्णय के अनुपालन में दिल्ली उच्च न्यायालय (जनहित याचिका) नियम, 2010 बनाया है। इस नियम के अनुसार दाखिल होनेवाली जनहित याचिका में निम्न पैरा का होना आवश्यक है—

पैरा 1. इसकी घोषणा कि रिट याची का याचिका में कोई व्यक्तिगत हित नहीं है और याचिका किसी तरह के स्वहित या किसी व्यक्ति/संस्था/निकाय के हित के लिए नहीं है और रिट याचिका दाखिल करने में जनहित के अलावा और कोई मंशा नहीं है।[4]

पैरा 2. रिट याचिका के तथ्यों की जानकारी के स्रोत की घोषणा।[5]

पैरा 3. व्यक्तियों के समूह की घोषणा, जिनके हित के लिए याचिका दाखिल की जा रही है और वे व्यक्ति खुद न्यायालय तक आने में कैसे अक्षम हैं।[6]

1. मध्य प्रदेश उच्च न्यायालय नियम, 2008; अध्याय 10, नियम 27
2. तथैव; अध्याय 13-क, नियम 14
3. तथैव; अध्याय 13-क, नियम 16
4. दिल्ली उच्च न्यायालय (जनहित याचिका) नियम, 2010; पैरा 9 (i)(ख)।
5. तथैव; पैरा 9 (i)(ग)।
6. तथैव; पैरा 9 (i)(घ)।

पैरा 4. रिट याचिका में माँगे जा रहे आदेश से प्रभावित होनेवाले व्यक्ति/संस्था/निकाय के बारे में घोषणा, जिन्हें विपक्षी के रूप में पक्षकार बनाया गया है और इस बात की घोषणा कि याची की जानकारी में ऐसे आदेश से प्रभावित होनेवाला कोई अन्य व्यक्ति/संस्था/निकाय नहीं है।[1]

पैरा 5. याची की योग्यता और पृष्ठभूमि के बारे में घोषणा, जो मामले के वाद-कारण को उठाए जाने के लिए उसे सक्षम बनाता है। यदि याची कोई संगठन है, तो उसके पदाधिकारियों के नाम एवं पता, और उसके क्रियाकलाप की प्रकृति। यह घोषणा करना भी आवश्यक है कि यदि न्यायालय द्वारा हर्जाना लगाया जा रहा है, तो याची के पास ऐसा हर्जाना जमा करने का साधन है।[2]

- राजस्थान उच्च न्यायालय में दाखिल होनेवाली जनहित याचिका में निम्न तथ्यों[3] का खुलासा किया जाना आवश्यक बनाया गया है—

1. याची की सामाजिक लोक हैसियत और उसके जन-सरोकार से सम्बन्धित पूर्व हैसियत,
2. याचिका दाखिल करने में आ रहे खर्च के लिए याची के अर्थ का स्रोत और इसके साथ पैन संख्या, यदि कोई है,
3. सूचना का स्रोत, जिस पर याचिका में कही गई बातें आधारित हैं,
4. वाद-कारण बनानेवाले तथ्य,
5. जन-सरोकार को पहुँच रही या सम्भावित क्षति की प्रकृति,
6. वाद-कारण में याची का व्यक्तिगत हित, यदि कोई है,
7. क्या याची या याचीगण किसी न्यायालय या न्यायाधिकरण के समक्ष किसी दूसरे सिविल या राजस्व या आपराधिक मामले में किसी रूप में शामिल है। यदि शामिल है, तो उसके बारे में पूर्ण जानकारी।

जनहित याचिका में यह घोषणा करना भी आवश्यक है कि मामले में गहन शोध किया गया है और इससे जुड़ी सभी आवश्यक सामग्री को याचिका के साथ रखा गया है।[4]

---

1. दिल्ली उच्च न्यायालय (जनहित याचिका) नियम, 2010; पैरा 9 (i)(ङ)।
2. तथैव; पैरा 9 (i)(च)।
3. राजस्थान उच्च न्यायालय नियम, 1952; अध्याय 22-क, नियम 385-एफ।
4. तथैव; अध्याय 22-क, नियम 385-जी।

3. सिविल रिट याचिका

3.1 परिचय

- सिविल मामलों में मूल अधिकार या कानूनी अधिकार को सुरक्षित करने के लिए कोई व्यक्ति उच्च न्यायालय के समक्ष संविधान के अनुच्छेद 226 के अन्तर्गत सिविल रिट याचिका (परमादेश याचिका) दाखिल कर सकता है।
- सिविल रिट याचिका की सुनवाई आवश्यकतानुसार एकल पीठ के समक्ष या दो न्यायाधीशों की खंडपीठ के समक्ष हो सकती है।
- सामान्यतया सिविल मामले में न्यायिक या अर्द्धन्यायिक हैसियत का प्रयोग करते हुए पारित किसी निर्णय या आदेश, जिसके खिलाफ कोई अपील या निगरानी का वैकल्पिक उपचार नहीं रह गया है, के खिलाफ सर्शियोररी रिट हेतु याचिका की सुनवाई एकल पीठ के समक्ष की जाती है। जैसे, चकबन्दी सम्बन्धी मामले या राजस्व सम्बन्धी मामले या किरायेदारी सम्बन्धी मामले या स्टैम्प कमी सम्बन्धी मामले या एकल पीठ हेतु निर्धारित सेवा सम्बन्धी मामले।
- सामान्यतया मैंडेमस या कोई दिशा निर्देश जारी करने की माँग वाली रिट याचिका दो न्यायाधीशों की खंडपीठ के समक्ष प्रस्तुत होती है। इसके अलावा कुछ उच्चतर सेवा सम्बन्धी मामले या सैन्यबल न्यायाधिकरण से होकर आनेवाले मामले या मानवाधिकार सम्बन्धी मामले या स्थानीय इकाई या विकास प्राधिकरण सम्बन्धी मामले या खान एवं खनिज सम्बन्धी मामले दो न्यायाधीशों की खंडपीठ के समक्ष प्रस्तुत करने के लिए निर्धारित होते हैं।
- क्वो वारंटो—जब कोई व्यक्ति किसी सार्वजनिक पद पर अपने को अधिकारयुक्त बताते हुए उस पद के दूसरे व्यक्ति द्वारा अनधिकृत रूप से धारण करने का आरोप लगाकर इस रिट की माँग करता है तो ऐसी याचिका की सुनवाई एकल पीठ द्वारा की जाती है और जब किसी व्यक्ति पर सार्वजनिक पद को अनधिकार धारण करने का आरोप लगाते हुए जनहित में इस रिट की माँग की जाती है तो ऐसी याचिका की सुनवाई दो न्यायाधीशों की खंडपीठ के समक्ष होती है।

3.2 प्रारूप तैयार करने सम्बन्धी मूलभूत बातें

- सिविल रिट याचिका आवश्यकतानुसार एक या दो सेट के साथ दाखिल होता है।
- उच्च न्यायालय में दाखिल होनेवाली रिट याचिका में सामान्यतया चार मुख्य भाग—रिट पिटीशन (परमादेश याचिका), अन्तरिम आदेश/स्टे एप्लीकेशन (स्थगन प्रार्थना-पत्र), डेट्स एंड इवेंट्स (तिथिवार घटनाएँ), और एफीडेविट (शपथ-पत्र) होते हैं। इन सभी चार भागों एवं सभी संलग्नकों का उल्लेख एक इंडेक्स (अनुक्रमणिका) में क्रमवार करते हुए इस अनुक्रमणिका को तिथिवार घटनाएँ वाले भाग के पूर्व रखा जाता है। इस तरह रिट याचिका का सम्पूर्ण स्वरूप, सामान्यतया निम्न क्रम में तैयार होता है—

  अनुक्रमणिका,
  तिथिवार घटनाएँ,
  सिविल प्रकीर्ण स्थगन प्रार्थना-पत्र,
  सिविल प्रकीर्ण रिट याचिका,
  संख्यावार समस्त संलग्नक,
  शपथ-पत्र, और
  वकालतनामा।
- मामले के सम्पूर्ण तथ्य एवं कानूनी बिन्दु, आधार और प्रार्थना, रिट पिटीशन (परमादेश याचिका) में ही अलग-अलग शीर्षक के साथ लिखे जाते हैं। यदि याचिका के समर्थन में कोई दस्तावेज भी दाखिल करना है, तो इसे उपयुक्त पैरा में उल्लिखित करते हुए अलग-अलग संलग्नक के रूप में रिट याचिका के तुरन्त बाद क्रमवार संलग्न करते हैं।
- एक रिट याचिका (परमादेश याचिका) का प्रारूप तैयार करने के लिए विधिवक्ता को मामले के तथ्य, आधार, अन्तिम प्रार्थना और अन्तरिम प्रार्थना पर कार्य करना होता है। यदि 'तिथिवार घटनाएँ' तैयार कर ली जाएँ, तो प्रारूप तैयार करना आसान हो जाता है।
- सिविल रिट याचिका में सरकार या अधिकारी या विभाग को विपक्षी बनाए जाने की स्थिति में मुख्य स्थायी विधिवक्ता को याचिका का पूर्व-नोटिस देना आवश्यक है।

4. सिविल न्यायिक निरीक्षण याचिका (अन्तर्गत अनुच्छेद 227)

4.1 परिचय

- अनुच्छेद 227 के अन्तर्गत उच्च न्यायालय को अधीनस्थ न्यायालयों पर न्यायिक निरीक्षण करने की व्यापक शक्ति प्राप्त है। उच्च न्यायालय इस शक्ति का प्रयोग यह देखने के लिए करता है कि अधीनस्थ न्यायालय अपने प्राधिकार-क्षेत्र में रहकर कार्य कर रहा है या नहीं।
- सिविल मामलों के सन्दर्भ में दाखिल सिविल प्रकीर्ण न्यायिक निरीक्षण याचिका की सुनवाई एकल पीठ के समक्ष होती है।

4.2 प्रारूप तैयार करने सम्बन्धी मूलभूत बातें

- सिविल प्रकीर्ण न्यायिक निरीक्षण याचिका एक सेट के साथ दाखिल होती है।
- यह याचिका भी रिट याचिका की तरह तैयार होती है। मूल याचिका में मामले के समस्त तथ्य, कानूनी बिन्दु, आधार एवं अन्तिम प्रार्थना को शामिल करते हैं। अन्तरिम प्रार्थना के लिए अलग प्रार्थना-पत्र संलग्न होता है और शपथ-पत्र संक्षिप्त स्वरूप में तैयार किया जाता है।
- सिविल न्यायिक निरीक्षण याचिका (अन्तर्गत अनुच्छेद 227) का मसौदा तैयार करने के लिए विधिवक्ता को मामले के तथ्य, आधार, अन्तिम प्रार्थना और अन्तरिम प्रार्थना पर कार्य करना होता है। यदि 'तिथिवार घटनाएँ' तैयार कर ली जाएँ, तो प्रारूप तैयार करना आसान हो जाता है।
- उच्च न्यायालय के समक्ष दाखिल होनेवाली सिविल प्रकीर्ण न्यायिक निरीक्षण याचिका का सम्पूर्ण स्वरूप, सामान्यतया निम्न क्रम में तैयार होता है—

  अनुक्रमणिका,
  तिथिवार घटनाएँ,
  सिविल प्रकीर्ण स्थगन प्रार्थना-पत्र,
  सिविल न्यायिक निरीक्षण याचिका,
  संख्यावार समस्त संलग्नक,
  शपथ-पत्र, और
  वकालतनामा।

5. विशेष अपील

5.1 परिचय

- कुछ विशेष मामलों में हाई कोर्ट के एक न्यायाधीश की पीठ द्वारा पारित निर्णय एवं आदेश के खिलाफ विशेष अपील दाखिल की जाती है।
- विशेष अपील की सुनवाई दो न्यायाधीशों की खंडपीठ के समक्ष होती है।
- निम्न मामलों में एक न्यायाधीश की पीठ के निर्णय एवं आदेश के खिलाफ विशेष अपील नहीं दाखिल की जा सकती है—
    1. जब एकल पीठ द्वारा निर्णय, अपीलीय अधिकारिता का प्रयोग करके पारित किया गया हो;
    2. जब एकल पीठ द्वारा आदेश, निगरानी अधिकारिता या अधीक्षण शक्ति या आपराधिक अधिकारिता का प्रयोग करके पारित किया गया हो;
    3. जब एकल पीठ द्वारा निर्णय, अनुच्छेद 226 या 227 की अधिकारिता का प्रयोग करके किसी उत्तर प्रदेश राज्य कानून या केन्द्रीय कानून के अन्तर्गत प्रदत्त क्षेत्राधिकार का प्रयोग करके न्यायालय या न्यायाधिकरण या विधिक पंचाट के निर्णय, आदेश या अवॉर्ड के सम्बन्ध में पारित किया गया हो;
    4. जब एकल पीठ द्वारा निर्णय, अनुच्छेद 226 या 227 की अधिकारिता का प्रयोग करके किसी उत्तर प्रदेश राज्य कानून या केन्द्रीय कानून के अन्तर्गत अपीलीय या निगरानी क्षेत्राधिकार का प्रयोग करके शासन या अधिकारी या प्राधिकारी के निर्णय, आदेश या अवॉर्ड के सम्बन्ध में पारित किया गया हो।[1]
- विशेष अपील दाखिल करने की समय सीमा 30 दिन है।[2] यदि 30 दिन के बाद विशेष अपील दाखिल की जा रही है, तो इसके लिए सशपथ विलम्ब माफी प्रार्थना-पत्र दाखिल करना आवश्यक है।

---

1. इलाहाबाद उच्च न्यायालय नियम, 1952; अध्याय 8, नियम 5
2. तथैव; अध्याय 9, नियम 10 (i)

5.2 प्रारूप तैयार करने सम्बन्धी मूलभूत बातें

- विशेष अपील हमेशा दो सेट के साथ दाखिल होती है।
- विशेष अपील के मेमोरेंडम के साथ इस बात का 'प्राप्ति शपथ-पत्र' (Affidavit of Service) संलग्न होना चाहिए कि एकल पीठ के समक्ष उपस्थित सभी विपक्षी पक्षकारों के विधिवक्ता को नोटिस दे दिया गया है।[1] पंजीकृत लिपिक को दिया गया नोटिस पर्याप्त माना जाता है।[2]
- यदि एक ही पक्षकार की तरफ से दो से अधिक विधिवक्ता रहे हैं, तो नोटिस उनमें से सबसे जूनियर विधिवक्ता को दिया जाता है।[3]
- विशेष अपील के मेमोरेंडम के साथ ऐसे समस्त अभिवचन दाखिल होने चाहिए, जो एकल पीठ के समक्ष मौजूद थे।
- विशेष अपील के पक्षकार-रचना (Array of Parties) में यह स्पष्ट करना आवश्यक है कि अपीलकर्ता और प्रतिपक्षीगण की स्थिति रिट न्यायालय के समक्ष क्या थी, वे याची थे या विपक्षी।
- विशेष अपील का मसौदा तैयार करने के लिए विधिवक्ता को ज्यादा कार्य अपील के उन आधारों (Grounds of Appeal) को बनाने के लिए करना होता है, जिनके आधार पर वह एकलपीठ के निर्णय को चुनौती दे रहा है और कुछ कार्य अन्तरिम प्रार्थना के समर्थन में दाखिल होनेवाले शपथ-पत्र की अन्तर्वस्तु (कंटेंट) को बनाने के लिए करना होता है। इस शपथ-पत्र में सामान्यतया रिट के दौरान हुई समस्त कार्यवाही का उल्लेख किया जाता है।
- उच्च न्यायालय के समक्ष दाखिल होनेवाली विशेष अपील का सम्पूर्ण स्वरूप, सामान्यतया निम्न क्रम में तैयार होता है—

  अनुक्रमणिका,
  तिथिवार घटनाएँ,
  विशेष अपील का मेमोरेंडम,
  आलोच्य आदेश की प्रमाणित प्रति,
  विशेष अपील के समर्थन में प्राप्ति शपथ-पत्र,

---

1. इलाहाबाद उच्च न्यायालय नियम, 1952; अध्याय 9, नियम 10 (iv)
2. इलाहाबाद उच्च न्यायालय नियम, 1952; अध्याय 9, नियम 10 (x)
3. इलाहाबाद उच्च न्यायालय नियम, 1952; अध्याय 9, नियम 10 (viii)

विशेष अपील का 18-क नोटिस,
अन्तरिम आदेश प्रार्थना-पत्र,
अन्तरिम आदेश प्रार्थना-पत्र के समर्थन में शपथ-पत्र,
संख्यावार समस्त संलग्नक,
अन्तरिम आदेश प्रार्थना-पत्र के समर्थन में प्राप्ति शपथ-पत्र,
विशेष अपील का 18-क नोटिस, और
वकालतनामा।

6. द्वितीय अपील

6.1 परिचय

- सिविल प्रक्रिया संहिता की धारा 100 और आदेश 42 के अन्तर्गत अधीनस्थ न्यायालय द्वारा अपील में पारित निर्णय एवं डिक्री के खिलाफ हाई कोर्ट के समक्ष द्वितीय अपील दाखिल होती है।
- इस अपील की सुनवाई एक न्यायाधीश की पीठ के समक्ष होती है।
- द्वितीय अपील दाखिल करने की समय सीमा 90 दिन है।[1] यदि 90 दिन के बाद द्वितीय अपील दाखिल की जा रही है, तो इसके लिए सशपथ-पत्र विलम्ब माफी प्रार्थना-पत्र दाखिल करना आवश्यक है।
- द्वितीय अपील केवल विधि के सारवान प्रश्न (Substantial Question of Law) के आधार पर दाखिल होती है।[2]
- 25,000/-रुपये से कम मूल्य के धन-वसूली वाले मामले में द्वितीय अपील पोषणीय नहीं है।[3]

6.2 प्रारूप तैयार करने सम्बन्धी मूलभूत बातें

- द्वितीय अपील हमेशा एक सेट के साथ दाखिल होती है।
- द्वितीय अपील के मेमोरेंडम के साथ दोनों अधीनस्थ न्यायालयों के निर्णय एवं आदेश की प्रमाणित प्रति संलग्न की जाती है।

1. भारतीय परिसीमा अधिनियम की धारा 116
2. सिविल प्रक्रिया संहिता; धारा 100
3. सिविल प्रक्रिया संहिता; धारा 102

- द्वितीय अपीलकर्ता या तो दोनों अधीनस्थ न्यायालयों में असफल रहता है या प्रथम अपीलीय न्यायालय में असफल और विचारण न्यायालय में सफल रहता है। इन दोनों अलग-अलग स्थितियों में अपील का आरम्भ अलग-अलग तरीके से होता है।
- द्वितीय अपील के पक्षकार-रचना (Array of Parties) में यह स्पष्ट करना आवश्यक है कि अपीलकर्ता और प्रतिपक्षी की मूल वाद में क्या स्थिति रही है, वे वादी थे या प्रतिवादी।
- यदि द्वितीय अपील में कोई स्थगनादेश या अन्तरिम आदेश प्राप्त करने की आवश्यकता है, तो द्वितीय अपील के मेमोरेंडम के साथ 'सिविल प्रकीर्ण अन्तरिम प्रार्थना-पत्र' सशपथ-पत्र दाखिल किया जा सकता है। इसी शपथ-पत्र में अन्तरिम आदेश पारित करने हेतु आधारों का उल्लेख किया जाता है।
- द्वितीय अपील और अन्तरिम प्रार्थना-पत्र के समर्थन में यदि किसी तथ्य के उल्लेख की या कोई दस्तावेज लगाने की आवश्यकता है, तो उन्हें उक्त शपथ-पत्र के साथ उद्धरित किया जा सकता है।
- द्वितीय अपील का मसौदा तैयार करने के लिए विधिवक्ता को मुख्यत: तीन कार्य करने होते हैं—पहला और सबसे महत्त्वपूर्ण कार्य अधीनस्थ न्यायालय के दोनों निर्णयों के आधार पर 'विधि का सारवान प्रश्न' तैयार करना, दूसरा कार्य अपील का आधार तैयार करना और तीसरा कार्य अन्तरिम प्रार्थना के समर्थन में दाखिल होनेवाले शपथ-पत्र की अन्तर्वस्तु (कंटेंट) को तैयार करना।
- उच्च न्यायालय के समक्ष दाखिल होनेवाली द्वितीय अपील का सम्पूर्ण स्वरूप, सामान्यतया निम्न क्रम में तैयार होता है—

    अनुक्रमणिका,
    तिथिवार घटनाएँ,
    द्वितीय अपील का मेमोरेंडम,
    आलोच्य निर्णय एवं डिक्री की प्रमाणित प्रति, जिनके विरुद्ध अपील दाखिल की जा रही है
    अन्तरिम आदेश प्रार्थना-पत्र,
    अन्तरिम आदेश प्रार्थना-पत्र के समर्थन में शपथ-पत्र,

संख्यावार समस्त संलग्नक, और

वकालतनामा।

7. प्रथम अपील

7.1 परिचय

- जिला न्यायाधीश के न्यायालय द्वारा मूल क्षेत्राधिकार में पारित निर्णय एवं डिक्री के खिलाफ उच्च न्यायालय के समक्ष प्रथम अपील दाखिल की जाती है।[1]
- कुछ विशिष्ट कानूनों के अन्तर्गत भी उच्च न्यायालय के समक्ष प्रथम अपील दाखिल होती हैं; जैसे पारिवारिक न्यायालय अधिनियम, 1984 की धारा 19 के अन्तर्गत या वाणिज्यिक न्यायालय अधिनियम, 2015 की धारा 13 के अन्तर्गत।
- प्रथम अपील की सुनवाई एकल पीठ या दो न्यायाधीशों की खंडपीठ के समक्ष होती है।
- भारतीय परिसीमा अधिनियम की धारा- 116 के अन्तर्गत उच्च न्यायालय में प्रथम अपील दाखिल करने की समय सीमा 90 दिन है, जबकि पारिवारिक न्यायालय अधिनियम, 1984 की धारा 19 के अन्तर्गत यह समय सीमा 30 दिन है।
- यदि समय सीमा बीत जाने के बाद प्रथम अपील दाखिल की जा रही है, तो इसके लिए सशपथ-पत्र विलम्ब माफी प्रार्थना-पत्र दाखिल करना आवश्यक है।
- पक्षकारों की सहमति के आधार पर पारित निर्णय एवं डिक्री के विरुद्ध प्रथम अपील पोषणीय नहीं है।[2]

7.2 प्रारूप तैयार करने सम्बन्धी मूलभूत बातें

- प्रथम अपील आवश्यकतानुसार एक या दो सेट के साथ दाखिल होती है।

---

1. सिविल प्रक्रिया संहिता; धारा 96 और आदेश 41
2. सिविल प्रक्रिया संहिता; धारा 96 (3)

- प्रथम अपील के मेमोरेंडम के साथ अधीनस्थ न्यायालय के निर्णय एवं आदेश की प्रमाणित प्रति को संलग्न किया जाता है।
- प्रथम अपील के पक्षकार-रचना (Array of Parties) में यह स्पष्ट करना आवश्यक है कि अपीलकर्ता और प्रतिपक्षी की मूलवाद में क्या स्थिति रही है, वे वादी थे या प्रतिवादी।
- यदि प्रथम अपील में कोई स्थगनादेश या अन्तरिम आदेश प्राप्त करने की आवश्यकता है, तो प्रथम अपील के मेमोरेंडम के साथ 'सिविल प्रकीर्ण अन्तरिम प्रार्थना-पत्र' सशपथ-पत्र दाखिल किया जा सकता है। इसी शपथ-पत्र में अन्तरिम आदेश पारित करने हेतु आधारों का उल्लेख किया जाता है।
- प्रथम अपील और अन्तरिम प्रार्थना-पत्र के समर्थन में यदि किसी तथ्य के उल्लेख की या कोई दस्तावेज लगाने की आवश्यकता है, तो उन्हें उक्त शपथ-पत्र के साथ उद्धरित किया जा सकता है।
- प्रथम अपील का मसौदा तैयार करने के लिए विधिवक्ता को मुख्यत: दो बिन्दुओं पर कार्य करना होता है—पहला अपील के आधार की तैयारी, और दूसरा अन्तरिम प्रार्थना के समर्थन में दाखिल होने वाले शपथ-पत्र की अन्तर्वस्तु (कंटेंट) की तैयारी।
- उच्च न्यायालय के समक्ष दाखिल होनेवाली प्रथम अपील का सम्पूर्ण स्वरूप, सामान्यतया निम्न क्रम में तैयार होता है—

  अनुक्रमणिका,

  तिथिवार घटनाएँ,

  प्रथम अपील का मेमोरेंडम,

  आलोच्य निर्णय एवं डिक्री की प्रामाणिक प्रति, जिसके विरुद्ध अपील दाखिल की जा रही है,

  अन्तरिम आदेश प्रार्थना-पत्र,

  अन्तरिम आदेश प्रार्थना-पत्र के समर्थन में शपथ-पत्र,

  संख्यावार समस्त संलग्नक, और

  वकालतनामा।

8. प्रथम अपील विरुद्ध आदेश (एफ.ए.एफ.ओ.)

8.1 परिचय

- सिविल प्रक्रिया संहिता की धारा 104 और आदेश 43 के अन्तर्गत अधीनस्थ न्यायालय द्वारा पारित कुछ निश्चित आदेशों के खिलाफ उच्च न्यायालय के समक्ष प्रथम अपील विरुद्ध आदेश (एफ.ए.एफ.ओ.) दाखिल होती है।
- कुछ विशिष्ट कानूनों के अन्तर्गत भी उच्च न्यायालय के समक्ष प्रथम अपील विरुद्ध आदेश दाखिल होती हैं; जैसे वाणिज्यिक न्यायालय अधिनियम, 2015 की धारा 13 या मोटर व्हीकल अधिनियम, 1988 की धारा 173 या कर्मचारी प्रतिकर अधिनियम की धारा 30 के अन्तर्गत।
- प्रथम अपील विरुद्ध आदेश की सुनवाई एकल पीठ या दो न्यायाधीशों की खंडपीठ के समक्ष होती है।
- भारतीय परिसीमा अधिनियम की धारा- 116 या मोटर व्हीकल अधिनियम, 1988 की धारा 173 के अन्तर्गत उच्च न्यायालय में प्रथम अपील विरुद्ध आदेश दाखिल करने की समय सीमा 90 दिन है, जबकि वाणिज्यिक न्यायालय अधिनियम, 2015 की धारा 13 के अन्तर्गत यह समय सीमा 60 दिन है।
- यदि समय सीमा बीत जाने के बाद प्रथम अपील विरुद्ध आदेश दाखिल की जा रही है, तो इसके लिए सशपथ-पत्र विलम्ब माफी प्रार्थना-पत्र दाखिल किया जाना आवश्यक है।

8.2 प्रारूप तैयार करने सम्बन्धी मूलभूत बातें

- प्रथम अपील विरुद्ध आदेश आवश्यकतानुसार एक या दो सेट के साथ दाखिल होती है।
- प्रथम अपील विरुद्ध आदेश के मेमोरेंडम के साथ अधीनस्थ न्यायालय के आदेश की प्रमाणित प्रति संलग्न की जाती है।
- प्रथम अपील विरुद्ध आदेश के पक्षकार-रचना (Array of Parties) में यह स्पष्ट करना आवश्यक है कि अपीलकर्ता और प्रतिपक्षी की मूलवाद में क्या स्थिति रही है, वे वादी थे या प्रतिवादी।

- यदि प्रथम अपील विरुद्ध आदेश में कोई स्थगनादेश या अन्तरिम आदेश प्राप्त करने की आवश्यकता है, तो इस अपील के मेमोरेंडम के साथ सिविल प्रकीर्ण अन्तरिम प्रार्थना-पत्र सशपथ-पत्र दाखिल किया जा सकता है। इसी शपथ-पत्र में अन्तरिम आदेश पारित करने हेतु आधारों का उल्लेख किया जाता है।
- प्रथम अपील विरुद्ध आदेश और अन्तरिम प्रार्थना-पत्र के समर्थन में यदि किसी तथ्य के उल्लेख की या कोई दस्तावेज लगाने की आवश्यकता है, तो उन्हें उक्त शपथ-पत्र के साथ उद्धरित किया जा सकता है।
- प्रथम अपील विरुद्ध आदेश का मसौदा तैयार करने के लिए विधिवक्ता को मुख्यत: दो बिन्दुओं पर कार्य करना होता है—पहला अपील के आधार की तैयारी, और दूसरा अन्तरिम प्रार्थना के समर्थन में दाखिल होने वाले शपथ-पत्र की अन्तर्वस्तु (कंटेंट) की तैयारी।
- उच्च न्यायालय के समक्ष दाखिल होनेवाली प्रथम अपील विरुद्ध आदेश का सम्पूर्ण स्वरूप, सामान्यतया निम्न क्रम में तैयार होता है—

  अनुक्रमणिका,
  तिथिवार घटनाएँ,
  प्रथम अपील विरुद्ध आदेश का मेमोरेंडम,
  आलोच्य आदेश की प्रमाणित प्रति,
  अन्तरिम आदेश प्रार्थना-पत्र,
  अन्तरिम आदेश प्रार्थना-पत्र के समर्थन में शपथ-पत्र,
  संख्यावार समस्त संलग्नक, और
  वकालतनामा।

9. सिविल निगरानी

9.1 परिचय

- किसी सिविल मुकदमे में अधीनस्थ न्यायालय द्वारा क्षेत्राधिकार सम्बन्धी गलती होने के खिलाफ उच्च न्यायालय के समक्ष सिविल निगरानी दाखिल

की जाती है। सामान्यतया सिविल निगरानी तभी दाखिल होती है, जब अधीनस्थ न्यायालय के निर्णय के विरुद्ध अपील दाखिल करने का कोई उपचार शेष नहीं होता है।

- सिविल प्रक्रिया संहिता की धारा 115 के अन्तर्गत उच्च न्यायालय को सिविल निगरानी की शक्ति दी गई है। प्रान्तीय स्मॉल कॉज कोर्ट अधिनियम, 1887 की धारा 25 के अन्तर्गत भी उच्च न्यायालय को निगरानी की शक्ति प्राप्त है।
- सिविल निगरानी की सुनवाई एकल पीठ के समक्ष होती है।
- सिविल निगरानी दाखिल करने की समय सीमा 90 दिन है।[1]
- यदि समय सीमा बीत जाने के बाद सिविल निगरानी दाखिल की जा रही है, तो इसके लिए सशपथ-पत्र विलम्ब माफी प्रार्थना-पत्र दाखिल करना आवश्यक है।

9.2 प्रारूप तैयार करने सम्बन्धी मूलभूत बातें

- सिविल निगरानी एक सेट के साथ दाखिल होती है।
- सिविल निगरानी के मेमोरेंडम के साथ अधीनस्थ न्यायालय के निर्णय एवं आदेश की प्रमाणित प्रति को संलग्न किया जाता है।
- सिविल निगरानी के पक्षकार-रचना (Array of Parties) में यह स्पष्ट करना आवश्यक है कि अपीलकर्ता और प्रतिपक्षी की मूलवाद में क्या स्थिति रही है, वे वादी थे या प्रतिवादी।
- यदि सिविल निगरानी में कोई स्थगनादेश या अन्तरिम आदेश प्राप्त करने की आवश्यकता है, तो सिविल निगरानी के मेमोरेंडम के साथ सिविल प्रकीर्ण अन्तरिम प्रार्थना-पत्र सशपथ-पत्र दाखिल किया जा सकता है। इसी शपथ-पत्र में अन्तरिम आदेश पारित करने हेतु आधारों का उल्लेख किया जाता है।
- सिविल निगरानी और अन्तरिम प्रार्थना-पत्र के समर्थन में यदि किसी तथ्य के उल्लेख की या कोई दस्तावेज लगाने की आवश्यकता है, तो उन्हें उक्त शपथ-पत्र के साथ उद्धरित किया जा सकता है।

---

1. भारतीय परिसीमा अधिनियम की धारा 131

- सिविल निगरानी का मसौदा तैयार करने के लिए विधिवक्ता को मुख्यत: दो बिन्दुओं पर कार्य करना होता है—पहला निगरानी के आधार की तैयारी, और दूसरा अन्तरिम प्रार्थना के समर्थन में दाखिल होने वाले शपथ-पत्र की अन्तर्वस्तु (कंटेंट) की तैयारी।
- उच्च न्यायालय के समक्ष दाखिल होनेवाली सिविल निगरानी का सम्पूर्ण स्वरूप, सामान्यतया निम्न क्रम में तैयार होता है—

  अनुक्रमणिका,
  तिथिवार घटनाएँ,
  सिविल निगरानी का मेमोरेंडम,
  आलोच्य निर्णय/आदेश की प्रमाणित प्रति,
  अन्तरिम आदेश प्रार्थना-पत्र,
  अन्तरिम आदेश प्रार्थना-पत्र के समर्थन में शपथ-पत्र,
  संख्यावार समस्त संलग्नक, और
  वकालतनामा।

10. चुनाव याचिका

10.1 परिचय

- जन प्रतिनिधित्व अधिनियम, 1951 की धारा 80 के अन्तर्गत संसद या राज्य विधायिका के सदस्य के चुनाव सम्बन्धी विवाद के लिए चुनाव याचिका सीधे उच्च न्यायालय में दाखिल होती है।
- चुनाव याचिका की सुनवाई एकल पीठ के समक्ष होती है।
- चुनाव में शामिल कोई प्रत्याशी या कोई निर्वाचक, चाहे उसने मतदान किया हो या नहीं, चुनाव याचिका दाखिल कर सकता है।
- चुनाव याचिका दाखिल करने की समय सीमा 45 दिन है, किन्तु यह याचिका निर्वाचित प्रत्याशी के चुनाव की तिथि से पहले नहीं दाखिल की जा सकती है।[1]

1. जन प्रतिनिधित्व अधिनियम, 1951; धारा 81

10.2 प्रारूप तैयार करने सम्बन्धी मूलभूत बातें

- चुनाव याचिका एक सेट के साथ दाखिल होती है।
- उच्च न्यायालय के समक्ष चुनाव याचिका, जन प्रतिनिधित्व अधिनियम, 1951 की धारा 100(1) या 101 में उल्लिखित आधारों में से किसी एक या अधिक आधार पर दाखिल की जा सकती है।[1]
- चुनाव याचिका के साथ इसकी उतनी प्रतियाँ संलग्न होनी चाहिए, जितनी याचिका में विपक्षी पक्षकार बनाए गए हैं। ये सभी प्रतियाँ प्रतिहस्ताक्षर के साथ इस बात के लिए प्रमाणित होनी चाहिए कि ये मूल याचिका की सत्य प्रतिलिपि है।[2]
- चुनाव याचिका, याची द्वारा हस्ताक्षरित और सी.पी.सी. में दिए गए तरीके के अनुसार प्रमाणित होनी चाहिए।[3] यदि याचिका में भ्रष्ट आचरण का आरोप लगाया गया है, तो ऐसे आरोप के समर्थन में शपथ-पत्र भी होना चाहिए।[4]
- यदि चुनाव याचिका में केवल निर्वाचित प्रत्याशी के चुनाव को अवैध घोषित करने की माँग की गई है, तो केवल निर्वाचित प्रत्याशी को विपक्षी बनाया जाना आवश्यक है और यदि ऐसी घोषणा की माँग के साथ स्वयं को निर्वाचित घोषित करने की भी माँग की गई है, तो सभी प्रत्याशियों को विपक्षी बनाया जाना आवश्यक है।[5]
- याचिका में ऐसे व्यक्ति को भी विपक्षी पक्षकार बनाना आवश्यक है, जिसके विरुद्ध भ्रष्ट आचरण करने का आरोप लगाया गया है।[6]
- चुनाव याचिका में सभी महत्त्वपूर्ण तथ्यों का संक्षिप्त कथन होना चाहिए।[7]

---

1. जन प्रतिनिधित्व अधिनियम, 1951; धारा 81(1)
2. तथैव; धारा 81(3)
3. तथैव; धारा 83(1)
4. तथैव; धारा 83(1) का परन्तुक
5. तथैव; धारा 82(क)
6. तथैव; धारा 82(ख)
7. तथैव; धारा 83(1)(क)

- एक चुनाव याचिका का मसौदा तैयार करने के लिए विधिवक्ता को ज्यादा कार्य उन आधारों[1] को तैयार करने के लिए करना होता है, जिनके आधार पर वह निर्वाचित प्रत्याशी का चुनाव रद्द करने की या अपने मुवक्किल को निर्वाचित घोषित करने की माँग कर रहा है।
- उच्च न्यायालय के समक्ष दाखिल होनेवाली चुनाव याचिका का सम्पूर्ण स्वरूप, सामान्यतया निम्न क्रम में तैयार होता है—

    अनुक्रमणिका,
    तिथिवार घटनाएँ,
    चुनाव याचिका,
    संख्यावार समस्त संलग्नक,
    चुनाव याचिका के समर्थन में शपथ-पत्र[2],
    भ्रष्ट आचरण के समर्थन में शपथ-पत्र,
    संलग्न दस्तावेजों की सूची,
    जमा प्रतिभूति के टेंडर की प्रति[3], और
    वकालतनामा।

11. वसीयतीय वाद

11.1 परिचय

- किसी सम्पत्ति को लेकर किसी व्यक्ति के पक्ष में हुई वसीयत का क्रियान्वयन कराने के लिए उच्च न्यायालय को प्रशासन-पत्र/प्रोबेट जारी करने की शक्ति प्राप्त है। इसके लिए भारतीय उत्तराधिकार अधिनियम, 1925 की धारा 278 के अन्तर्गत उच्च न्यायालय के समक्ष वसीयतीय वाद दाखिल किया जाता है।
- उच्च न्यायालय के समक्ष वसीयतीय वाद की समस्त न्यायिक कार्यवाही एवं सुनवाई नियमित वाद की तरह चलती है। इसके अन्तर्गत वसीयतकर्ता एवं गवाहों की गवाही और जिरह भी होती है।

---

1. जन प्रतिनिधित्व अधिनियम, 1951; धारा 100(1) एवं 101
2. सिविल प्रक्रिया संहिता के आदेश 6 नियम 15(4) के अनुसार।
3. जनप्रतिनिधि अधिनियम, 1951; धारा 117 के अन्तर्गत।

11.2 प्रारूप तैयार करने सम्बन्धी मूलभूत बातें

- वसीयतीय वाद एक सेट के साथ दाखिल होता है।
- इस वाद में उत्तर प्रदेश महाप्रशासक उच्च न्यायालय, इलाहाबाद को प्रथम प्रतिपक्षी बनाया जाता है।
- वसीयतीय वाद का शीर्षक निम्न होता है—

  'माननीय उच्च न्यायालय, ...के न्याय प्रशासन के समक्ष

  वसीयतीय एवं गैर-वसीयतीय क्षेत्राधिकार

  वसीयतीय मामला/वाद संख्या...वर्ष 20...

  मृतक...की सम्पत्ति के मामले में[1]
- वसीयतीय वाद के साथ दाखिल होनेवाले शपथ-पत्र के साथ कुछ दस्तावेज जैसे, वसीयतनामा की मूल प्रति, वसीयतकर्ता का मृत्यु प्रमाण-पत्र, वसीयतकर्ता का पहचान-पत्र, प्रश्नगत सम्पत्ति का छायाचित्र, संलग्नक के रूप में दाखिल करना आवश्यक है।[2]
- वसीयतीय वाद में ही मामले के समस्त तथ्यों एवं संलग्नकों का उल्लेख किया जाता है।
- वसीयतीय वाद के साथ मूल्यांकन सम्बन्धी शपथ-पत्र और इस शपथ-पत्र के साथ सम्पत्ति की सूची भी दाखिल की जाती है। यह सूची, मूल्यांकन सम्बन्धी शपथ-पत्र का हिस्सा होती है।
- वसीयतीय वाद का मसौदा तैयार करने के लिए विधिवक्ता को ज्यादा कार्य, वसीयतीय वाद की अन्तर्वस्तु और मूल्यांकन सम्बन्धी शपथ-पत्र और सम्पत्ति की सूची बनाने के लिए करना होता है।
- उच्च न्यायालय के समक्ष दाखिल होनेवाले वसीयतीय वाद का सम्पूर्ण स्वरूप, सामान्यतया निम्न क्रम में तैयार होता है—

  अनुक्रमणिका,
  तिथिवार घटनाएँ,
  वसीयतीय वाद,
  वसीयतीय वाद के समर्थन में शपथ-पत्र,

---

1. इलाहाबाद उच्च न्यायालय नियम, 1952; अध्याय 30, पैरा 2
2. तथैव; अध्याय 30

संख्यावार समस्त संलग्नक,
वसीयतनामा के गवाहों द्वारा दिया गया शपथ-पत्र,
मूल्यांकन सम्बन्धी शपथ-पत्र,
सम्पत्ति की सूची, और
वकालतनामा।

12. स्थानान्तरण प्रार्थना-पत्र

12.1 परिचय

- एक जिला न्यायालय में विचाराधीन किसी एक मामले को दूसरे जिला न्यायालय के क्षेत्राधिकार में स्थानान्तरित कराने के लिए उच्च न्यायालय में स्थानान्तरण प्रार्थना-पत्र दाखिल किया जाता है।
- उच्च न्यायालय को सिविल मामले में सिविल प्रक्रिया संहिता की धारा 24 के अन्तर्गत और आपराधिक मामले में अपराध प्रक्रिया संहिता की धारा 407[1] के अन्तर्गत स्थानान्तरण की शक्ति प्राप्त है।
- स्थानान्तरण प्रार्थना-पत्र की सुनवाई सामान्यतया एकल पीठ के समक्ष होती है।

12.2 प्रारूप तैयार करने सम्बन्धी मूलभूत बातें

- स्थानान्तरण प्रार्थना-पत्र सामान्यतया एक सेट के साथ दाखिल होता है।
- सिविल मामलों के स्थानान्तरण के लिए 'सिविल प्रकीर्ण स्थानान्तरण प्रार्थना-पत्र' और आपराधिक मामलों के स्थानान्तरण के लिए 'आपराधिक प्रकीर्ण स्थानान्तरण प्रार्थना-पत्र' दाखिल होता है।
- सामान्यतया स्थानान्तरण प्रार्थना-पत्र में ही अन्तिम और अन्तरिम, दोनों प्रार्थना करते हैं। सम्बन्धित मामले को एक जिला न्यायालय के क्षेत्राधिकार से दूसरे जिला न्यायालय के क्षेत्राधिकार में स्थानान्तरण

---

1. भारतीय नागरिक सुरक्षा संहिता की धारा 447

करने हेतु अन्तिम प्रार्थना और उच्च न्यायालय के समक्ष मामले के विचाराधीन रहने तक अधीनस्थ न्यायालय में लम्बित मामले की अगली कार्यवाही रोकने के लिए अन्तरिम प्रार्थना करते हैं।

- स्थानान्तरण प्रार्थना-पत्र के समर्थन में दाखिल होनेवाले शपथ-पत्र में समस्त तथ्यों, कानूनी बिन्दुओं एवं आधारों को विस्तार से लिखते हैं।
- उक्त प्रार्थना-पत्र के समर्थन में दाखिल होनेवाले शपथ-पत्र में कुछ तथ्यों, जैसे समान वादहेतु के लिए इसके प्रथम प्रार्थना-पत्र होने और दूसरा कोई मामला नहीं दाखिल होने सम्बन्धी तथ्य, इत्यादि को पैरावार लिखना आवश्यक होता है।
- आपराधिक स्थानान्तरण प्रार्थना-पत्र होने की स्थिति में शपथ-पत्र में इस तथ्य का उल्लेख करना आवश्यक है कि मामले का विषय सी.बी.आई/भ्रष्टाचार निरोधक अधिनियम/ई.डी./एन.आर.एच.एम. घोटाला/जी.पी.एफ. घोटाला/एम.पी./एम.एल.ए. से सम्बन्धित है या नहीं।
- एक स्थानान्तरण प्रार्थना-पत्र का मसौदा तैयार करने के लिए विधिवक्ता को मामले के तथ्य, स्थानान्तरण का आधार, अन्तिम प्रार्थना और अन्तरिम प्रार्थना तैयार करनी होती है। यदि 'तिथिवार घटनाएँ' तैयार कर ली जाएँ, तो प्रारूप तैयार करना आसान हो जाता है।
- उच्च न्यायालय के समक्ष दाखिल होनेवाले स्थानान्तरण प्रार्थना-पत्र का सम्पूर्ण स्वरूप, सामान्यतया निम्न क्रम में तैयार होता है—

  अनुक्रमणिका,
  तिथिवार घटनाएँ,
  सिविल/आपराधिक प्रकीर्ण स्थानान्तरण प्रार्थना-पत्र,
  स्थानान्तरण प्रार्थना-पत्र के समर्थन में शपथ-पत्र,
  संख्यावार समस्त संलग्नक, और
  वकालतनामा।

13. आपराधिक रिट याचिका

13.1 परिचय

- आपराधिक मामलों में मूल अधिकार या कानूनी अधिकार को सुरक्षित करने के लिए कोई व्यक्ति उच्च न्यायालय के समक्ष संविधान के अनुच्छेद 226 के अन्तर्गत आपराधिक रिट याचिका (परमादेश याचिका) दाखिल कर सकता है।
- आपराधिक रिट याचिका की सुनवाई आवश्यकतानुसार एकल पीठ के समक्ष या दो न्यायाधीशों की खंडपीठ के समक्ष हो सकती है।
- प्रथम सूचना रिपोर्ट (FIR) को रद्द करने और इस एफ.आई.आर. से होनेवाली गिरफ्तारी पर रोक लगाने की माँग के लिए दाखिल आपराधिक रिट याचिका की सुनवाई सामान्यतया दो न्यायाधीशों की खंडपीठ के समक्ष होती है। इस प्रकार की याचिका तब दाखिल की जाती है, जब अग्रिम जमानत प्रार्थना-पत्र दाखिल करने जैसा कोई वैकल्पिक रास्ता न हो।
- किसी आपराधिक मामले में जिला न्यायालय से होकर आनेवाली आपराधिक रिट याचिका एकल पीठ के समक्ष प्रस्तुत होती है। इस प्रकार की याचिका तब दाखिल की जाती है, जब आपराधिक निगरानी या आपराधिक प्रार्थना-पत्र (अं/धारा 482 सी.आर.पी.सी.) या आपराधिक न्यायिक निरीक्षण याचिका (अन्तर्गत अनुच्छेद 227) दाखिल करने जैसा कोई वैकल्पिक रास्ता न हो।
- हेबियस कॉर्पस—जब अवैध बन्दी बनाने का आरोप किसी व्यक्ति विशेष पर लगाते हुए इस रिट की माँग की जाती है तो ऐसी याचिका की सुनवाई एकल पीठ के समक्ष होती है और जब अवैध बन्दी बनाने का आरोप राज्य या उसके किसी अंग पर होता है, तो ऐसी याचिका की सुनवाई दो न्यायाधीशों की खंडपीठ के समक्ष होती है।

13.2 प्रारूप तैयार करने सम्बन्धी मूलभूत बातें

- आपराधिक रिट याचिका आवश्यकतानुसार एक या दो सेट के साथ दाखिल होती है।

- हेबियस कॉर्पस रिट याचिका के समर्थन में दाखिल होनेवाले शपथ-पत्र में केवल व्यक्तिगत ज्ञान पर आधारित तथ्य शामिल किए जाते हैं।
- याचिका का पूर्व-नोटिस शासकीय विधिवक्ता को देना आवश्यक है।
- एक आपराधिक प्रकीर्ण रिट याचिका (परमादेश याचिका) का मसौदा तैयार करने के लिए विधिवक्ता को एफ.आई.आर. और केस डायरी का अध्ययन करके मामले के तथ्य, आधार, अन्तिम प्रार्थना और अन्तरिम प्रार्थना तैयार करनी होती है। यदि 'तिथिवार घटनाएँ' तैयार कर ली जाएँ, तो प्रारूप तैयार करना आसान हो जाता है।
- उच्च न्यायालय के समक्ष दाखिल होनेवाली आपराधिक रिट याचिका का सम्पूर्ण स्वरूप, सामान्यतया निम्न क्रम में तैयार होता है—

  अनुक्रमणिका,
  तिथिवार घटनाएँ,
  आपराधिक प्रकीर्ण स्थगन प्रार्थना-पत्र,
  आपराधिक प्रकीर्ण रिट याचिका,
  संख्यावार समस्त संलग्नक,
  शपथ-पत्र, और
  वकालतनामा।

14. अग्रिम जमानत प्रार्थना-पत्र

14.1 परिचय

- किसी आपराधिक मामले में गिरफ्तार होने की आशंका होने पर इससे बचने के लिए कोई व्यक्ति उच्च न्यायालय के समक्ष अग्रिम जमानत प्रार्थना-पत्र दाखिल कर सकता है। उच्च न्यायालय को यह शक्ति अपराध प्रक्रिया संहिता की धारा 438[1] के अन्तर्गत प्राप्त है।
- अग्रिम जमानत प्रार्थना-पत्र केवल गैर-जमानती अपराध के सम्बन्ध में दाखिल किया जा सकता है।

---

1. भारतीय नागरिक सुरक्षा संहिता की धारा 482

- उच्च न्यायालय में अग्रिम जमानत प्रार्थना-पत्र सामान्यतया तभी दाखिल होता है, जब सत्र न्यायाधीश के समक्ष अग्रिम जमानत प्रार्थना-पत्र दाखिल किया गया हो और यह निरस्त कर दिया गया हो। कुछ स्थितियों में अग्रिम जमानत प्रार्थना-पत्र सीधे उच्च न्यायालय में भी दाखिल किया जाता है।
- अग्रिम जमानत प्रार्थना-पत्र की सुनवाई सामान्यतया उच्च न्यायालय की एकल पीठ के समक्ष होती है।

14.2 प्रारूप तैयार करने सम्बन्धी मूलभूत बातें

- अग्रिम जमानत प्रार्थना-पत्र सामान्यतया एक सेट के साथ दाखिल होता है।
- अग्रिम जमानत प्रार्थना-पत्र के संक्षिप्त प्रारूप में ही अग्रिम जमानत की प्रार्थना करते हैं और इसके समर्थन में दाखिल होनेवाले शपथ-पत्र में इस प्रार्थना-पत्र के लिए आवश्यक सभी तथ्यों, आधारों एवं कानूनी बिन्दुओं को विस्तार से लिखते हैं।
- अग्रिम जमानत प्रार्थना-पत्र के समर्थन में दाखिल होनेवाले शपथ-पत्र में कुछ बातों को, जैसे अभियुक्त/प्रार्थी के आपराधिक इतिहास सम्बन्धी तथ्य, सम्बन्धित मामले में पुलिस द्वारा गिरफ्तार किए जाने की आशंका, अग्रिम जमानत प्रार्थना-पत्र के पहला या दूसरा या...होने सम्बन्धी तथ्य, मामले का विषय सी.बी.आई/भ्रष्टाचार निरोधक अधिनियम/ई.डी./ एन.आर.एच.एम. घोटाला/जी.पी.एफ. घोटाला/एम.पी./एम.एल.ए. से सम्बन्धित होने या न होने सम्बन्धी तथ्य, अग्रिम जमानत दिये जाने पर इसका दुरुपयोग न करने और भारत न छोड़ने का वचन इत्यादि, पैरावार लिखना आवश्यक है।
- अग्रिम जमानत प्रार्थना-पत्र के साथ एफ.आई.आर. की प्रमाणित प्रति और सत्र न्यायालय के अग्रिम जमानत-निरस्तीकरण आदेश की प्रमाणित प्रति संलग्नक के रूप में दाखिल करना आवश्यक है।
- अग्रिम जमानत प्रार्थना-पत्र का मसौदा तैयार करने के लिए विधिवक्ता को एफ.आई.आर. और सम्बन्धित दस्तावेजों का सम्पूर्ण अध्ययन करके मामले के तथ्य एवं आधार तैयार करने होते हैं।

- उच्च न्यायालय के समक्ष दाखिल होनेवाले अग्रिम जमानत प्रार्थना-पत्र का सम्पूर्ण स्वरूप, सामान्यतया निम्न क्रम में तैयार होता है—
  अनुक्रमणिका,
  अग्रिम जमानत प्रार्थना-पत्र,
  अग्रिम जमानत प्रार्थना-पत्र के समर्थन में शपथ-पत्र,
  संख्यावार समस्त संलग्नक, और
  वकालतनामा।

15. जमानत प्रार्थना-पत्र

15.1 परिचय

- किसी आपराधिक मामले में, इसकी पुलिस जाँच या न्यायालयी परीक्षण के दौरान, जब तक दोषसिद्धि न हो जाए, जेल में निरुद्ध अभियुक्त को जमानत पर रिहा करना आपराधिक न्याय का एक स्थापित सिद्धान्त है। अपराध प्रक्रिया संहिता की धारा 439[1] के अन्तर्गत उच्च न्यायालय को किसी निरुद्ध व्यक्ति को जमानत पर रिहा करने की शक्ति प्राप्त है।
- उच्च न्यायालय में जमानत प्रार्थना-पत्र तभी दाखिल होता है, जब सत्र न्यायाधीश के समक्ष जमानत प्रार्थना-पत्र दाखिल किया गया हो और यह निरस्त कर दिया गया हो।
- जमानत प्रार्थना-पत्र की सुनवाई एकल पीठ के समक्ष होती है।

15.2 प्रारूप तैयार करने सम्बन्धी मूलभूत बातें

- जमानत प्रार्थना-पत्र एक सेट के साथ दाखिल होता है।
- जमानत प्रार्थना-पत्र के संक्षिप्त प्रारूप में ही जमानत की प्रार्थना करते हैं और इसके समर्थन में दाखिल होनेवाले शपथ-पत्र में इस प्रार्थना-पत्र के लिए आवश्यक सभी तथ्यों, आधारों एवं कानूनी बिन्दुओं को विस्तार से लिखते हैं।

---

1. भारतीय नागरिक सुरक्षा संहिता की धारा 483

- जमानत प्रार्थना-पत्र के मामले में याची/प्रार्थी के जेल में निरुद्ध होने के कारण उसके द्वारा वकालतनामा पर हस्ताक्षर नहीं किया जा सकता है, इसलिए इसके साथ वकालतनामा के स्थान पर 'पर्चा' दाखिल किया जाता है।
- जमानत प्रार्थना-पत्र के समर्थन में दाखिल होनेवाले शपथ-पत्र में कुछ बातों को, जैसे अभियुक्त/प्रार्थी के आपराधिक इतिहास सम्बन्धी तथ्य, जमानत प्रार्थना-पत्र के पहला या दूसरा या तीसरा...होने सम्बन्धी तथ्य, जमानत पर रिहा किए जाने पर इसका दुरुपयोग न करने का वचन इत्यादि, पैरावार लिखना आवश्यक है।
- जमानत प्रार्थना-पत्र के साथ एफ.आई.आर. की प्रमाणित प्रति और सत्र न्यायालय के जमानत-निरस्तीकरण आदेश की निःशुल्क प्रति संलग्नक के रूप में दाखिल करना आवश्यक है।
- एक जमानत प्रार्थना-पत्र का मसौदा तैयार करने के लिए विधिवक्ता को मामले से सम्बन्धित केस डायरी का सम्पूर्ण अध्ययन करके इसके तथ्य और जमानत का आधार तैयार करना होता है।
- उच्च न्यायालय के समक्ष दाखिल होनेवाले जमानत प्रार्थना-पत्र का सम्पूर्ण स्वरूप, सामान्यतया निम्न क्रम में तैयार होता है—

  अनुक्रमणिका,
  जमानत प्रार्थना-पत्र,
  जमानत प्रार्थना-पत्र के समर्थन में शपथ-पत्र,
  संख्यावार समस्त संलग्नक, और
  पर्चा।

16. आपराधिक प्रार्थना-पत्र अं/धा 482

16.1 परिचय

- अपराध प्रक्रिया संहिता की धारा 482[1] के अन्तर्गत उच्च न्यायालय को अन्तर्निहित शक्ति प्रदान की गई है। उच्च न्यायालय द्वारा इस शक्ति का

1. भारतीय नागरिक सुरक्षा संहिता की धारा 528

प्रयोग, संहिता के अन्तर्गत किसी व्यवस्था को लागू करने या न्यायालयी प्रक्रिया का दुरुपयोग होने से रोकने या न्यायहित को सुरक्षित करने के लिए किया जा सकता है।

- यह आपराधिक प्रार्थना-पत्र, आरोप-पत्र या संज्ञान उपरान्त नोटिस, उन्मोचन प्रार्थना-पत्र (Discharge Application) पर आदेश, धारा 311[1] के प्रार्थना-पत्र पर आदेश, शिकायत-पत्र पर समन इत्यादि के खिलाफ दाखिल होते हैं।
- इस प्रार्थना-पत्र की सुनवाई एकल पीठ के समक्ष होती है।

16.2 प्रारूप तैयार करने सम्बन्धी मूलभूत बातें

- प्रार्थना-पत्र अं/धा 482 एक सेट के साथ दाखिल होता है।
- इस प्रार्थना-पत्र के संक्षिप्त प्रारूप में ही वांछित प्रार्थना करते हैं और इसके समर्थन में दाखिल होनेवाले शपथ-पत्र में आवश्यक सभी तथ्यों, आधारों एवं कानूनी बिन्दुओं को विस्तार से लिखते हैं।
- आपराधिक प्रार्थना-पत्र अं/धा 482 के समर्थन में दाखिल होनेवाले शपथ-पत्र में कुछ बातों, जैसे समान वादहेतु के लिए इसके प्रथम प्रार्थना-पत्र होने और दूसरा कोई मामला नहीं दाखिल होने सम्बन्धी तथ्य, मामले का विषय सी.बी.आई./भ्रष्टाचार निरोधक अधिनियम/ई.डी./एन.आर. एच.एम. घोटाला/जी.पी.एफ. घोटाला/एम.पी./एम.एल.ए. से सम्बन्धित मामला होने या न होने सम्बन्धी तथ्य, इत्यादि को पैरावार लिखना आवश्यक है।
- इस प्रार्थना-पत्र का मसौदा तैयार करने के लिए विधिवक्ता को मामले से सम्बन्धित एफ.आई.आर. या शिकायत-पत्र (इस्तगासा) का तथा पुलिस जाँच एवं न्यायालयी कार्यवाही से सम्बन्धित समस्त दस्तावेजों का अध्ययन करके, मामले के तथ्य एवं आधार तैयार करना होता है।
- उच्च न्यायालय के समक्ष दाखिल होनेवाले प्रार्थना-पत्र अं/धा 482 का सम्पूर्ण स्वरूप, सामान्यतया निम्न क्रम में तैयार होता है—

  अनुक्रमणिका,

  तिथिवार घटनाएँ,

---
1. भारतीय नागरिक सुरक्षा संहिता की धारा 348

आपराधिक प्रार्थना-पत्र अं/धा 482,
आपराधिक प्रार्थना-पत्र अं/धा 482 के समर्थन में शपथ-पत्र,
संख्यावार समस्त संलग्नक, और
वकालतनामा।

17. आपराधिक अपील

17.1 परिचय

- अपराध प्रक्रिया संहिता की धारा 374(2)[1] के अन्तर्गत सत्र न्यायाधीश द्वारा सजा के आदेश या किसी अन्य न्यायालय द्वारा 7 वर्ष से अधिक कारावास की सजा के आदेश के खिलाफ उच्च न्यायालय में आपराधिक अपील दाखिल की जा सकती है। कम सजा देने या दोषमुक्ति के खिलाफ भी उच्च न्यायालय के समक्ष धारा 372[2] या 378[3] के अन्तर्गत आपराधिक अपील दाखिल की जा सकती है।
- दूसरे कई विशिष्ट कानूनों, जैसे एस.सी. एवं एस.टी. अधिनियम, 1989 की धारा 14 (क)(2) के अन्तर्गत उच्च न्यायालय के समक्ष आपराधिक अपील दाखिल की जा सकती है।
- उच्च न्यायालय में आपराधिक अपील दाखिल करने की समय सीमा 60 दिन है।[4]
- आपराधिक अपील की सुनवाई आवश्यकतानुसार एकल पीठ या दो न्यायाधीशों की खंडपीठ के समक्ष होती है।

17.2 प्रारूप तैयार करने सम्बन्धी मूलभूत बातें

- आपराधिक अपील आवश्यकतानुसार एक या दो सेट के साथ दाखिल होती है।

---

1. भारतीय नागरिक सुरक्षा संहिता की धारा 415(2)
2. तथैव; धारा 413
3. तथैव; धारा 419
4. भारतीय परिसीमा अधिनियम की धारा 131

- आपराधिक अपील के मेमोरेंडम के साथ अधीनस्थ न्यायालय के निर्णय एवं आदेश की प्रमाणित/नि:शुल्क प्रति संलग्न की जाती है।
- आपराधिक अपील के मेमोरेंडम में अपील का आधार लिखा जाता है और सजा वाले आदेश को निरस्त करने के लिए अन्तिम प्रार्थना की जाती है।
- आपराधिक अपील के साथ एक अन्तरिम प्रार्थना-पत्र भी संलग्न किया जाता है, जिसमें अपील के विचाराधीन रहने के दौरान सजा वाले आदेश पर रोक लगाने और अपीलार्थी को जमानत पर रिहा करने के लिए अन्तरिम प्रार्थना भी की जाती है।
- अन्तरिम प्रार्थना-पत्र के समर्थन में दाखिल होनेवाले शपथ-पत्र में आवश्यक सभी तथ्यों, आधारों एवं कानूनी बिन्दुओं को विस्तार से लिखते हैं। यदि अपील में लिये गए आधार के समर्थन में कोई दस्तावेज दाखिल करने की आवश्यकता है, तो उसे इस शपथ-पत्र के साथ दाखिल किया जा सकता है।
- शपथ-पत्र में कुछ बातों को, जैसे समान वादहेतु के लिए इसके प्रथम अपील होने और दूसरा कोई मामला नहीं दाखिल होने सम्बन्धी तथ्य, अपील का विषय सी.बी.आई./भ्रष्टाचार निरोधक अधिनियम/ई.डी./एन.आर.एच.एम. घोटाला/जी.पी.एफ. घोटाला/एम.पी./एम.एल.ए. से सम्बन्धित होने या न होने सम्बन्धी तथ्य, जेल में निरुद्धता की अवधि इत्यादि को पैरावार लिखना आवश्यक है।
- एक आपराधिक अपील का मसौदा तैयार करने के लिए विधिवक्ता को दोषसिद्धि आदेश एवं सम्पूर्ण गवाहों के बयान/जिरह का अध्ययन करके अपील का आधार तैयार करना होता है।
- उच्च न्यायालय के समक्ष दाखिल होनेवाली आपराधिक अपील का सम्पूर्ण स्वरूप, सामान्यतया निम्न क्रम में तैयार होता है—

  अनुक्रमणिका,
  आपराधिक अपील का मेमोरेंडम,
  आलोच्य निर्णय एवं आदेश की नि:शुल्क/प्रमाणित प्रति,
  आपराधिक प्रकीर्ण अन्तरिम प्रार्थना-पत्र,

अन्तरिम प्रार्थना-पत्र के समर्थन में शपथ-पत्र,
संख्यावार संलग्नक, और
पर्चा।

18. आपराधिक निगरानी

18.1 परिचय

- जब आपराधिक मामले में पारित किसी निर्णय के खिलाफ कानून के अन्तर्गत अपील का उपचार न दिया गया हो या अपील का उपचार, पारदर्शी न्याय को सुरक्षित करने के लिए पर्याप्त न हो, तो अपराध प्रक्रिया संहिता आपराधिक निगरानी का उपचार प्रदान करती है। संहिता की धारा 397[1] और 401[2] के अन्तर्गत उच्च न्यायालय को निगरानी की शक्ति प्राप्त है।
- दूसरे कई विशिष्ट कानूनों, जैसे किशोर न्याय अधिनियम, 2015 की धारा 102 के अन्तर्गत भी उच्च न्यायालय को आपराधिक निगरानी की शक्ति प्राप्त है।
- उच्च न्यायालय में आपराधिक निगरानी दाखिल करने की समय सीमा 90 दिन है।[3]
- आपराधिक निगरानी की सुनवाई एकल पीठ के समक्ष होती है।

18.2 प्रारूप तैयार करने सम्बन्धी मूलभूत बातें

- आपराधिक निगरानी एक सेट के साथ दाखिल होती है।
- आपराधिक निगरानी के मेमोरेंडम में ही निगरानी का आधार लिखकर वांछित अन्तिम एवं अन्तरिम प्रार्थना की माँग करते हैं।

---

1. भारतीय नागरिक सुरक्षा संहिता की धारा 438
2. तथैव; धारा 442
3. भारतीय परिसीमा अधिनियम की धारा 131

- आपराधिक निगरानी के समर्थन में दाखिल होनेवाले शपथ-पत्र में आवश्यक सभी तथ्यों, आधारों एवं कानूनी बिन्दुओं को विस्तार से लिखते हैं। इस शपथ-पत्र में कुछ बातों को; जैसे समान वादहेतु के लिए इसके प्रथम निगरानी होने और दूसरा कोई मामला नहीं दाखिल होने सम्बन्धी तथ्य, निगरानी का विषय सी.बी.आई/भ्रष्टाचार निरोधक अधिनियम/ई.डी./एन.आर.एच.एम. घोटाला/जी.पी.एफ. घोटाला/एम.पी./एम.एल.ए. से सम्बन्धित होने या न होने सम्बन्धी तथ्य, इत्यादि को पैरावार लिखना आवश्यक है।
- आपराधिक निगरानी का मसौदा तैयार करने के लिए विधिवक्ता को मुख्यत: दो बिन्दुओं पर कार्य करना होता है—पहला निगरानी के आधार की तैयारी, और दूसरा अन्तरिम प्रार्थना के समर्थन में दाखिल होने वाले शपथ-पत्र की अन्तर्वस्तु (कंटेंट) की तैयारी।
- उच्च न्यायालय के समक्ष दाखिल होनेवाली आपराधिक निगरानी का सम्पूर्ण स्वरूप, सामान्यतया निम्न क्रम में तैयार होता है—

  अनुक्रमणिका,
  तिथिवार घटनाएँ,
  आपराधिक निगरानी का मेमोरेंडम,
  आपराधिक जमानत प्रार्थना-पत्र (आवश्यकता होने पर)
  आपराधिक निगरानी/जमानत प्रार्थना-पत्र के समर्थन में शपथ-पत्र,
  संख्यावार समस्त संलग्नक, और
  वकालतनामा।

19. आपराधिक न्यायिक निरीक्षण याचिका (अन्तर्गत अनुच्छेद 227)

19.1 परिचय

- आपराधिक मामलों में उच्च न्यायालय को संविधान के अनुच्छेद 227 के अन्तर्गत अपने अधीनस्थ न्यायालयों पर न्यायिक निरीक्षण करने की व्यापक शक्ति प्राप्त है। उच्च न्यायालय इस शक्ति का प्रयोग यह देखने

के लिए करता है कि अधीनस्थ न्यायालय अपने प्राधिकार-क्षेत्र में रहकर कार्य कर रहा है या नहीं।

- आपराधिक मामलों के सन्दर्भ में दाखिल आपराधिक प्रकीर्ण न्यायिक निरीक्षण याचिका की सुनवाई एकल पीठ के समक्ष होती है।

19.2 प्रारूप तैयार करने सम्बन्धी मूलभूत बातें

- आपराधिक प्रकीर्ण न्यायिक निरीक्षण याचिका एक सेट के साथ दाखिल होती है।
- मूल याचिका में मामले के समस्त तथ्यों, कानूनी बिन्दुओं, आधारों एवं अन्तिम प्रार्थना को शामिल करते हैं। अन्तरिम प्रार्थना के लिए अलग प्रार्थना-पत्र संलग्न होता है और शपथ-पत्र संक्षिप्त स्वरूप में तैयार किया जाता है।
- इसका मसौदा तैयार करने के लिए विधिवक्ता को मामले के तथ्य, आधार, अन्तिम प्रार्थना और अन्तरिम प्रार्थना को तैयार करना होता है।
- उच्च न्यायालय के समक्ष दाखिल होनेवाली इस याचिका का सम्पूर्ण स्वरूप, सामान्यतया निम्न क्रम में तैयार होता है—

  अनुक्रमणिका,
  तिथिवार घटनाएँ,
  आपराधिक प्रकीर्ण स्थगन प्रार्थना-पत्र
  आपराधिक न्यायिक निरीक्षण याचिका,
  संख्यावार समस्त संलग्नक,
  शपथ-पत्र, और
  वकालतनामा।

20. अवमानना याचिका

20.1 परिचय

- संविधान के अनुच्छेद 215 के अन्तर्गत उच्च न्यायालय को अवमानना पर सजा देने की संवैधानिक शक्ति प्राप्त है।

- अवमानना, सिविल या आपराधिक प्रकृति की हो सकती है। न्यायालय के किसी निर्णय या आदेश का जान-बूझकर उल्लंघन करना सिविल अवमानना[1] और न्यायालय के प्राधिकार की निन्दा करना या उसके प्राधिकार को छोटा करना या न्यायिक कार्यवाही को बाधित करना या न्याय-प्रशासन में हस्तक्षेप करना आपराधिक अवमानना[2] है।
- सिविल अवमानना सम्बन्धी मामला अवमानना अधिनियम, 1971 की धारा 12 के अन्तर्गत और आपराधिक अवमानना सम्बन्धी मामला इस अधिनियम की धारा 15 के अन्तर्गत दाखिल होता है।
- सिविल अवमानना की सुनवाई सामान्यतया एकल पीठ के समक्ष[3] और आपराधिक अवमानना की सुनवाई कम-से-कम दो न्यायाधीशों की खंडपीठ के समक्ष[4] होती है।
- अवमानना याचिका, अवमानना होने की तिथि से एक वर्ष के उपरान्त दाखिल नहीं हो सकती है।[5]
- यदि एक ही व्यक्ति के विरुद्ध सिविल अवमानना और आपराधिक अवमानना करने का आरोप है, तो दोनों के लिए अलग-अलग याचिकाएँ दाखिल होंगी।[6]

20.2 प्रारूप तैयार करने सम्बन्धी मूलभूत बातें

- सिविल अवमानना एक सेट के साथ और आपराधिक अवमानना तीन सेट के साथ दाखिल होती है।
- सामान्यतया अवमानना याचिका संक्षिप्त स्वरूप में और इसके समर्थन में दाखिल होनेवाला शपथ-पत्र विस्तारित स्वरूप में तैयार किया जाता है।

---

1. अवमानना अधिनियम, 1971; धारा 2(ख)
2. अवमानना अधिनियम, 1971; धारा 2(ग)
3. इलाहाबाद उच्च न्यायालय नियम, 1952; अध्याय 35-ई, धारा 4(क)।
4. तथैव; अध्याय 35-ई, धारा 4(ख)।
5. अवमानना अधिनियम, 1971; धारा 20
6. इलाहाबाद उच्च न्यायालय नियम, 1952; अध्याय 35-ई, धारा 2 का परन्तुक।

- अवमानना याचिका में इस तथ्य का उल्लेख किया जाता है कि विपक्षी के खिलाफ इस याचिका के लिए वादहेतु कब उत्पन्न हुआ और अवमाननाकर्ता को दंडित करने के लिए अन्तिम प्रार्थना करते हैं। सिविल अवमानना के मामले में आदेश का अनुपालन करवाने की अन्तरिम प्रार्थना भी की जा सकती है।
- शपथ-पत्र में याचिका के लिए आवश्यक सभी तथ्यों एवं आधारों को विस्तार से लिखते हैं।
- एक अवमानना याचिका का मसौदा तैयार करने के लिए विधिवक्ता को, विशेषकर शपथ-पत्र तैयार करने के लिए कार्य करना होता है। शपथ-पत्र में उन तथ्यों को सामने लाया जाता है, जिनसे सिद्ध हो सके कि आरोपित व्यक्ति द्वारा अवमानना की गई है।
- सिविल अवमानना याचिका के समर्थन में दाखिल होनेवाले शपथ-पत्र के माध्यम से न्यायालय के निर्णय का जान-बूझकर उल्लंघन होना सिद्ध किया जाता है। इसके लिए तीन प्रमुख तथ्यों को दिखाना होता है—पहला यह कि आरोपित व्यक्ति को न्यायालय के निर्णय का अनुपालन करना था, दूसरा यह कि उसे न्यायालय के निर्णय की जानकारी थी और तीसरा यह कि न्यायालय के निर्णय का अनुपालन नहीं किया गया है।
- आपराधिक अवमानना याचिका के समर्थन में दाखिल होनेवाले शपथ-पत्र में उन तथ्यों को सामने लाना होता है, जिनसे सिद्ध हो सके कि न्यायालय के प्राधिकार की जान-बूझकर निन्दा की गई है या उसके प्राधिकार को छोटा किया गया है या उसकी न्यायिक कार्यवाही में बाधा पहुँचाई गई है या उसके न्याय-प्रशासन में हस्तक्षेप किया गया है।
- आपराधिक अवमानना याचिका के लिए महाधिवक्ता की लिखित सहमति आवश्यक है।[1]
- उच्च न्यायालय के समक्ष दाखिल होनेवाली अवमानना याचिका का सम्पूर्ण स्वरूप, सामान्यतया निम्न क्रम में तैयार होता है—

    अनुक्रमणिका,

    तिथिवार घटनाएँ,

---

1. अवमानना अधिनियम, 1971; धारा 15(1)(क)।

अवमानना याचिका,
अवमानना याचिका के समर्थन में शपथ-पत्र,
संख्यावार समस्त संलग्नक, और
वकालतनामा।

21. अवमानना अपील

21.1 परिचय

- जब किसी अवमानना याचिका में एकल पीठ द्वारा आरोपित व्यक्ति के खिलाफ आरोप-पत्र तैयार करने या आरोप सिद्ध होने या दंडित करने का आदेश किया जाता है तो ऐसे आदेश के विरुद्ध अवमानना अपील दाखिल की जाती है।[1]
- अवमानना अपील दाखिल करने की समय सीमा 30 दिन है।[2]
- अवमानना अपील की सुनवाई, उच्च न्यायालय के दो न्यायाधीशों की खंडपीठ के समक्ष होती है।

21.2 प्रारूप तैयार करने सम्बन्धी मूलभूत बातें

- अवमानना अपील हमेशा दो सेट के साथ दाखिल होती है।
- अवमानना अपील का मसौदा तैयार करने के लिए विधिवक्ता को ज्यादा कार्य अपील के आधार (Grounds of Appeal) और अन्तरिम प्रार्थना-पत्र के समर्थन में दाखिल होनेवाले शपथ-पत्र को बनाने के लिए करना होता है। इस शपथ-पत्र में सामान्यतया एकल पीठ के समक्ष हुई समस्त कार्यवाही का उल्लेख किया जाता है।
- उच्च न्यायालय के समक्ष दाखिल होनेवाली अवमानना अपील का सम्पूर्ण स्वरूप, सामान्यतया निम्न क्रम में तैयार होता है—

---

1. अवमानना अधिनियम, 1971; धारा 19
2. अवमानना अधिनियम, 1971; धारा 19(4)(क)।

अनुक्रमणिका,

तिथिवार घटनाएँ,

अवमानना अपील का मेमोरेंडम

आलोच्य आदेश, जिसके विरुद्ध अपील दाखिल की जा रही है

अन्तरिम आदेश प्रार्थना-पत्र,

अन्तरिम आदेश प्रार्थना-पत्र के समर्थन में शपथ-पत्र,

संख्यावार समस्त संलग्नक, और

वकालतनामा।

आग्रह

भारत में हिन्दी के अलावा कई अन्य समृद्ध भाषाएँ हैं, जो अलग-अलग राज्यों में प्रयोग की जाती हैं। गैर-हिन्दी भाषी राज्यों के उच्च न्यायालय में सम्बन्धित क्षेत्रीय भाषा में कामकाज होना उतना ही महत्त्वपूर्ण है, जितना हिन्दी भाषी राज्यों के उच्च न्यायालय में हिन्दी भाषा में कामकाज होना महत्त्वपूर्ण है। अलग-अलग उच्च न्यायालयों में भारतीय भाषा को कामकाज की भाषा बनाने के लिए वहाँ के माननीय न्यायाधीशों और विधिवक्ताओं द्वारा महत्त्वपूर्ण भूमिका निभाई गई है। प्रेरणा के लिए इन प्रयासों को लोगों के बीच लाया जाना आवश्यक है। इस पुस्तक में ऐसे सभी प्रयासों को शामिल कर इसे और उपयोगी बनाया जा सकता है। इस पुस्तक के अन्य संस्करण, जैसे तमिल, तेलुगू, मलयालम, कन्नड़, बंगाली, असमिया, ओड़िया, मराठी, गुजराती, पंजाबी और कश्मीरी संस्करण भी तैयार करने का लक्ष्य है। इसके लिए आप सभी की सहभागिता अपेक्षित एवं प्रार्थनीय है।

इस पुस्तक के अन्त में अलग-अलग प्रकृति के कुछ मुकदमों के मसौदों को परिशिष्ट के रूप में दिया जा रहा है। परिशिष्टों की यह श्रृंखला पूर्ण नहीं है। इनके साथ और भी मसौदों को संलग्न करने की आवश्यकता हमेशा बनी रहेगी। यदि आपके पास भी ऐसा कोई हिन्दी भाषा में तैयार अलग तरह के मुकदमे का आदर्श मसौदा है, तो इस परिशिष्ट का हिस्सा बनकर पुस्तक के अद्यतन संस्करण में शामिल हो सकता है।

चूँकि हिन्दी भाषा में तैयार संलग्न मसौदों की कम्प्यूटरीकृत फाइल (MSword file) नये वादकारों हेतु मुकदमे तैयार करने

के दृष्टिकोण से महत्त्वपूर्ण है, अत: इन मसौदों के मसौदे हिन्दी में फाइल को अद्यतन कर समय-समय पर वेबसाइट www.rashtriyaswaraj.org पर अपलोड किया जाता रहेगा। इसे ईमेल के माध्यम से भी प्राप्त किया जा सकेगा। किसी भी मामले के मसौदे को हिन्दी भाषा में तैयार करने के लिए भी लेखक से सहयोग प्राप्त किया जा सकता है।

अलग-अलग मुकदमों के मसौदे

परिशिष्ट-1

रिट/परमादेश याचिका का प्रारूप

(सेवा सम्बन्धी मामला)

माननीय उच्च न्यायालय, इलाहाबाद के न्याय-प्रशासन के समक्ष

सिविल प्रकीर्ण रिट याचिका संख्या...वर्ष 2023

(भारतीय संविधान के अनुच्छेद 226 के अन्तर्गत)

जिला—इलाहाबाद

1. एम. सिंह (M. Singh) पुत्र...
   पता—ग्राम, पोस्ट..., जिला—इलाहाबाद
2. आर. यती पुत्र..., पता—...

याचीगण

<u>बनाम</u>

1. उत्तर प्रदेश राज्य, उच्च शिक्षा मंत्रालय, लखनऊ,
   इसके सचिव के माध्यम से
2. ...

प्रतिपक्षीगण

सेवा में,

उपर्युक्त उल्लिखित न्यायालय के माननीय मुख्य न्यायाधीश एवं अन्य सहयोगी न्यायाधीशगण।

उपर्युक्त याचीगण के इस प्रार्थना-पत्र के माध्यम से निम्न कथन सविनम्र प्रस्तुत किया जाता है—

1. यह कि यह याचिका, याचीगण की तरफ से भारतीय संविधान के अनुच्छेद 226 के अन्तर्गत दाखिल उसी वादहेतु (Cause of Action) के लिए, जैसा

इस याचिका में विद्यमान है, प्रथम याचिका है और अभी तक इस हाई कोर्ट की इलाहाबाद प्रधानपीठ में या लखनऊ खंडपीठ में उसी वादहेतु के लिए अन्य कोई याचिका नहीं दाखिल की गई है।

2. यह कि याचीगण ने अभी तक प्रतिपक्षीगण की तरफ से रजिस्टर्ड पत्र के माध्यम से कोई कैविएट या नोटिस नहीं प्राप्त किया है।
3. यह कि मामले का आरम्भिक तथ्य यह है कि विपक्षी संख्या 2 द्वारा उ. प्र. उच्चतर शिक्षा सेवा आयोग अधिनियम, 1980 की धारा 12 में निर्धारित प्रक्रिया का पालन करते हुए सहायक आचार्य (Assistant Professor) के कुल 917 पद पर भर्ती के लिए विज्ञापन दिनांक 08.07.2022 जारी किया गया। इस विज्ञापन के पैरा 6 में अनिवार्य शैक्षणिक योग्यता वर्णित है। विपक्षी संख्या 2 द्वारा जारी विज्ञापन दिनांक 08.07.2022 की सत्यप्रति/फोटोप्रति इस याचिका के साथ संलग्नक संख्या 1 के रूप में दाखिल किया जा रहा है।
4. यह कि विज्ञापन दिनांक 08.07.2022 के अनुक्रम में आवेदन दाखिल करने की अन्तिम तिथि 10.08.2022 थी। इसके उपरान्त विज्ञापन दिनांक 06.08.2022 जारी करके अन्तिम तिथि को बढ़ाकर 25.08.2022 तथा विज्ञापन दिनांक 23.08.2022 जारी करके अन्तिम तिथि को दोबारा बढ़ाकर 31.08.2022 किया गया। विज्ञापन दिनांक 06.08.2022 एवं 23.08.2022 की सत्यप्रति/फोटोप्रति इस याचिका के साथ संलग्नक संख्या 2 के रूप में दाखिल की जा रही है।
5. यह कि विज्ञापन दिनांक 08.07.2022 के पैरा 10 के अन्तर्गत चयन का आधार लिखित परीक्षा और साक्षात्कार रखा गया है। लिखित परीक्षा के लिए 200 अंक एवं साक्षात्कार के लिए 30 अंक निर्धारित किये गए हैं। यह भी व्यवस्था दी गई है कि लिखित परीक्षा में उत्तीर्ण अभ्यर्थियों को साक्षात्कार के लिए बुलाया जाएगा।
6. यह कि उक्त विज्ञापन के पैरा 10 के अन्तर्गत यह भी व्यवस्था दी गई है कि लिखित परीक्षा का आयोजन प्रयागराज में किया जाएगा। लिखित परीक्षा/साक्षात्कार के सम्बन्ध में सूचना एस.एम.एस., ई-मेल, सामाचार-पत्र व वेबसाइट के माध्यम से यथासमय दी जाएगी।
7. यह कि याची संख्या 1 राष्ट्रीय पात्रता परीक्षा (नेट) एवं जे.आर.एफ. उत्तीर्ण है और वह विज्ञापन दिनांक 08.07.2022 के अन्तर्गत निर्धारित

योग्यता रखता है। याची संख्या 1 ने इतिहास विषय के लिए अन्य पिछड़ा वर्ग के अन्तर्गत अपना आवेदन 10.07.2022 को दाखिल किया। इसके लिए याची संख्या 1 ने निर्धारित शुल्क 2000/- रुपये की धनराशि भी जमा की है। उसकी आवेदन-पत्र संख्या 2200001467 है। याची संख्या 1 के नेट प्रमाण-पत्र और आवेदन-पत्र की सत्यप्रति/फोटोप्रति इस याचिका के साथ संलग्नक संख्या 3 के रूप में दाखिल की जा रही है।

8. यह कि याची संख्या 2 राष्ट्रीय पात्रता परीक्षा (नेट) उत्तीर्ण है और वह विज्ञापन दिनांक 08.07.2022 के अन्तर्गत निर्धारित योग्यता रखता है। याची संख्या 2 ने इतिहास विषय के लिए अन्य पिछड़ा वर्ग के अन्तर्गत अपना आवेदन 22.07.2022 को दाखिल किया। इसके लिए याची संख्या 2 ने निर्धारित शुल्क 2000/- रुपये की धनराशि भी जमा की है। उसकी आवेदन-पत्र संख्या 2200031178 है। याची संख्या 2 के नेट प्रमाण-पत्र और आवेदन-पत्र की सत्यप्रति/फोटोप्रति इस याचिका के साथ संलग्नक संख्या 4 के रूप में दाखिल की जा रही है।

9. यह कि याची संख्या 3 भी राष्ट्रीय पात्रता परीक्षा (नेट) उत्तीर्ण है और वह विज्ञापन दिनांक 08.07.2022 के अन्तर्गत निर्धारित योग्यता रखता है। याची संख्या 3 ने अर्थशास्त्र विषय के लिए सामान्य श्रेणी के अन्तर्गत अपना आवेदन 25.07.2022 को दाखिल किया। इसके लिए याची संख्या 3 ने निर्धारित शुल्क 2000/- रुपये की धनराशि भी जमा की है। उसकी आवेदन-पत्र संख्या 2200040058 है। याची संख्या 3 के नेट प्रमाण-पत्र और आवेदन-पत्र की सत्यप्रति/फोटोप्रति इस याचिका के साथ संलग्नक संख्या 5 के रूप में दाखिल की जा रही है।

10. यह कि याची संख्या 4 भी राष्ट्रीय पात्रता परीक्षा (नेट) उत्तीर्ण है और वह विज्ञापन दिनांक 08.07.2022 के अन्तर्गत निर्धारित योग्यता रखता है। याची संख्या 4 ने इतिहास विषय के लिए सामान्य श्रेणी के अन्तर्गत अपना आवेदन 04.08.2022 को दाखिल किया। इसके लिए याची संख्या 4 ने निर्धारित शुल्क 2000/- रुपये की धनराशि भी जमा की है। उसकी आवेदन-पत्र संख्या 2200049497 है। याची संख्या 4 के नेट प्रमाण-पत्र

और आवेदन-पत्र की सत्यप्रति/फोटोप्रति इस याचिका के साथ संलग्नक संख्या 6 के रूप में दाखिल की जा रही है।

11. यह कि याचियों को यह अभिकथित करने के लिए बताया गया है कि विज्ञापन दिनांक 08.07.2022 के अनुक्रम में लगभग 90 हजार अभ्यर्थियों ने आवेदन दाखिल किए हुए हैं।

12. यह कि याचियों को उम्मीद थी कि उक्त विज्ञापन के अनुक्रम में यथाशीघ्र लिखित परीक्षा एवं साक्षात्कार कराया जाएगा और भर्ती प्रक्रिया पूरी की जाएगी। किन्तु दैनिक जागरण में 24.03.2023 को प्रकाशित समाचार-पत्र के माध्यम से पता चला है कि यह भर्ती प्रक्रिया मात्र एक सदस्य/अध्यक्ष की कमी के कारण रुकी हुई है। दैनिक जागरण में 24.03.2023 को प्रकाशित समाचार की सत्यप्रति/फोटोप्रति इस याचिका के साथ संलग्नक संख्या 7 के रूप में दाखिल की जा रही है।

13. यह कि याचीगण अभिकथित करते हैं कि 06.02.2023 को उत्तर प्रदेश उच्चतर शिक्षा सेवा आयोग के अध्यक्ष प्रो. ईश्वर सरन विश्वकर्मा और सदस्य डॉ. रजनी त्रिपाठी अपने-अपने पद से सेवानिवृत्त हो गए। इन दोनों पदों पर सेवानिवृत्ति के उपरान्त उत्तर प्रदेश उच्चतर शिक्षा सेवा आयोग में केवल दो सदस्य प्रो. राजनारायण और प्रो. विनोद कुमार सिंह कार्यरत रह गए हैं।

14. यह कि याचीगण को बताया गया है कि वर्तमान समय में केवल दो सदस्यों के कार्यरत रहने के कारण उ. प्र. उच्चतर शिक्षा सेवा आयोग की संरचना उ. प्र. उच्चतर शिक्षा सेवा आयोग अधिनियम, 1980 की धारा 4 के अन्तर्गत पूर्ण नहीं है और चूँकि उ. प्र. उच्चतर शिक्षा सेवा आयोग की संरचना पूर्ण नहीं है, इसलिए यह आयोग विज्ञापन दिनांक 08.07.2022 के अनुक्रम में लिखित परीक्षा एवं साक्षात्कार सम्पन्न कराने का कार्य नहीं कर पा रहा है।

15. यह कि मात्र इस आधार पर कि आयोग में मात्र दो सदस्य कार्यरत हैं, विज्ञापन दिनांक 08.07.2022 के अनुक्रम में चयन प्रक्रिया को रोक देना और लिखित परीक्षा न कराना अनुचित, मनमानापन एवं अवैधानिक है और उ. प्र. उच्चतर शिक्षा सेवा आयोग अधिनियम, 1980 और उ. प्र. उच्चतर शिक्षा सेवा आयोग (प्रक्रिया और कार्य संचालन) विनियमावली, 1983 के प्रावधानों के विरुद्ध है।

16. यह कि सहायक आचार्य के 907 रिक्त पदों की अधिसूचना हो जाने और भर्ती के लिए विज्ञापन दिनांक 08.07.2022 जारी हो जाने के बाद उ. प्र. उच्चतर शिक्षा सेवा आयोग अधिनियम 1980 की धारा 13(1) के अन्तर्गत बाध्यकारी है कि विपक्षीगण यथासम्भव शीघ्र लिखित परीक्षा एवं साक्षात्कार कराए।
17. यह कि प्रश्नगत सहायक आचार्य के 907 रिक्त पदों पर भर्ती प्रक्रिया को रोकने के लिए विपक्षीगण के पास कोई वैध और तार्किक कारण नहीं है।
18. यह कि याचीगण अभिकथित करते हैं कि भले ही आयोग की संरचना उ. प्र. उच्चतर शिक्षा सेवा आयोग अधिनियम, 1980 की धारा 4 के अन्तर्गत पूर्ण न हो, किन्तु इसे भंग नहीं किया गया है और इसका कार्यालय कार्यरत है।
19. यह कि मात्र एक सदस्य/अध्यक्ष का पद रिक्त होने और इस पर नियुक्ति नहीं किए जाने के कारण सहायक आचार्य के 907 प्रश्नगत पदों की चयन एवं भर्ती प्रक्रिया को रोकना और याचीगण सहित 90 हजार अभ्यर्थियों के कॅरियर और सुनहरे भविष्य को अधर में रखना भारतीय संविधान के अनुच्छेद 21 का उल्लंघन है।
20. यह कि 907 सहायक आचार्य के प्रश्नगत पदों का विज्ञापन निकालकर विपक्षीगण ने स्वीकार किया है कि उत्तर प्रदेश राज्य में उच्चतर शिक्षा को निर्बाध जारी रखने के लिए इन पदों का भरा जाना आवश्यक है। किन्तु मात्र आयोग के एक सदस्य/अध्यक्ष पद पर नियुक्ति न किए जा सकने के कारण चयन एवं भर्ती प्रक्रिया को रोकना और सहायक आचार्य के पद पर नियुक्ति न किया जाना मनमानापन और भारतीय संविधान के अनुच्छेद 14 का उल्लंघन है।
21. यह कि सहायक आचार्य के प्रश्नगत 907 पदों की चयन एवं भर्ती प्रक्रिया को रोकना उच्चतर महाविद्यालयों के विद्यार्थियों के शिक्षा के अधिकार का अतिक्रमण है और भारतीय संविधान के अनुच्छेद 21 का उल्लंघन है।
22. यह कि विज्ञापन दिनांक 08.07.2022 के अनुक्रम में प्रश्नगत सहायक आचार्य पद पर नियुक्ति पाने के सापेक्ष याचिकाकर्ताओं ने 2000/- रुपये परीक्षा-शुल्क जमा करके परीक्षा में शामिल होने एवं नियुक्ति हेतु अपनी

योग्यता साबित करने की वैधानिक अपेक्षा (Legitimate Expectation) का अधिकार प्राप्त कर लिया है। याचियों को इस वैधानिक अपेक्षा के अधिकार से वंचित करना प्राकृतिक न्याय के सिद्धान्त के विरुद्ध है और भारतीय संविधान के अनुच्छेद 14 का उल्लंघन है।

23. यह कि आवश्यकता का सिद्धान्त (Doctrine of Necessity) लागू करके इस न्यायालय द्वारा यह दिशा निर्देश जारी करना न्यायहित में है कि या तो विपक्षी संख्या 2 अपने वर्तमान दो सदस्यों के साथ विज्ञापन दिनांक 08.07.2022 के अनुक्रम में लिखित परीक्षा और साक्षात्कार सम्पन्न कराए या आयोग का अध्यक्ष पद रिक्त होने के कारण कोई बाधा होने पर विपक्षी संख्या 1 अध्यक्ष पद पर यथाशीघ्र नियुक्ति करे, ताकि विपक्षी संख्या 2 विज्ञापन दिनांक 08.07.2022 के अनुक्रम में लिखित परीक्षा और साक्षात्कार सम्पन्न करा सके।

24. यह कि मामले के उक्त तथ्यों एवं परिस्थितियों को दृष्टिगत रखते हुए न्यायहित में आवश्यक है कि यह माननीय न्यायालय, विपक्षी संख्या 2 को विज्ञापन दिनांक 08.07.2022 के अनुक्रम में लिखित परीक्षा और साक्षात्कार की प्रक्रिया जारी रखने और एक निश्चित समय सीमा के अन्दर सम्पन्न करने हेतु निर्देशित करने के लिए अन्तरिम मैंडेमस जारी करने की कृपा करे।

25. यह कि भारतीय संविधान के अनुच्छेद 226 के अन्तर्गत इस माननीय न्यायालय के समक्ष प्रार्थना करने के सिवाय अन्य कोई समान, प्रभावशाली, योग्य, वैकल्पिक उपचार न होने के कारण याचीगण यह याचिका निम्न आधारों पर सविनम्र दाखिल कर रहे हैं :

आधार

(क) क्योंकि केवल इस आधार पर कि आयोग में मात्र दो सदस्य कार्यरत हैं, विज्ञापन दिनांक 08.07.2022 के अनुक्रम में चयन प्रक्रिया को रोक देना और लिखित परीक्षा न कराना अनुचित, मनमानापन एवं अवैधानिक है और उ. प्र. उच्चतर शिक्षा सेवा आयोग अधिनियम, 1980 और उ. प्र. उच्चतर शिक्षा सेवा आयोग (प्रक्रिया और कार्य संचालन) विनियमावली, 1983 के प्रावधानों के विरुद्ध है।

(ख) क्योंकि वर्तमान समय में केवल दो सदस्यों के कार्यरत रहने के कारण उ. प्र. उच्चतर शिक्षा सेवा आयोग की संरचना उ. प्र. उच्चतर शिक्षा सेवा आयोग अधिनियम, 1980 की धारा 4 के अन्तर्गत पूर्ण नहीं है और चूँकि उ. प्र. उच्चतर शिक्षा सेवा आयोग की संरचना पूर्ण नहीं है, इसलिए यह आयोग विज्ञापन दिनांक 08.07.2022 के अनुक्रम में लिखित परीक्षा एवं साक्षात्कार सम्पन्न कराने का कार्य नहीं कर पा रहा है।

(ग) क्योंकि सहायक आचार्य के 907 रिक्त पदों की अधिसूचना हो जाने और इस पर भर्ती के लिए विज्ञापन दिनांक 08.07.2022 जारी हो जाने के बाद उ. प्र. उच्चतर शिक्षा सेवा आयोग अधिनियम, 1980 की धारा 13(1) के अन्तर्गत बाध्यकारी है कि विपक्षीगण यथासम्भव शीघ्र लिखित परीक्षा एवं साक्षात्कार कराए।

(घ) क्योंकि प्रश्नगत सहायक आचार्य के 907 रिक्त पदों पर भर्ती प्रक्रिया को रोकने के लिए विपक्षीगण के पास कोई वैध और तार्किक कारण नहीं है।

(ङ) क्योंकि भले ही आयोग की संरचना उ. प्र. उच्चतर शिक्षा सेवा आयोग अधिनियम, 1980 की धारा 4 के अन्तर्गत पूर्ण न हो, किन्तु इसे भंग नहीं किया गया है और इसका कार्यालय कार्यरत है।

(च) क्योंकि मात्र एक सदस्य/अध्यक्ष का पद रिक्त होने और इस पर नियुक्ति नहीं किए जाने के कारण सहायक आचार्य के 907 प्रश्नगत पदों की चयन एवं भर्ती प्रक्रिया को रोकना और याचीगण सहित 90 हजार अभ्यर्थियों के कॅरियर और सुनहरे भविष्य को अधर में रखना भारतीय संविधान के अनुच्छेद 21 का उल्लंघन है।

(छ) क्योंकि 907 सहायक आचार्य के प्रश्नगत पदों का विज्ञापन निकालकर विपक्षीगण ने स्वीकार किया है कि उत्तर प्रदेश राज्य में उच्चतर शिक्षा को निर्बाध जारी रखने के लिए इन पदों का भरा जाना आवश्यक है। किन्तु मात्र आयोग के एक सदस्य/अध्यक्ष पद पर नियुक्ति न किए जा सकने के कारण चयन एवं भर्ती प्रक्रिया को रोकना और सहायक आचार्य के पदों पर नियुक्ति न किया जाना मनमानापन और भारतीय संविधान के अनुच्छेद 14 का उल्लंघन है।

(ज) क्योंकि सहायक आचार्य के प्रश्नगत 907 पदों की चयन एवं भर्ती प्रक्रिया को रोकना उच्चतर महाविद्यालयों के विद्यार्थियों के शिक्षा के

अधिकार का अतिक्रमण है और भारतीय संविधान के अनुच्छेद 21 का उल्लंघन है।

(झ) क्योंकि विज्ञापन दिनांक 08.07.2022 के अनुक्रम में प्रश्नगत सहायक आचार्य पद पर नियुक्ति पाने के सापेक्ष याचीगण ने 2000/- रुपये परीक्षा-शुल्क जमा करके परीक्षा में शामिल होने एवं नियुक्ति हेतु अपनी योग्यता साबित करने की वैधानिक अपेक्षा (Legitimate Expectation) का अधिकार प्राप्त कर लिया है। याचीगण को इस वैधानिक अपेक्षा के अधिकार से वंचित करना प्राकृतिक न्याय के सिद्धान्त के विरुद्ध है और भारतीय संविधान के अनुच्छेद 14 का उल्लंघन है।

(ञ) क्योंकि आवश्यकता का सिद्धान्त (Doctrine of Necessity) लागू करके इस न्यायालय द्वारा यह दिशा निर्देश जारी करना न्यायहित में है कि या तो विपक्षी संख्या 2 अपने वर्तमान दो सदस्यों के साथ विज्ञापन दिनांक 08.07.2022 के अनुक्रम में लिखित परीक्षा और साक्षात्कार सम्पन्न कराए या आयोग का अध्यक्ष पद रिक्त होने के कारण कोई बाधा होने पर विपक्षी संख्या 1 अध्यक्ष पद पर यथाशीघ्र नियुक्ति करे, ताकि विपक्षी संख्या 2 विज्ञापन दिनांक 08.07.2022 के अनुक्रम में लिखित परीक्षा और साक्षात्कार सम्पन्न करा सके।

प्रार्थना

अत: सविनम्र प्रार्थना की जाती है कि यह माननीय न्यायालय, निम्न रिट या आदेश या निर्देश जारी करने की कृपा करे :

(i) विपक्षी संख्या 2 को अपने वर्तमान दो सदस्यों के साथ विज्ञापन दिनांक 08.07.2022 के अनुक्रम में लिखित परीक्षा एवं साक्षात्कार सम्पन्न कराने के लिए मैंडेमस रिट या अन्य कोई यथोचित रिट या आदेश या निर्देश, या वैकल्पिक उपचार के रूप में आयोग का अध्यक्ष पद रिक्त होने के कारण कोई बाधा होने पर विपक्षी संख्या 1 को अध्यक्ष पद पर यथाशीघ्र नियुक्ति करने और लिखित परीक्षा एवं साक्षात्कार सम्पन्न कराने के लिए मैंडेमस रिट या अन्य कोई यथोचित रिट या आदेश या निर्देश;

(ii) विपक्षी संख्या 2 को विज्ञापन दिनांक 08.07.2022 के अनुक्रम में लिखित परीक्षा एवं साक्षात्कार की प्रक्रिया जारी रखने और एक निश्चित समय सीमा के अन्दर सम्पन्न कराने के लिए मैंडेमस रिट या अन्य कोई यथोचित रिट या आदेश या निर्देश;

(iii) अन्य कोई उपयुक्त रिट, आदेश या निर्देश, जैसा इस माननीय न्यायालय द्वारा मामले की परिस्थितियों में पारित किया जाना उचित समझा जाए; और

(iv) रिट याचिका के खर्च सहित क्षतिपूर्ति का भुगतान।

दिनांक...

अनूप बरनवाल

(Anoop Baranwal)

याची के विधिवक्ता
चैम्बर संख्या 161, उच्च न्यायालय, इलाहाबाद
ए.ओ.आर. संख्या - ए/ए...
बार काउंसिल इनरोल संख्या - यूपी...
मोबाइल संख्या-...

परिशिष्ट-2

रिट/परमादेश याचिका का प्रारूप

(सामान्य दिशा निर्देश हेतु मामला)

माननीय उच्च न्यायालय, इलाहाबाद के न्याय-प्रशासन के समक्ष

सिविल प्रकीर्ण रिट याचिका संख्या...वर्ष 2023

(भारतीय संविधान के अनुच्छेद 226 के अन्तर्गत)

जिला—आजमगढ़

1. एन. देवी (N. Devi) पुत्री...
   पता—ग्राम...पोस्ट..., जिला...

याची

बनाम

1. उत्तर प्रदेश राज्य, राजस्व मंत्रालय, लखनऊ,
   इसके सचिव के माध्यम से
2. ...

प्रतिपक्षीगण

सेवा में,

उपर्युक्त उल्लिखित न्यायालय के माननीय मुख्य न्यायाधीश एवं अन्य सहयोगी न्यायाधीशगण।

उपर्युक्त याचीगण के इस प्रार्थना-पत्र के माध्यम से निम्न कथन सविनम्र प्रस्तुत किया जाता है :

1. यह कि यह याचिका, याचीगण की तरफ से भारतीय संविधान के अनुच्छेद 226 के अन्तर्गत दाखिल उसी वादहेतु (Cause of Action) के लिए, जैसा इस याचिका में विद्यमान है, प्रथम याचिका है और अभी तक इस हाई

कोर्ट की इलाहाबाद प्रधानपीठ में या लखनऊ खंडपीठ में उसी वादहेतु के लिए अन्य कोई याचिका नहीं दाखिल की गई है।

2. यह कि याचीगण ने अभी तक प्रतिपक्षीगण की तरफ से रजिस्टर्ड पत्र के माध्यम से कोई कैविएट या नोटिस नहीं प्राप्त किया है।

3. यह कि प्रतिपक्षी संख्या 2 द्वारा तहसील—सगड़ी स्थित तालाबों/पोखरों/मीनाशय के दस वर्षीय मत्स्य पालन आवंटन के लिए विज्ञापन दिनांक 02.10.2022 जारी किया गया। प्रतिपक्षी संख्या 2 द्वारा जारी विज्ञापन दिनांक 02.10.2022 की सत्यप्रति/फोटोप्रति इस याचिका के साथ संलग्नक संख्या 1 के रूप में दाखिल की जा रही है।

4. यह कि उक्त विज्ञापन दिनांक 02.10.2022 के पैरा संख्या 6 में स्पष्ट रूप से यह व्यवस्था दी गई है कि बोली सर्वप्रथम मछुआ समुदाय एवं अनुसूचित जाति—अन्य पिछड़ा वर्ग व सामान्य जाति के बी.पी.एल. के मध्य श्रेणीवार वरीयता के क्रम में होगी।

5. यह कि विज्ञापन दिनांक 02.10.2022 के माध्यम से याची के ग्राम—धड़सन में गाटा संख्या 272 मि. स्थित प्रश्नगत पोखरी का भी मत्स्य पालन आवंटन किया जाना प्रस्तावित था और इसके लिए नीलामी की तिथि 10.11.2022 निर्धारित की गई।

6. यह कि याची, प्रश्नगत पोखरी के उक्त मत्स्य पालन आवंटन हेतु अर्ह है और वह इसके लिए इच्छुक रही है। इसलिए उसने विज्ञापन दिनांक 02.10.2022 के अनुक्रम में नीलामी की तिथि 10.11.2022 को तहसील सभागार में अपना आवेदन-पत्र, जाति प्रमाण-पत्र, आय प्रमाण-पत्र, निवास प्रमाण-पत्र एवं नोटरी शपथ-पत्र के साथ दाखिल किया, जिसे प्रतिपक्षी संख्या 2 के कार्यालय द्वारा प्राप्त भी किया गया। याची के सशपथ आवेदन-पत्र दिनांक 10.11.2022 की सत्यप्रति/फोटोप्रति इस याचिका के साथ संलग्नक संख्या 2 के रूप में दाखिल की जा रही है।

7. यह कि याची अनुसूचित जाति की है और उसने अपने आवेदन-पत्र दिनांक 10.11.2022 के माध्यम से अनुसूचित जाति की श्रेणी में उक्त नीलामी प्रक्रिया में भाग लेने का दावा किया।

8. यह कि प्रतिपक्षी संख्या 2 के कार्यालय द्वारा बताया गया कि नीलामी, अगले दिन यानी दिनांक 11.11.2022 को तहसील सगड़ी के सभागार

में की जाएगी। इसलिए याची दिनांक 11.11.2022 को निर्धारित समय पर तहसील सगड़ी के सभागार में नीलामी में भाग लेने के लिए उपस्थित हुई। याची के अलावा तीन अन्य व्यक्तियों ने गाटा संख्या 272 मि. स्थित पोखरी के लिए दावा किया। इन लोगों में से एक मनोज कुमार अनुसूचित जाति के हैं, दूसरे जगदीश यादव पिछड़ी जाति के हैं, और तीसरे अजय सिंह सामान्य श्रेणी के हैं।

9. यह कि 11.11.2022 को प्रतिपक्षी संख्या 4 द्वारा नीलामी आरम्भ की गई। नीलामी के दौरान याची ने भी 10,000/- रुपये की धनराशि जमा की और नीलामी प्रक्रिया में भाग लिया। किन्तु याची को जानकर आश्चर्य हुआ कि विज्ञापन दिनांक 02.10.2022 के पैरा संख्या 6 में वरीयता का जो क्रम निर्धारित किया गया है, उसका प्रतिपक्षी संख्या 4 द्वारा अनुपालन नहीं किया जा रहा है। याची ने इस पर आपत्ति की, किन्तु प्रतिपक्षी संख्या 4 द्वारा नहीं माना गया और नीलामी कराई गई। प्रतिपक्षी संख्या 4 द्वारा नहीं माने जाने पर याची ने उसी दिन उसी समय प्रतिपक्षी संख्या 3 के समक्ष लिखित आपत्ति की। याची की आपत्ति दिनांक 11.11.2022 की सत्यप्रति/फोटोप्रति इस याचिका के साथ संलग्नक संख्या 3 के रूप में दाखिल की जा रही है।

10. यह कि कोई विकल्प नहीं होने के कारण याची ने भी नीलामी में भाग लिया। किन्तु बीच में ही मनमाने तरीके से प्रतिपक्षी संख्या 4 द्वारा प्रतिपक्षी संख्या 5 के पक्ष में मात्र तीस हजार पाँच सौ रुपये (दस वर्ष के लिए तीन लाख पाँच हजार रुपये) पर नीलामी रोक दी गई और प्रतिपक्षी संख्या 5 के पक्ष में अन्तिम कर दिया गया, जबकि याची इससे ऊपर बोली लगाने के लिए तैयार थी। इसके विरुद्ध भी याची ने अगले दिन प्रतिपक्षी संख्या 2/3 के समक्ष प्रत्यावेदन दाखिल किया। याची के प्रत्यावेदन दिनांक 12.11.2022 की सत्यप्रति/फोटोप्रति इस याचिका के साथ संलग्नक संख्या 4 के रूप में दाखिल की जा रही है।

11. यह कि याची, ग्राम—धड़सन में गाटा संख्या 272 मि. स्थित पोखरी के उक्त मत्स्य पालन आवंटन हेतु हुई नीलामी में पैंतीस हजार रुपये (दस वर्ष के लिए तीन लाख पचास हजार रुपये) तक बोली लगाने के लिए तैयार थी और वह आज भी इतनी धनराशि पर प्रश्नगत आवंटन लेने के

लिए तैयार है। किन्तु उसकी इस बोली को मनमाने तरीके से अनसुना कर दिया गया। मात्र तीस हजार पाँच सौ रुपये पर नीलामी को रोककर राजस्व का नुकसान पहुँचाया जा रहा है।

12. यह कि प्रतिपक्षी संख्या 5 सामान्य श्रेणी में आते हैं और वह करीब 15-16 बीघे भूमि के मालिक और बड़े काश्तकार हैं। वह बी.पी.एल. श्रेणी में नहीं आते हैं।

13. यह कि इसके बाद ग्राम—धड़सन में गाटा संख्या 272 मि. स्थित पोखरी के मत्स्य पालन आवंटन हेतु 11.11.2022 को की गई नीलामी को रद्द करने और वरीयता-क्रम का पालन करते हुए पुनः नीलामी करवाने के लिए याची प्रतिपक्षी संख्या 2 एवं 3 के कार्यालय से लगातार सम्पर्क करती रही है और प्रत्यावेदन भी प्रस्तुत किया है। यह प्रत्यावेदन अभी भी विचाराधीन है और इस पर आज तक कोई कार्यवाही नहीं की गई है। याची के प्रत्यावेदन दिनांक 28.12.2022 एवं 06.02.2023 की सत्यप्रति/फोटोप्रति इस याचिका के साथ क्रमशः संलग्नक संख्या 5 एवं 6 के रूप में दाखिल की जा रही है।

14. यह कि याची द्वारा दाखिल आपत्तियाँ दिनांक 11.11.2022, 12.11.2022, 28.12.2022 एवं 06.02.2023 अभी भी प्रतिपक्षी संख्या 2 के समक्ष विचाराधीन हैं और कोई निर्णय नहीं लिया गया है और न ही प्रतिपक्षी संख्या 5 के पक्ष में अन्तिम की गई नीलामी को स्वीकृति प्रदान की गई है।

15-17. (आधार संख्या क, ङ एवं च को यहाँ तथ्य के रूप में लिखकर शपथ-पत्र का हिस्सा बनाया गया है।)

18. यह कि मामले के उक्त तथ्यों एवं परिस्थितियों को दृष्टिगत रखते हुए न्यायहित में आवश्यक है कि यह माननीय न्यायालय, प्रतिपक्षी संख्या 2 को याची की आपत्ति 11.11.2022 एवं 06.02.2023, जिसमें गाटा संख्या 272 मि. स्थित प्रश्नगत पोखरी के मत्स्य पालन आवंटन के सम्बन्ध में प्रतिपक्षी संख्या 5 के पक्ष में अवैध एवं मनमाने तरीके से की गई नीलामी को रद्द करने और पुनः नीलामी करने का मामला शामिल है, को एक निश्चित समय सीमा के अन्दर निर्णीत करने हेतु निर्देशित करने के लिए अन्तरिम आदेश जारी करने की कृपा करे।

19. यह कि भारतीय संविधान के अनुच्छेद 226 के अन्तर्गत इस माननीय न्यायालय के समक्ष प्रार्थना करने के सिवाय अन्य कोई समान, प्रभावशाली, योग्य, वैकल्पिक उपचार न होने के कारण याची यह याचिका निम्न आधारों पर सविनम्र दाखिल कर रही है :

आधार

(क) क्योंकि विज्ञापन दिनांक 02.10.2022 के पैरा संख्या 6 के अनुसार प्रतिपक्षी संख्या 2 एवं 4, ग्राम—धड़सन में गाटा संख्या 272 मि. स्थित प्रश्नगत पोखरी के मत्स्य पालन आवंटन की नीलामी निर्धारित वरीयता-क्रम के अनुसार कराने के लिए कानूनी रूप से बाध्य हैं, किन्तु ऐसा न किया जाना अवैध एवं मनमानापन है।

(ख) क्योंकि याची, ग्राम—धड़सन में गाटा संख्या 272 मि. स्थित प्रश्नगत पोखरी के उक्त मत्स्य पालन आवंटन हेतु हुई नीलामी में पैंतीस हजार रुपये (दस वर्ष के लिए तीन लाख पचास हजार रुपये) तक बोली लगाने के लिए तैयार थी और वह आज भी इतनी धनराशि पर प्रश्नगत आवंटन लेने के लिए तैयार है। किन्तु उसकी इस बोली को मनमाने तरीके से अनसुना कर दिया गया। और मात्र तीस हजार पाँच सौ रुपये पर नीलामी को रोककर राजस्व का नुकसान पहुँचाया जा रहा है।

(ग) क्योंकि गाटा संख्या 272 मि. स्थित पोखरी के मत्स्य पालन आवंटन हेतु 11.11.2022 को की गई नीलामी को रद्द करने और वरीयता-क्रम का पालन करते हुए पुनः नीलामी करवाने के लिए याची प्रतिपक्षी संख्या 2 एवं 3 के कार्यालय से लगातार सम्पर्क करती रही है और प्रत्यावेदन भी प्रस्तुत किया है। यह प्रत्यावेदन अभी भी विचाराधीन है और इस पर आज तक कोई कार्यवाही नहीं की गई है।

(घ) क्योंकि याची द्वारा दाखिल आपत्ति दिनांक 11.11.2022, 12.11.2022, 28.12.2022 एवं 06.02.2023 अभी भी प्रतिपक्षी संख्या 2 के समक्ष विचाराधीन है और कोई निर्णय नहीं लिया गया है और न ही प्रतिपक्षी संख्या 5 के पक्ष में अन्तिम की गई नीलामी को स्वीकृति प्रदान की गई है।

(ङ) क्योंकि एकपक्षीय तरीके से प्रतिपक्षी संख्या 5 के पक्ष में अन्तिम की गई मनमानी नीलामी को स्वीकृति प्रदान करने से राजस्व का बहुत नुकसान और याची के साथ घोर अन्याय होगा।

(च) क्योंकि याची की आपत्ति पर निर्णय लिये बिना प्रतिपक्षी संख्या 5 के पक्ष में मनमाने तरीके से की गई नीलामी को स्वीकृति प्रदान करना अवैध, विधिविरुद्ध एवं मनमानापन है और संविधान के अनुच्छेद 14 एवं 21 के अन्तर्गत प्रदत्त मूल अधिकार का उल्लंघन है।

प्रार्थना

अत: सविनम्र प्रार्थना की जाती है कि यह माननीय न्यायालय, निम्न रिट या आदेश या निर्देश जारी करने की कृपा करे :

(i) ग्राम—धड़सन में गाटा संख्या 272 मि. स्थित प्रश्नगत पोखरी के मत्स्य पालन आवंटन हेतु प्रतिपक्षी संख्या 5 के पक्ष में अवैध एवं मनमाने तरीके से की गई नीलामी को रद्द करने और पुन: नीलामी करने के लिए प्रतिपक्षी संख्या 2 को मैंडेमस रिट या अन्य कोई यथोचित रिट या आदेश या निर्देश;

(ii) याची की आपत्ति 11.11.2022 एवं 06.02.2023, जिसमें गाटा संख्या 272 मि. स्थित प्रश्नगत पोखरी के मत्स्य पालन आवंटन के सम्बन्ध में प्रतिपक्षी संख्या 5 के पक्ष में अवैध एवं मनमाने तरीके से की गई नीलामी को रद्द करने और पुन: नीलामी करने का मामला शामिल है, को एक निश्चित समय सीमा के अन्दर निर्णीत करने और तब तक प्रतिपक्षी संख्या 5 के पक्ष में कोई स्वीकृति आदेश न करने हेतु प्रतिपक्षी संख्या 2 को निर्देशित करने के लिए मैंडेमस रिट या अन्य कोई यथोचित रिट या आदेश या निर्देश;

(iii) अन्य कोई उपयुक्त रिट, आदेश या निर्देश, जैसा इस माननीय न्यायालय द्वारा मामले की परिस्थितियों में पारित किया जाना उचित समझा जाए; और

(iv) रिट याचिका के खर्च सहित क्षतिपूर्ति का भुगतान।

दिनांक...

अनूप बरनवाल
(Anoop Baranwal)
याची के विधिवक्ता

परिशिष्ट-3

न्यायिक निरीक्षण याचिका का प्रारूप

(सामान्य दिशा निर्देश हेतु मामला)

माननीय उच्च न्यायालय, इलाहाबाद के न्याय-प्रशासन के समक्ष

सिविल प्रकीर्ण न्यायिक निरीक्षण याचिका संख्या...वर्ष 2024

(भारतीय संविधान के अनुच्छेद 227 के अन्तर्गत)

जनपद—आजमगढ़

एम. कुमार (M. Kumar) पुत्र..., निवासी : ग्राम—सरायमोहन,
पोस्ट—ठेकमॉ, जिला—आजमगढ़, उत्तर प्रदेश

याची

<u>बनाम</u>

एस. यादव (S. Yadav) पुत्र..., निवासी : ग्राम—सरायमोहन,
पोस्ट—ठेकमॉ, जिला—आजमगढ़, उत्तर प्रदेश

प्रतिपक्षीगण

सेवा में,

उपर्युक्त उल्लिखित न्यायालय के मुख्य न्यायाधीश एवं अन्य सहयोगी न्यायाधीशगण।

उपर्युक्त याची के इस विनयवत प्रार्थना-पत्र के माध्यम से निम्न कथन ससम्मान प्रस्तुत किया जाता है :

1. यह कि यह न्यायिक निरीक्षण याचिका (अन्तर्गत अनुच्छेद 227, भारतीय संविधान), प्रार्थी की तरफ से दाखिल उसी वादहेतु (Cause of Action)

के लिए, जैसा इस प्रार्थना-पत्र में विद्यमान है, प्रथम याचिका है और अभी तक इस हाई कोर्ट की इलाहाबाद प्रधानपीठ में या लखनऊ खंडपीठ में उसी वादहेतु के लिए कोई अन्य याचिका (अन्तर्गत अनुच्छेद 227, भारतीय संविधान) नहीं दाखिल की गई है।

2. यह कि याची ने अभी तक प्रतिपक्षी की तरफ से या रजिस्टर्ड पत्र के माध्यम से कोई कैविएट या नोटिस नहीं प्राप्त किया है।

3. यह कि ग्राम...जिला—आजमगढ़, उत्तर प्रदेश स्थित प्रश्नगत सम्पत्ति का प्रार्थी अपने पूर्वजों के जमाने से कब्जे के साथ स्वामी रहा है। उसकी भूमि के कुछ हिस्से पर मन्दिर और धर्मशाला भी बना हुआ है, जो पूवर्जों के जमाने से पूजा-पाठ एवं बाहरी लोगों के रैन-बसेरा हेतु जगह देने इत्यादि के लिए प्रयोग किया जाता रहा है। प्रार्थी की भूमि पर स्थित मन्दिर का छायाचित्र इस शपथ-पत्र के साथ <u>संलग्नक संख्या 1</u> के रूप में दाखिल किया जा रहा है।

4. यह कि याची ने प्रतिपक्षीगण को कुछ समय के लिए धर्मशाला रहने के लिए दी थी। किन्तु जब याची ने धर्मशाला खाली करने के लिए कहा, तो प्रतिपक्षीगण टाल-मटोल करने लगा और गलत नीयत से माननीय सिविल न्यायाधीश, अवर खंड हवेली, आजमगढ़ के समक्ष मूल वाद संख्या 2362/2019; एस. यादव व एक अन्य बनाम एम. बरनवाल व अन्य दाखिल कर दिया। मूल वाद संख्या 2362/2019 के वादपत्र (Plaint) की सत्यप्रति/फोटोप्रति इस शपथ-पत्र के साथ <u>संलग्नक संख्या 2</u> के रूप में दाखिल की जा रही है।

5. यह कि उक्त मूल वाद की जानकारी होने के तुरन्त बाद याची/प्रतिवादी ने अपना लिखित कथन/जवाबदेही 22.09.2022 को दाखिल कर दी। मूल वाद संख्या 2362/2019 में दाखिल याची की जवाबदेही/लिखित कथन (Written Statement) की सत्यप्रति/फोटोप्रति इस शपथ-पत्र के साथ <u>संलग्नक संख्या 3</u> के रूप में दाखिल की जा रही है।

6. यह कि यद्यपि याची ने 22.09.2022 को ही अपना लिखित कथन/जवाबदेही दाखिल कर दी, किन्तु प्रतिपक्षी संख्या 1 और 2 ने मामले में देरी करने की नीयत से अभी तक अपना प्रत्युत्तर/जवाब-उल-जवाब (Replication) नहीं दाखिल किया है।

7. यह कि मूल वाद संख्या 2362/2019; एस. यादव व एक अन्य बनाम एम. बरनवाल व अन्य के आदेश-पत्रक (Order-sheet) की सत्यप्रति और प्रमाणित प्रति इस शपथ-पत्र के साथ संलग्नक संख्या 4 के रूप में दाखिल की जा रही है।
8. यह कि प्रश्नगत सम्पत्ति मन्दिर और धर्मशाला के प्रयोगार्थ सम्पत्ति है, जिस पर प्रतिपक्षीगण ने अवैध तरीके से कब्जा कर लिया है और इसे हड़पने के लिए जालसाजी एवं फर्जी तरीके से बैनामा दस्तावेज भी तैयार कर लिये हैं। प्रतिपक्षीगण के अवैध कृत्य के विरुद्ध याची ने मूल वाद संख्या 2825 वर्ष 2022; एम. बरनवाल व अन्य बनाम एस. यादव व अन्य दाखिल किया है, जो माननीय सिविल न्यायाधीश, अवर खंड हवेली, आजमगढ़ के समक्ष विचाराधीन है।
9. यह कि उक्त मूल वाद संख्या 2362/2019 में अभी तक वादबिन्दुओं/विवाद्यकों (Issues) का निर्धारण नहीं किया जा सका है।
10. यह कि उक्त मूल वाद संख्या 2362/2019 को लम्बित रखकर प्रतिपक्षीगण अवैध तरीके से धर्मशाला की सम्पत्ति पर अवैध कब्जा बनाए रखना चाहते हैं। इसलिए उक्त मामले का त्वरित निस्तारण किया जाना न्यायहित में है।
11. यह कि मामले के उक्त कथित तथ्यों एवं परिस्थितियों को दृष्टिगत रखते हुए, न्यायहित में आवश्यक है कि यह माननीय न्यायालय, माननीय सिविल न्यायाधीश, अवर खंड हवेली, आजमगढ़ के समक्ष लम्बित मूल वाद संख्या 2362/2019; एस. यादव व एक अन्य बनाम एम. कुमार व अन्य को त्वरित करने और एक निश्चित समय सीमा, जैसा इस न्यायालय द्वारा उचित समझा जाए, के अन्दर निर्णीत करने हेतु निर्देशित करने की कृपा करे; और/या ऐसा अन्य एवं अग्रिम आदेश, जैसा इस माननीय न्यायालय द्वारा मामले की परिस्थितियों में पारित किया जाना उचित एवं उपयुक्त समझा जाए, पारित करने की कृपा करे।
12. यह कि भारतीय संविधान के अनुच्छेद 226 के अन्तर्गत इस माननीय न्यायालय के समक्ष आने के सिवाय अन्य कोई समान, प्रभावशाली, योग्य, वैकल्पिक उपचार न होने से पीड़ित होकर याचिकाकर्ता निम्न आधारों पर यह याचिका सविनम्र दाखिल कर रहा है :

आधार

(क) क्योंकि प्रश्नगत सम्पत्ति मन्दिर और धर्मशाला के प्रयोगार्थ सम्पत्ति है, जिस पर प्रतिपक्षीगण ने अवैध तरीके से कब्जा कर लिया है।

(ख) क्योंकि याची ने 22.09.2022 को ही अपना लिखित कथन/जवाबदेही दाखिल कर दी, किन्तु प्रतिपक्षी संख्या 1 और 2 ने मामले में देरी करने की नीयत से अभी तक अपना जवाब-उल-जवाब (Replication) नहीं दाखिल किया है।

(ग) क्योंकि उक्त मूल वाद संख्या 2362/2019 में अभी तक वादबिन्दुओं/विवाद्यकों (Issues) का निर्धारण नहीं किया जा सका है।

(घ) क्योंकि उक्त मूल वाद संख्या 2362/2019 को लम्बित रखकर प्रतिपक्षीगण अवैध तरीके से धर्मशाला की सम्पत्ति पर अवैध कब्जा बनाए रखना चाहते हैं। इसलिए उक्त मामले का त्वरित निस्तारण किया जाना न्यायहित में है।

प्रार्थना

अत: सविनम्र प्रार्थना की जाती है कि माननीय न्यायालय निम्न आदेश या निर्देश जारी करने की कृपा करे :

(i) माननीय सिविल न्यायाधीश, अवर खंड हवेली, आजमगढ़ के समक्ष लम्बित मूल वाद संख्या 2362/2019; एस. यादव व एक अन्य बनाम एम. बरनवाल व अन्य को त्वरित करने और एक निश्चित समय सीमा, जैसा इस न्यायालय द्वारा उचित समझा जाए, के अन्दर निर्णीत करने हेतु आदेश या निर्देश;

(ii) अन्य कोई उपयुक्त रिट, आदेश या निर्देश, जैसा इस माननीय न्यायालय द्वारा मामले की परिस्थितियों में पारित किया जाना उचित समझा जाए; और

(iii) रिट याचिका के खर्च सहित क्षतिपूर्ति का भुगतान।

दिनांक...

अनूप बरनवाल

(Anoop Baranwal)

याची के विधिवक्ता

परिशिष्ट-4
अवमानना याचिका का प्रारूप

माननीय उच्च न्यायालय, इलाहाबाद के न्याय-प्रशासन के समक्ष

सिविल प्रकीर्ण अवमानना याचिका संख्या...वर्ष 2023

(न्यायालय अवमानना अधिनियम, 1971 की धारा 12 के अन्तर्गत)

जनपद—फतेहपुर

एस. कली (S. Kali) पत्नी...
निवासी—..., उत्तर प्रदेश-212601

याची

बनाम

...(अवमाननाकर्ता का नाम), जिला
बेसिक शिक्षा अधिकारी, फतेहपुर, उत्तर प्रदेश

प्रतिपक्षी

सेवा में,

उपर्युक्त उल्लिखित न्यायालय के माननीय मुख्य न्यायाधीश एवं अन्य सहयोगी न्यायाधीशगण।

उपर्युक्त याची के इस प्रार्थना-पत्र के माध्यम से निम्न कथन सविनम्र प्रस्तुत किया जाता है :

1. यह कि प्रतिपक्षी के विरुद्ध इस अवमानना याचिका हेतु वाद दाखिल करने का कारण दिनांक...को पैदा हुआ।
2. यह कि इस प्रार्थना-पत्र/याचिका के उद्देश्य हेतु याची संलग्न शपथ-पत्र में दिये गए तथ्य एवं कथनों पर विश्वास कर रही है और निम्न अनुतोष (relief) के लिए प्रार्थना कर रही है।

3. यह कि वर्तमान प्रार्थना-पत्र...को दाखिल किया जा रहा है, जो इस माननीय न्यायालय के समक्ष...को आने की सम्भावना है।

प्रार्थना

अत: सविनम्र प्रार्थना की जाती है कि यह माननीय न्यायालय, सिविल प्रकीर्ण रिट याचिका संख्या 21373 वर्ष 2022; सूरज कली बनाम उत्तर प्रदेश राज्य व अन्य में पारित निर्णय एवं आदेश दिनांक 02.01.2023 (संलग्नक संख्या 7) का जान-बूझकर उल्लंघन करने और इस न्यायालय की घोर अवमानना करने के लिए प्रतिपक्षी को समुचित रूप से दंडित करने की कृपा करे, और/या ऐसा अन्य एवं अग्रिम आदेश, जैसा इस माननीय न्यायालय द्वारा मामले की परिस्थितियों में पारित किया जाना उचित एवं उपयुक्त समझा जाए, पारित करने की कृपा करे।

× × × ×

माननीय उच्च न्यायालय, इलाहाबाद के न्याय-प्रशासन के समक्ष

शपथ-पत्र

अन्तर्गत

सिविल प्रकीर्ण अवमानना याचिका संख्या...वर्ष 2023

(न्यायालय अवमानना अधिनियम, 1971 की धारा 12 के अन्तर्गत)

जनपद—फतेहपुर

एस. कली (S. Kali) पत्नी...
निवासी—..., उत्तर प्रदेश-212601

याची

बनाम

...(अवमाननाकर्ता का नाम),
जिला बेसिक शिक्षा अधिकारी, फतेहपुर, उत्तर प्रदेश

प्रतिपक्षी

शपथ-पत्र द्वारा...उम्र लगभग...वर्ष, पुत्र...,
निवासी—..., उत्तर प्रदेश
(धर्म—हिन्दू, व्यवसाय—श्रमिक कार्य)

(शपथकर्ता)

मैं, उपर्युक्त नामांकित शपथकर्ता, यहाँ सत्यनिष्ठापूर्वक सशपथ घोषणा एवं पुष्टि करता हूँ :

1. यह कि शपथकर्ता, याची का पुत्र है, तथा इस रूप में वह याची की तरफ से पैरवी कर रहा है और इस कारण वह मामले के निम्न सशपथ घोषित तथ्यों से भली-भाँति अवगत है।
2. यह कि यह याचिका, याची की तरफ से न्यायालय अवमानना अधिनियम, 1971 की धारा 12 के अन्तर्गत दाखिल उसी वादहेतु (Cause of Action) के लिए, जैसा इस याचिका में विद्यमान है, प्रथम अवमानना याचिका है और अभी तक इस हाई कोर्ट के इलाहाबाद प्रधानपीठ या लखनऊ खंडपीठ में उसी वादहेतु के लिए कोई अन्य अवमानना याचिका नहीं दाखिल की गई है।
3. यह कि याची ने अभी तक प्रतिपक्षीगण की तरफ से रजिस्टर्ड पत्र के माध्यम से कोई कैविएट या नोटिस नहीं प्राप्त किया है।
4. यह कि याची के पति स्व. श्री गंगाचरन की नियुक्ति 01.10.1974 को जूनियर हाई स्कूल शाह प्रथम, फतेहपुर में चपरासी के पद पर की गई थी और उन्हें इसी पद पर दिनांक 30.12.1995 को नियमित किया गया।
5. यह कि बिना किसी शिकायत एवं आरोप के लगातार 29 वर्ष कार्य करने के उपरान्त स्व. श्री गंगाचरन 31.12.2003 को सेवानिवृत्त हो गए।
6. यह कि 31.12.2003 को सेवानिवृत्त होने के उपरान्त याची के पति स्व. श्री गंगाचरन के जी.पी.एफ. का भुगतान 12.02.2004 को किया गया, किन्तु पेंशन एवं ग्रेच्युटी नहीं दी गई। इसके लिए स्व. श्री गंगाचरन ने प्रत्यावेदन दिनांक 17.05.2004 दाखिल किया, जिसकी सत्यप्रति/फोटोप्रति इस याचिका के साथ संलग्नक संख्या 1 के रूप में दाखिल की जा रही है।
7. यह कि याची के पति स्व. श्री गंगाचरन अपनी पेंशन इत्यादि प्राप्त करने के लिए लगातार प्रयास करते रहे, किन्तु कुछ ही समय बाद वे बीमार पड़ गए और 18.01.2008 को उनकी मृत्यु हो गई।
8. यह कि स्व. श्री गंगाचरन की मृत्यु के बाद याची असहाय हो गई। उसके बाद याची ने अपनी फैमिली पेंशन के लिए जिला बेसिक शिक्षा अधिकारी, फतेहपुर एवं खंड शिक्षा अधिकारी, ब्लॉक—बहुआ, फतेहपुर से मिलकर कई बार माँग की। किन्तु केवल आश्वासन दिया जाता रहा।

इस सम्बन्ध में याची द्वारा समय-समय पर प्रत्यावेदन भी दाखिल किए जाते रहे, किन्तु उन पर कोई कार्यवाही या निर्णय नहीं लिया गया। याची के प्रत्यावेदन दिनांक 11.03.2008 की सत्यप्रति/फोटोप्रति इस याचिका के साथ संलग्नक संख्या 2 के रूप में दाखिल की जा रही है।

9. यह कि याची ने जिला बेसिक शिक्षा अधिकारी, फतेहपुर एवं खंड शिक्षा अधिकारी, ब्लॉक—बहुआ, फतेहपुर के समक्ष सूचना अधिकार कानून के अन्तर्गत प्रार्थना-पत्र दिनांक 18.08.2018 भी दाखिल किया। याची के प्रार्थना-पत्र दिनांक 18.08.2018 की सत्यप्रति/फोटोप्रति इस याचिका के साथ संलग्नक संख्या 3 के रूप में दाखिल की जा रही है।

10. यह कि यद्यपि जिला बेसिक शिक्षा अधिकारी, फतेहपुर के स्तर से कोई सूचना नहीं दी गई किन्तु खंड शिक्षा अधिकारी, ब्लॉक—बहुआ, फतेहपुर द्वारा सूचना दिनांक 05.04.2019 प्रदान की गई। खंड शिक्षा अधिकारी, ब्लॉक—बहुआ, फतेहपुर द्वारा प्रदत्त सूचना दिनांक 05.04.2019 की सत्यप्रति/फोटोप्रति इस याचिका के साथ संलग्नक संख्या 4 के रूप में दाखिल की जा रही है।

11. यह कि सूचना दिनांक 05.04.2019 से स्पष्ट है कि नियमित सेवा-अवधि 10 वर्ष से कम होने के कारण याची के पति की पेंशन एवं ग्रेच्युटी को स्वीकृत नहीं किया गया है। इस सूचना से यह भी स्पष्ट है कि जिला बेसिक शिक्षा अधिकारी, फतेहपुर ने न तो याची के पति की पेंशन एवं ग्रेच्युटी के माँग सम्बन्धी विषय पर कोई निर्णय लिया है और न ही स्व. श्री गंगाचरन के प्रत्यावेदन दिनांक 17.05.2004 पर कोई निर्णय लिया है।

12. यह कि याची के पति 29 वर्ष लगातार सेवा करके सेवानिवृत्त हुए थे, और इस कारण वे पेंशन एवं ग्रेच्युटी पाने के हकदार थे, किन्तु इस सम्बन्ध में जिला बेसिक शिक्षा अधिकारी, फतेहपुर द्वारा कोई निर्णय न लेना अवैध, विधिविरुद्ध एवं स्थापित विधि के सिद्धान्त के प्रतिकूल है।

13. यह कि याची द्वारा जिला बेसिक शिक्षा अधिकारी, फतेहपुर के समक्ष लगातार प्रार्थना-पत्र दिया गया है, किन्तु आज तक उसको न तो उसके पति की पेंशन एवं ग्रेच्युटी की बकाया धनराशि का भुगतान किया गया है और न ही उसकी फैमिली पेंशन की बकाया धनराशि एवं वर्तमान फैमिली पेंशन ही दी जा रही है। याची के प्रत्यावेदन दिनांक 08.04.2018

एवं 10.10.2022 की सत्यप्रति/फोटोप्रति इस याचिका के साथ क्रमश: संलग्नक संख्या 5 एवं 6 के रूप में दाखिल की जा रही है।

14. यह कि बेसिक शिक्षा अधिकारी, फतेहपुर द्वारा कोई निर्णय न लिये जाने से पीड़ित होकर याची ने इस माननीय उच्च न्यायालय के समक्ष सिविल प्रकीर्ण रिट याचिका संख्या 21373 वर्ष 2022; सूरज कली बनाम उत्तर प्रदेश राज्य व अन्य दाखिल किया। इस रिट याचिका पर माननीय उच्च न्यायालय ने निर्णय एवं आदेश दिनांक 02.01.2023 पारित किया। माननीय उच्च न्यायालय द्वारा पारित निर्णय एवं आदेश दिनांक 02.01.2023 की फोटोप्रति/सत्यप्रति इस याचिका के साथ संलग्नक संख्या 7 के रूप में दाखिल की जा रही है।

15. यह कि याची ने माननीय उच्च न्यायालय के निर्णय एवं आदेश दिनांक 02.01.2023 की प्रमाणित प्रति, प्रतिपक्षी के समक्ष प्रत्यावेदन दिनांक 09.01.2023 के साथ रजिस्टर्ड डाक के माध्यम से दिनांक 11.01.2023 को भेज दिया। याची के प्रत्यावेदन दिनांक 09.01.2023 और डाक-रसीद की फोटोप्रति/सत्यप्रति इस याचिका के साथ संलग्नक संख्या 8 के रूप में दाखिल की जा रही है।

16. यह कि तत्पश्चात प्रतिपक्षी ने पत्र दिनांक 16.02.2023 भेजकर याची को 23.02.2023 को अपरान्ह 2.00 बजे सुनवाई हेतु बुलाया। प्रतिपक्षी के पत्र दिनांक 16.02.2023 की फोटोप्रति/सत्यप्रति इस याचिका के साथ संलग्नक संख्या 9 के रूप में दाखिल की जा रही है।

17. यह कि याची, 23.02.2023 को अपरान्ह 2.00 बजे सुनवाई हेतु प्रतिपक्षी के कार्यालय में प्रार्थना-पत्र के साथ उपस्थित हुई। किन्तु उस दिन कार्यालय में प्रतिपक्षी के उपस्थित न होने के कारण सुनवाई नहीं हो सकी। तत्पश्चात याची ने अपना प्रार्थना-पत्र दिनांक 23.02.2023 रजिस्टर्ड डाक के माध्यम से भेजकर प्रतिपक्षी के समक्ष प्रस्तुत किया। याची के प्रत्यावेदन दिनांक 23.02.2023 और पोस्टल रसीद की सत्यप्रति/फोटोप्रति इस याचिका के साथ संलग्नक संख्या 10 के रूप में दाखिल की जा रही है।

18. यह कि माननीय उच्च न्यायालय के निर्णय एवं आदेश दिनांक 02.01.2023 के अनुपालन में याची का प्रार्थना-पत्र दिनांक 10.10.2022 अभी तक निर्णीत नहीं किया गया है।

19. यह कि याची के पति स्व. श्री गंगाचरन की ग्रेच्युटी एवं पेंशन के तथा याची के फैमिली पेंशन के भुगतान सम्बन्धी मामले को प्रतिपक्षी द्वारा अनिर्णीत रखा जाना जान-बूझकर एवं आशयपूर्ण है।

20. यह कि याची के बकाया पेंशन, ग्रेच्युटी एवं फैमिली पेंशन के भुगतान से सम्बन्धित प्रार्थना-पत्र दिनांक 10.10.2022 पर अभी तक निर्णय न लेकर प्रतिपक्षी ने निर्णय एवं आदेश दिनांक 02.01.2023 का उल्लंघन किया है और माननीय उच्च न्यायालय की जान-बूझकर अवमानना की है।

21. यह कि मामले के उक्त तथ्यों एवं परिस्थितियों से यह स्पष्ट है कि प्रतिपक्षी ने इस माननीय उच्च न्यायालय द्वारा सिविल प्रकीर्ण रिट याचिका संख्या 21373 वर्ष 2022; सूरज कली बनाम उत्तर प्रदेश राज्य व अन्य में पारित निर्णय एवं आदेश दिनांक 02.01.2023 (संलग्नक संख्या 7) का जान-बूझकर और आशयपूर्वक उल्लंघन किया है और ऐसा करके इस माननीय न्यायालय की घोर अवमानना की है, जिसके लिए अवमाननाकर्ता/ प्रतिपक्षी इस माननीय न्यायालय द्वारा दंडित किए जाने के पात्र हैं।

मैं, उपर्युक्त नामांकित शपथकर्ता, यहाँ सशपथ बयान करता हूँ कि इस शपथ-पत्र के पैरा संख्या 1, 2, 3, 17(अंश) एवं 19 के अन्तर्वस्तु मेरी निजी जानकारी में सत्य हैं; और संलग्न रिट याचिका के पैरा संख्या 6, 8(अंश), 9, 10, 11, 13(अंश), 14, 15, 16 एवं 17(अंश) के अन्तर्वस्तु रिकॉर्ड पर आधारित हैं; और संलग्न रिट याचिका के पैरा संख्या 4, 5, 7, 8(अंश), 12, 13(अंश) एवं 18 के अन्तर्वस्तु सूचना पर आधारित हैं; और संलग्न रिट याचिका के पैरा संख्या 20 एवं 21 के अन्तर्वस्तु कानूनी परामर्श पर आधारित हैं, जिन्हें मैं सत्य मानता हूँ और इसका कोई भाग न तो असत्य है और न ही छिपाया गया है।

ईश्वर मेरी सहायता करे।

अँगूठा निशान **(शपथकर्ता)**

मैं,...पंजीकृत लिपिक, हाई कोर्ट इलाहाबाद, यहाँ यह घोषणा करता हूँ कि शपथ देनेवाला शपथकर्ता, जो स्वयं को शपथकर्ता बता रहा है, वही व्यक्ति है। मैं शपथकर्ता को उसके द्वारा मेरे समक्ष उपलब्ध कराए गए अभिलेख को देखकर जानता हूँ।

(...)

आज दिनांक दिसम्बर, 2022 को पूर्वाह्न/अपराह्न...बजे शपथकर्ता द्वारा, जिसकी पहचान उपरोक्त व्यक्ति द्वारा की गई, सत्यनिष्ठा से मेरे समक्ष घोषणा की गई।

मैंने शपथकर्ता को इस शपथ-पत्र के अन्तर्वस्तु को पढ़ाया और समझाया है, और शपथकर्ता का परीक्षण करके सन्तुष्ट हूँ कि उसने इस शपथ-पत्र के अन्तर्वस्तु को भली-भाँति समझ लिया है।

(शपथ आयुक्त)

परिशिष्ट-5

द्वितीय अपील का प्रारूप

माननीय उच्च न्यायालय, इलाहाबाद के न्याय-प्रशासन के समक्ष

द्वितीय अपील संख्या...वर्ष 2018

(अन्तर्गत धारा 100, सिविल प्रक्रिया संहिता)

जनपद—आजमगढ़

1. के. राय () पुत्र श्री..., पता—...
2. ...

अपीलकर्तागण-प्रतिवादी

<u>बनाम</u>

1. एल. राय () पुत्र श्री..., पता—...
2. ...

प्रतिपक्षीगण-वादी

सिविल अपील संख्या 116 वर्ष 2016; लालचन्द्र बनाम कृष्णदेव राय व अन्य में जिला न्यायाधीश, आजमगढ़ द्वारा पारित निर्णय एवं आदेश दिनांक 18/09/2017 और डिक्री दिनांक 21/09/2017, जिसके माध्यम से मूल वाद संख्या 88 वर्ष 1997; लालचन्द्र बनाम कृष्णदेव राय व अन्य में सिविल न्यायाधीश द्वारा स्थायी निषेधाज्ञा हेतु पारित निर्णय एवं आदेश दिनांक 01/10/2016 को निरस्त कर दिया गया है, के विरुद्ध द्वितीय अपील।

वाद का मूल्यांकन रुपया.../- था।

अपील का मूल्यांकन रुपया.../- है।

जमा किया गया न्यायालय शुल्क रुपया.../- है।

(जैसा अधीनस्थ न्यायालय में जमा किया गया)

इस अपील के माध्यम से सिविल अपील संख्या 116 वर्ष 2016; लालचन्द्र बनाम कृष्णदेव राय व अन्य के मामले में जिला न्यायाधीश, आजमगढ़ द्वारा पारित निर्णय एवं आदेश दिनांक 18.09.2017 और डिक्री दिनांक 21.09.2017 को निरस्त करने, एवं मूल वाद संख्या 88 वर्ष 1997; लालचन्द्र बनाम कृष्णदेव राय व अन्य के मामले में सिविल न्यायाधीश द्वारा पारित निर्णय एवं आदेश दिनांक 01.10.2016 को पुष्ट करते हुए इस अपील को क्षतिपूर्ति सहित स्वीकार करने का अनुतोष (relief) माँगा जा रहा है।

अपीलकर्ता, निर्णय एवं आदेश दिनांक 18.09.2017 तथा डिक्री दिनांक 21.09.2017 के विरुद्ध निम्न आधार पर आपत्ति करते हैं :

प्रार्थना

1. क्योंकि विद्वान विचारण न्यायालय ने मौखिक एवं दस्तावेजी साक्ष्यों की गुण-दोष के आधार पर विवेचना करके तथ्यात्मक निष्कर्ष दिया है, और विद्वान प्रथम अपीलीय न्यायालय बिना यह तय किए कि विचारण न्यायालय ने किन विचारयोग्य गवाहों के साक्ष्य पर विचार नहीं किया है, इस निष्कर्ष को निरस्त नहीं कर सकता है।
2. क्योंकि विचारण न्यायालय द्वारा मामले के रिकॉर्ड पर उपलब्ध साक्ष्यों के आधार पर बँटवारे का होना सिद्ध पाया गया है और इसके लिए पर्याप्त कारण भी दिया गया है, किन्तु विद्वान प्रथम अपीलीय न्यायालय ने विचारण न्यायालय के निर्णय एवं आदेश को पलटते समय इन साक्ष्यों एवं कारणों पर विचार न करके बहुत बड़ी कानूनी गलती की है।
3. क्योंकि रिकॉर्ड पर उपलब्ध महत्त्वपूर्ण साक्ष्यों पर विचार न करने के कारण विद्वान प्रथम अपीलीय न्यायालय का आलोच्य निर्णय एवं आदेश स्पष्टतया विकारग्रस्त (perverse) है।

4. क्योंकि पी. डब्ल्यू.-1 और पी. डब्ल्यू.-2 के साक्ष्य पर विचार न करने के कारण विद्वान प्रथम अपीलीय न्यायालय का आलोच्य निर्णय एवं डिक्री स्पष्टतया अवैध एवं विधिविरुद्ध है।
5. क्योंकि पी. डब्ल्यू.-1, पी. डब्ल्यू.-2 और पी. डब्ल्यू.-3 के मौखिक साक्ष्य से पारिवारिक बँटवारा सिद्ध है, इसलिए मात्र कमीशन की रिपोर्ट और प्रश्नगत सम्पत्ति में माप की कुछ कमी के आधार पर बँटवारे के न होने का अनुमान लगाकर प्रथम अपीलीय न्यायालय ने गम्भीर त्रुटि की है।
6. क्योंकि विद्वान प्रथम अपीलीय न्यायालय द्वारा निकाला गया निष्कर्ष अतार्किक है, और रिकॉर्ड पर मौजूद साक्ष्यों की गलत व्याख्या पर आधारित है।
7. क्योंकि विद्वान विचारण न्यायालय ने पी. डब्ल्यू.-1, पी. डब्ल्यू.-2 और पी. डब्ल्यू.-3 के मौखिक साक्ष्य और मूल वाद संख्या 524 वर्ष 1997 के मामले में पूर्व-दाखिल जवाबदेही के आधार पर पारिवारिक बँटवारा का सिद्ध होना पाया है और इस सम्बन्ध में तथ्यात्मक निष्कर्ष (Finding of Facts) भी दिया है। इस तथ्यात्मक निष्कर्ष की अनदेखी करके प्रथम अपीलीय न्यायालय ने गम्भीर त्रुटि की है।
8. क्योंकि प्रथम अपीलीय न्यायालय ने प्रतिवादी-अपीलकर्ता पर सिद्ध करने का भार (Burden of Proof) डालकर गम्भीर त्रुटि की है।
9. क्योंकि वादी द्वारा स्वयं को साक्षी के रूप में उपस्थित नहीं किया जाना और इस कारण प्रतिवादी को प्रति-परीक्षा का अवसर देने से वंचित करना न्यायहित के विरुद्ध है।
10. क्योंकि रिकॉर्ड पर उपलब्ध साक्ष्यों से सिद्ध है कि पारिवारिक बँटवारे के आधार पर आम सहमति से प्रश्नगत दुकान का निर्माण कराया गया, इसलिए प्रथम अपीलीय न्यायालय, पारिवारिक बँटवारे की प्रकृति पर विचार किए बिना इस दुकान को ध्वस्त करने का आदेश नहीं कर सकता है।
11. क्योंकि आलोच्य निर्णय एवं आदेश दिनांक 18.09.2017 अस्वीकरणीय साक्ष्य (Inadmissible Evidence) पर आधारित है।

विधि के सारवान प्रश्न

मामले में निम्न 'विधि के सारवान प्रश्न' (Substantial Question of Law) पैदा होते हैं :

1. क्या प्रथम अपीलीय न्यायालय के आलोच्य निर्णय एवं आदेश दिनांक 18.09.2017 को बनाए रखा जा सकता है, जिसे उसने विचारण न्यायालय के उस निष्कर्ष को पलटे बिना पारित किया है, जो मामले के रिकॉर्ड पर उपलब्ध साक्ष्यों का सम्यक परीक्षण एवं विचारण करने के उपरान्त दिया गया है?
2. क्या पारिवारिक बँटवारे की प्रकृति पर विचार किए बिना, अपीलीय न्यायालय इस बँटवारे के आधार पर आम सहमति से बनी प्रश्नगत दुकान को ध्वस्त करने का आदेश कर सकता है?
3. क्या मात्र कमीशन की रिपोर्ट और प्रश्नगत सम्पत्ति में माप की कुछ कमी के आधार पर प्रथम अपीलीय न्यायालय द्वारा बँटवारे के न होने का अनुमान लगाकर गम्भीर त्रुटि नहीं की गई है, विशेषकर तब जबकि पी. डब्ल्यू.-1, पी. डब्ल्यू.-2 और पी. डब्ल्यू.-3 के मौखिक साक्ष्य से पारिवारिक बँटवारे का होना सिद्ध है?
4. क्या प्रथम अपीलीय न्यायालय द्वारा पारित आलोच्य निर्णय एवं आदेश दिनांक 18.09.2017, शंका एवं अनुमान (Surmises and Conjectures) पर आधारित नहीं है?
5. क्या प्रथम अपीलीय न्यायालय द्वारा पारित आलोच्य निर्णय एवं आदेश दिनांक 18.09.2017, सुसंगत साक्ष्यों के गैर-विचारण (Non-consideration of Relevant Evidence) के कारण दूषित नहीं है?
6. क्या रिकॉर्ड पर उपलब्ध महत्त्वपूर्ण साक्ष्यों पर विचार न करने के कारण विद्वान प्रथम अपीलीय न्यायालय द्वारा पारित आलोच्य निर्णय एवं आदेश दिनांक 18.09.2017 स्पष्टतया विकारग्रस्त (Perverse) नहीं है?
7. क्या वादी द्वारा स्वयं साक्षी के रूप में उपस्थित होकर साक्ष्य नहीं देना और इस कारण प्रतिवादी को प्रति-परीक्षा का अवसर देने से वंचित करना न्यायहित के विरुद्ध नहीं है?

8. क्या प्रथम अपीलीय न्यायालय ने प्रतिवादी-अपीलकर्ता पर सिद्ध करने का भार (Burden of Proof) डालकर गम्भीर त्रुटि नहीं की है?
9. क्या आलोच्य निर्णय एवं आदेश दिनांक 18.09.2017 अस्वीकृत साक्ष्य (Inadmissible Evidence) पर आधारित नहीं है?

दिनांक...

अनूप बरनवाल
(Anoop Baranwal)
अपीलकर्ता के विधिवक्ता

परिशिष्ट-6

जमानत प्रार्थना-पत्र का प्रारूप

मुकदमा अपराध संख्या...वर्ष...
अं/धा 302, 201, 34 भा.द.सं.
थाना—अजीतमल, जनपद—औरैया

माननीय इलाहाबाद उच्च न्यायालय के न्याय-प्रशासन के समक्ष

प्रथम आपराधिक जमानत प्रार्थना-पत्र संख्या...वर्ष 2023
(अन्तर्गत धारा 439 अपराध प्रक्रिया संहिता)

जनपद—औरैया

1. एक्स. सिंह (X. Singh) पुत्र..., निवासी—...
2. वाई. सिंह (Y. Singh) पुत्र..., निवासी—...

प्रार्थीगण

(प्रार्थीगण 12.12.2022 से जेल में निरुद्ध)

बनाम

उत्तर प्रदेश राज्य, गृह मंत्रालय,
इसके सचिव के माध्यम से

प्रतिपक्षी

सेवा में,

उपर्युक्त उल्लिखित न्यायालय के माननीय मुख्य न्यायाधीश एवं अन्य सहयोगी न्यायाधीशगण।

उपर्युक्त याचीगण के इस प्रार्थना-पत्र के माध्यम से निम्न कथन सविनम्र प्रस्तुत किया जाता है :

1. यह कि इस प्रार्थना-पत्र के उद्देश्य हेतु सम्पूर्ण तथ्य, संलग्न शपथ-पत्र में विस्तार से दिया गया है, जो इस प्रार्थना-पत्र का एक हिस्सा है।

प्रार्थना

अत: सविनम्र प्रार्थना की जाती है कि यह माननीय न्यायालय, मुकदमा अपराध संख्या...वर्ष 2022 अन्तर्गत धारा 302, 201, 34 भा.द.सं. थाना—अजीतमल, जनपद—औरैया में प्रार्थी संख्या 1 और 2 को जमानत पर रिहा करने की कृपा करे और/या ऐसा अन्य एवं अग्रिम आदेश, जैसा इस माननीय न्यायालय द्वारा मामले की परिस्थितियों में पारित किया जाना उचित एवं उपयुक्त समझा जाए, पारित करने की कृपा करे।

दिनांक...

अनूप बरनवाल
(Anoop Baranwal)
याची के विधिवक्ता

× × × ×

मुकदमा अपराध संख्या...वर्ष...
अं/धा 302, 201, 34 भा.द.सं.
थाना—अजीतमल, जनपद—औरैया

माननीय इलाहाबाद उच्च न्यायालय के न्याय-प्रशासन के समक्ष

शपथ-पत्र

अन्तर्गत

प्रथम आपराधिक जमानत प्रार्थना-पत्र संख्या...वर्ष 2023

(अन्तर्गत धारा 439 अपराध प्रक्रिया संहिता)

जनपद—औरैया

1. एक्स. सिंह (X. Singh) पुत्र..., निवासी—...
2. वाई. सिंह (Y. Singh) पुत्र..., निवासी—...

प्रार्थीगण

(प्रार्थीगण 12.12.2022 से जेल में निरुद्ध)

बनाम

उत्तर प्रदेश राज्य, गृह मंत्रालय, इसके सचिव के माध्यम से

प्रतिपक्षी

शपथ-पत्र द्वारा के. सिंह उम्र...वर्ष, पुत्र...,
निवासी—...
(धर्म—हिन्दू, व्यवसाय—व्यवसाय)

(शपथकर्ता)

मैं, उपर्युक्त नामांकित शपथकर्ता, यहाँ सत्यनिष्ठापूर्वक सशपथ घोषणा एवं पुष्टि करता हूँ :

1. यह कि शपथकर्ता, प्रार्थी संख्या 1 का पुत्र और प्रार्थी संख्या 2 का सगा छोटा भाई है, तथा इस रूप में वह प्रार्थीगण की तरफ से पैरवी कर रहा है और इस कारण वह मामले के निम्न सशपथ घोषित तथ्यों से भली-भाँति अवगत है।
2. यह कि प्रार्थीगण की तरफ से यह आपराधिक जमानत प्रार्थना-पत्र धारा 439, अपराध प्रक्रिया संहिता के अन्तर्गत दाखिल उसी वादहेतु (Cause of Action) के लिए, जैसा इस प्रार्थना-पत्र में विद्यमान है, प्रथम जमानत प्रार्थना-पत्र है और अभी तक इस हाई कोर्ट की इलाहाबाद प्रधानपीठ में या लखनऊ खंडपीठ में इस वादहेतु के लिए उसने अन्य कोई आपराधिक जमानत प्रार्थना-पत्र नहीं दाखिल किया है।
3. यह कि प्रार्थी संख्या 1 दिनांक 12.12.2022 से और प्रार्थी संख्या 2 दिनांक 01.10.2022 से मुकदमा अपराध संख्या 0465 वर्ष 2022 अं/धा 302, 201, 34 भा.द.सं. थाना—अजीतमल, जनपद—औरैया के मामले में जेल में निरुद्ध है।
4. यह कि शिकायतकर्ता जेड सिंह द्वारा प्रार्थीगण के विरुद्ध प्रथम सूचना रिपोर्ट दिनांक 28.09.2022 दाखिल कर उन्हें मुकदमा अपराध संख्या...वर्ष 2022 अं/धा 302, 201, 34 भा.द.सं. थाना—अजीतमल, जनपद—औरैया में अभियोजित किया गया है। इस प्रथम सूचना रिपोर्ट में 25.09.2022 को तथाकथित आपराधिक घटना के घटित होने का आरोप लगाया गया है। प्रथम सूचना रिपोर्ट दिनांक 28.09.2022 की प्रमाणित प्रति/सत्यप्रति इस शपथ-पत्र के साथ संलग्नक संख्या 1 के रूप में दाखिल की जा रही है।
5. यह कि अभियोजन पक्ष के अनुसार शिकायतकर्ता जेड सिंह द्वारा 28.09.2022 को पुलिस अधीक्षक औरैया के समक्ष एक शिकायत-

पत्र दाखिल किया गया, जिसके आधार पर प्रथम सूचना रिपोर्ट दिनांक 28.09.2022 दर्ज किया गया। शिकायतकर्ता जेड सिंह द्वारा इस शिकायत-पत्र के साथ एक पेनड्राइव भी लगाया जाना बताया गया है। शिकायत-पत्र दिनांक 28.09.2022 की सत्यप्रति इस शपथ-पत्र के साथ संलग्नक संख्या 2 के रूप में दाखिल की जा रही है।

6. यह कि अभियोजन पक्ष के अनुसार प्रथम सूचना रिपोर्ट दाखिल करने की तिथि यानी 28.09.2022 को ही जाँच अधिकारी ने शिकायतकर्ता जेड सिंह पुत्र वीरपाल सिंह और एक गवाह शिव कुमार पुत्र राज सिंह का बयान अं/धा 161 अप.प्र.सं. रिकॉर्ड किया। शिकायतकर्ता जेड सिंह और गवाह शिव कुमार के बयान अं/धा 161 अप.प्र.सं. की सत्यप्रति/फोटोप्रति इस शपथ-पत्र के साथ क्रमशः संलग्नक संख्या 3 और 4 के रूप में दाखिल की जा रही है।
7. यह कि जाँच अधिकारी द्वारा 28.09.2022 को तैयार किए गए प्रकरण दैनिकी संख्या सीडी 2 के क्रम संख्या 1 के विवरण के अनुसार खुद शिकायतकर्ता ने अपनी भाभी एम. देवी के साथ आकर एक महिला का शव जमुना नदी में होने की बात बताया। प्रकरण दैनिकी संख्या सीडी 2 के क्रम संख्या 1 के विवरण की सत्यप्रति/फोटोप्रति इस शपथ-पत्र के साथ संलग्नक संख्या 5 के रूप में दाखिल की जा रही है।
8. यह कि अभियोजन पक्ष के अनुसार जाँच अधिकारी ने 29.09.2022 को शिकायतकर्ता जेड सिंह पुत्र वीरपाल सिंह और गवाह एम. देवी पत्नी अवधेश सिंह का बयान अं/धा 161 अप.प्र.सं. रिकॉर्ड किया। शिकायतकर्ता जेड सिंह और गवाह एम. देवी के बयान अं/धा 161 अप.प्र.सं. की सत्यप्रति/फोटोप्रति इस शपथ-पत्र के साथ क्रमशः संलग्नक संख्या 6 और 7 के रूप में दाखिल की जा रही है।
9. यह कि अभियोजन पक्ष के अनुसार जाँच अधिकारी द्वारा घटनास्थल निरीक्षण और नक्शा नजरी तैयार किया गया, जिसकी सत्यप्रति/फोटोप्रति इस शपथ-पत्र के साथ संलग्नक संख्या 8 के रूप में दाखिल की जा रही है।
10. यह कि शिकायतकर्ता के अनुसार उसे मृतका हिर्देश कुमारी को मारे जाने की बात 25.09.2022 को ही पता चल गई थी, किन्तु उसके द्वारा तीन

दिन बाद यानी दिनांक 28.09.2022 को प्रथम सूचना रिपोर्ट लिखाई गई। इस देरी का कोई स्पष्टीकरण नहीं है।

11. यह कि शिकायतकर्ता जेड सिंह द्वारा प्रथम सूचना रिपोर्ट दिनांक 28.09.2022 में एक पत्र का उल्लेख किया गया है। इस पत्र में लिखनेवाले व्यक्ति का नाम और तिथि का कोई उल्लेख नहीं है। यह पत्र जेड सिंह को कैसे प्राप्त हुआ और कब प्राप्त हुआ, इसका भी उल्लेख नहीं है और न ही विवेचना अधिकारी ने विवेचना के दौरान इसकी जाँच की है। अदिनांकित पत्र की सत्यप्रति/फोटोप्रति इस शपथ-पत्र के साथ संलग्नक संख्या 9 के रूप में दाखिल की जा रही है।
12. यह कि विवेचना अधिकारी के स्तर से जेड सिंह द्वारा प्रस्तुत उक्त अदिनांकित पत्र को हैंडराइटिंग मिलान/जाँच हेतु हैंडराइटिंग विशेषज्ञ के पास कभी नहीं भेजा गया।
13. यह कि शिकायतकर्ता जेड सिंह द्वारा प्रथम सूचना रिपोर्ट दिनांक 28.09.2022 में एक वीडियो का भी उल्लेख किया गया है। यह वीडियो एक तथाकथित पेनड्राइव के माध्यम से प्रस्तुत किया गया है। जेड सिंह के शिकायत-पत्र दिनांक 28.09.2022 से भी स्पष्ट है कि यह पेनड्राइव जेड सिंह ने प्रस्तुत की है। पेनड्राइव के सम्बन्ध में विवेचना अधिकारी द्वारा प्रकरण दैनिकी संख्या सीडी 3 के क्रम संख्या 6 का विवरण तैयार किया गया है, जिसकी सत्यप्रति/फोटोप्रति इस शपथ-पत्र के साथ संलग्नक संख्या 10 के रूप में दाखिल की जा रही है।
14. यह कि प्रकरण दैनिकी संख्या सीडी 3 के क्रम संख्या 6 में उल्लिखित पेनड्राइव का वीडियो 35 सेकंड का है। पेनड्राइव के वीडियो की फोटो और इस वीडियो के साथ लिखे हुए मैटर की सत्यप्रति इस शपथ-पत्र के साथ संलग्नक संख्या 11 के रूप में दाखिल की जा रही है।
15. यह कि उक्त पेनड्राइव के वीडियो में केवल एक लड़की का हाथ दिख रहा है और पीछे से आवाज आ रही है। इस वीडियो में प्रार्थी की पुत्री हिर्देश का या किसी लड़की का चेहरा नहीं दिख रहा है। एक लड़की का हाथ दिख रहा है और इसमें किसी चेहरे के मुख से आवाज नहीं निकल रही है।
16. यह कि जेड सिंह ने वीडियो रिकॉर्डिंग के बारे में यह स्पष्ट नहीं किया है कि यह किस माध्यम से या किस फोन नम्बर से भेजा गया है और

किस फोन नम्बर पर यह वीडियो प्राप्त हुआ है। विवेचनाधिकारी ने भी पूरी जाँच के दौरान इस दृष्टिकोण से जाँच नहीं की है। सम्पूर्ण विवेचना के दौरान जाँच अधिकारी वीडियो भेजने या प्राप्त होने से सम्बन्धित फोन नम्बर या माध्यम का खुलासा नहीं कर पाया है।

17. यह कि उक्त वीडियो कब का है, इसका भी उल्लेख न तो प्रथम सूचना रिपोर्ट दिनांक 28.09.2022 में स्पष्ट है और न ही विवेचना अधिकारी ने इसकी जाँच की है।

18. यह कि उक्त वीडियो को देखने और सुनने से स्पष्ट है कि यह मूल और नैसर्गिक नहीं है, बल्कि किसी व्यक्ति द्वारा सम्पादित किया गया है। इसके बावजूद विवेचना अधिकारी के स्तर से इस वीडियो की सचाई जानने हेतु फोरेंसिक जाँच के लिए नहीं भेजा गया और न इसकी कोई जाँच करवाई गई है।

19. यह कि प्रथम सूचना रिपोर्ट दिनांक 28.09.2022 में उल्लिखित तथाकथित पत्र और वीडियो से साबित है कि शिकायतकर्ता जेड सिंह, जो मृतका का पति है, ने पूरे योजनाबद्ध तरीके से प्रार्थीगण को स्थानीय पुलिस से मिलकर फँसाया है, ताकि वह अपने आपराधिक दायित्व से मुक्त हो जाए। मामले का झूठा एवं मनगढ़न्त होना और अभियोजन पक्ष का जेड सिंह के साथ दुरभिसन्धि होना भी साबित है।

20. यह कि शिकायतकर्ता के अनुसार प्रार्थीगण ने मृतका हिर्देश कुमारी की शिकायतकर्ता से मुलाकात कराना बन्द कर दिया था और हिर्देश कुमारी की दूसरी शादी के लिए प्रार्थीगण द्वारा दबाव भी बनाया जा रहा था, किन्तु शिकायतकर्ता ने इस सम्बन्ध में कभी कोई शिकायत या प्रथम सूचना रिपोर्ट नहीं दाखिल की है।

21. यह कि हिर्देश कुमारी की शिकायतकर्ता से मुलाकात बन्द कराने या हिर्देश कुमारी पर दूसरी शादी के लिए दबाव बनाने के सम्बन्ध में शिकायतकर्ता द्वारा प्रार्थीगण पर लगाया गया आरोप झूठा और मनगढ़न्त है। हिर्देश कुमारी 01.09.2021 को ही शिकायतकर्ता के साथ चली गई थी और उसके बाद से कभी वापस नहीं आई। ऐसा लगता है कि शिकायतकर्ता ने प्रार्थी संख्या 1 की पुत्री के साथ कोई अपराध करने के उपरान्त योजनाबद्ध तरीके से और स्थानीय पुलिस के साथ साँठ-गाँठ करके प्रार्थीगण को फँसा दिया है।

22. यह कि शिकायतकर्ता जेड सिंह क्षेत्र का एक प्रभावशाली व्यक्ति है और वह प्रथम सूचना रिपोर्ट दर्ज किए जाते समय और वर्तमान में जिला जालौन में भारतीय जनता पार्टी का मंडल अध्यक्ष है। अपने इस राजनीतिक प्रभाव के कारण शिकायतकर्ता जेड सिंह ने प्रार्थीगण को झूठा फँसा दिया है।

23. यह कि शिकायतकर्ता जेड सिंह आपराधिक पृष्ठभूमि का व्यक्ति है और उसके विरुद्ध जिला—जालौन के कालपी कोतवाली में शिकायत-पत्र और प्रथम सूचना रिपोर्ट दाखिल है। प्रार्थीगण ने जेड सिंह के विरुद्ध कालपी कोतवाली में दर्ज शिकायत-पत्र और प्रथम सूचना रिपोर्ट की प्रति प्राप्त करने की कोशिश की, किन्तु प्राप्त नहीं हो सकी।

24. यह कि पुलिस ने 01.10.2022 को प्रार्थी संख्या 2 वाई सिंह उर्फ सीपू को गिरफ्तार कर लिया। विवेचना अधिकारी ने वाई सिंह का बयान अं/धा 161 अप.प्र.सं. रिकॉर्ड होना बताया है। यह बयान बिलकुल झूठ और मनगढ़न्त है। वाई सिंह उर्फ सीपू द्वारा कभी तथाकथित अपराध स्वीकार करने की बात नहीं कही गई है। वाई सिंह उर्फ सीपू के तथाकथित बयान अं/धा 161 अप.प्र.सं. की सत्यप्रति/फोटोप्रति इस शपथ-पत्र के साथ संलग्नक संख्या 12 के रूप में दाखिल की जा रही है।

25. यह कि शिकायतकर्ता जेड सिंह ने ही, प्रार्थी संख्या 1 की पुत्री हिर्देश के विरुद्ध अपराध किया है और अपने अपराध को छिपाने के लिए बहुत ही योजनाबद्ध तरीके से प्रार्थीगण को फँसा दिया है। लगाए गए आरोप की जानकारी होने के बाद प्रार्थी संख्या 1 ने पुलिस अधीक्षक के समक्ष प्रार्थना-पत्र दिनांक 02.10.2022 प्रस्तुत किया और जेड सिंह के विरुद्ध प्रथम सूचना रिपोर्ट दर्ज कर मामले की सी.बी.आई जाँच के लिए निवेदन किया, किन्तु जेड सिंह के प्रभाव के कारण प्रार्थी संख्या 1 के प्रार्थना-पत्र पर कार्यवाही नहीं की गई। प्रार्थी संख्या 1 के प्रार्थना-पत्र दिनांक 02.10.2022 की सत्यप्रति/फोटोप्रति इस शपथ-पत्र के साथ संलग्नक संख्या 13 के रूप में दाखिल की जा रही है।

26. यह कि अभियोजन पक्ष ने दिनांक 09.10.2022 को प्रकरण दैनिकी संख्या सीडी 5 के क्रम संख्या 3 पर मृतका का पंचायतनामा रिपोर्ट तैयार करना बताया है। मृतका के पंचायतनामा रिपोर्ट की सत्यप्रति/

फोटोप्रति इस शपथ-पत्र के साथ संलग्नक संख्या 14 के रूप में दाखिल की जा रही है।

27. यह कि पंचायतनामा रिपोर्ट से स्पष्ट है कि पंचायतनामा के दौरान कभी भी शिकायतकर्ता जेड सिंह या उसकी भाभी एम. देवी उपस्थित नहीं रहे और न ही पंचायतनामा करनेवाले किसी अधिकारी ने यह कहा है कि पाए गए शव को कभी जेड सिंह या उसकी भाभी एम. देवी को दिखाया गया। इस कारण जेड सिंह द्वारा अज्ञात शव को देखने और पहचानने की बात झूठी एवं मनगढ़न्त है।

28. यह कि अभियोजन पक्ष के अनुसार, जाँच अधिकारी ने शिकायतकर्ता के भाई गवाह...सिंह का बयान अं/धा 161 अप.प्र.सं. रिकॉर्ड किया। गवाह...सिंह के बयान अं/धा 161 अप.प्र.सं. की सत्यप्रति/फोटोप्रति इस शपथ-पत्र के साथ क्रमशः संलग्नक संख्या 15 के रूप में दाखिल की जा रही है।

29. यह कि प्रार्थीगण को या उनके परिवार के किसी भी सदस्य को जूहीखां ग्राम के पास जमुना नदी के किनारे पाए गए शव को कभी नहीं दिखाया गया और न ही उनसे पहचान करवाई गई।

30. यह कि अभियोजन पक्ष के अनुसार, पाई गई मृतका का पोस्टमार्टम रिपोर्ट दिनांक 29.09.2022 तैयार किया गया। अभियोजन पक्ष और पोस्टमार्टम रिपोर्ट के मध्य कई अन्तर्विरोध हैं। मृतका की पोस्टमार्टम रिपोर्ट दिनांक 29.09.2022 की सत्यप्रति/फोटोप्रति इस शपथ-पत्र के साथ संलग्नक संख्या 16 के रूप में दाखिल की जा रही है।

31. यह कि पोस्टमार्टम रिपोर्ट दिनांक 29.09.2022 से स्पष्ट है कि मृतका के शरीर पर कोई बाह्य या आंतरिक चोट नहीं है, जो अभियोजन पक्ष से अन्तर्विरोधी है।

32. यह कि प्रार्थी सं. 1 की पुत्री हिर्देश कुमारी की लम्बाई 173 सेमी. और उम्र 22 वर्ष है और उसके चेहरे पर एक तरफ दो काले तिल भी हैं, जबकि पोस्टमोर्टम रिपोर्ट में मृतका की लम्बाई 165 सेमी. और उम्र 24 वर्ष दिखाई गई है और चेहरे पर कोई काला तिल भी नहीं है। इसलिए मृतका का हिर्देश कुमारी होना पूरी तरह सन्देहास्पद है। इसकी गम्भीरता और निष्पक्षता से जाँच करवाना न्यायहित में है। हिर्देश कुमारी के

फोटो की प्रति इस शपथ-पत्र के साथ संलग्नक संख्या 17 के रूप में दाखिल की जा रही है।

33. यह कि लगाए गए आरोप की जानकारी होने के बाद प्रार्थी संख्या 1 को किसी तरह प्रश्नगत एफ.आई.आर., वीडियो, पत्र की प्रति प्राप्त हुई। इसके तुरन्त बाद उसने पुलिस अधीक्षक के समक्ष प्रार्थना-पत्र दिनांक 07.12.2022 प्रस्तुत किया और शिकायतकर्ता जेड सिंह के विरुद्ध प्रथम सूचना रिपोर्ट दर्ज कर मामले की सी.बी.आई जाँच के लिए निवेदन किया। प्रार्थी संख्या 1 एक्स. सिंह द्वारा जेड सिंह के विरुद्ध 156 (3) अप.प्र.सं. के अन्तर्गत प्रार्थना-पत्र दाखिल करने की तैयारी की जा रही थी, ताकि उसकी पुत्री हिर्देश कुमारी का पता लगाया जा सके और उसे न्याय दिलाया जा सके, किन्तु दिनांक 12.12.2022 को स्थानीय पुलिस ने प्रार्थी संख्या 1 को गिरफ्तार कर लिया। प्रार्थी संख्या 1 के प्रार्थना-पत्र दिनांक 07.12.2022 की सत्यप्रति/फोटोप्रति इस शपथ-पत्र के साथ संलग्नक संख्या 18 के रूप में दाखिल की जा रही है।

34. यह कि जाँच अधिकारी ने एक्स. सिंह, प्रार्थी संख्या 1 का बयान अं/धा 161 अप.प्र.सं. रिकॉर्ड होना बताया है। प्रार्थी संख्या 1 ने तथाकथित अपराध स्वीकार करने की बात कभी नहीं कही है। यह बयान बिलकुल झूठ और मनगढ़न्त है। एक्स. सिंह के तथाकथित बयान अं/धा 161 अप.प्र.सं. की सत्यप्रति/फोटोप्रति इस शपथ-पत्र के साथ संलग्नक संख्या 19 के रूप में दाखिल की जा रही है।

35. यह कि शिकायतकर्ता जेड सिंह, जो मृतका हिर्देश का पति है, ने अपने अपराध को छिपाने के लिए साजिशन प्रार्थीगण एवं घर के सभी लोगों को फँसाया है। के. सिंह के विरुद्ध आरोप के सम्बन्ध में विवेचनाधिकारी ने विवेचना के दौरान प्रकरण दैनिकी सं. सीडी 19 के क्रम संख्या 7 और प्रकरण दैनिकी सं. सीडी 20 के क्रम संख्या 3 पर विवरण तैयार किया है, जिनकी सत्यप्रति/फोटोप्रति इस शपथ-पत्र के साथ सामूहिक रूप से संलग्नक संख्या 20 के रूप में दाखिल की जा रही है।

36. यह कि के. सिंह ने कभी प्रार्थी संख्या 1 और 2 के खिलाफ उनके द्वारा तथाकथित अपराध में शामिल होने की स्वीकृति को लेकर बयान नहीं

दिया है। विवेचना अधिकारी द्वारा कुछ गवाहों के माध्यम से दिखाया गया ऐसा बयान झूठा और मनगढ़न्त है।

37. यह कि अभियोजन पक्ष के अनुसार मृतका का विसरा सुरक्षित किया गया, किन्तु 18.12.2022 तक कोई रिपोर्ट नहीं प्राप्त हुई। पता चला है कि अभी तक कोई विसरा रिपोर्ट नहीं आई है। इस सम्बन्ध में विवेचनाधिकारी द्वारा प्रकरण दैनिकी सं. सीडी 21 के क्रम संख्या 2 का विवरण तैयार किया गया है, जिसकी सत्यप्रति/फोटोप्रति इस शपथ-पत्र के साथ संलग्नक संख्या 21 के रूप में दाखिल की जा रही है।

38. यह कि विवेचना अधिकारी ने प्रकरण दैनिकी सं. सीडी 21 के क्रम संख्या 3 पर अंकित विवरण में के. सिंह पुत्र यशवीर सिंह, श्रीमती श्वेता देवी पत्नी श्यामवीर, श्रीमती विनामा देवी पत्नी लल्लन सिंह, की नामजदगी को गलत सिद्ध पाया है और इनके पक्ष में अन्तिम रिपोर्ट दाखिल कर दी है, जबकि प्रार्थी संख्या 1 और 2 के विरुद्ध अवैध तरीके से आरोप-पत्र दाखिल किया है। प्रकरण दैनिकी सं. सीडी 21 के क्रम संख्या 3 के विवरण की सत्यप्रति/फोटोप्रति इस शपथ-पत्र के साथ संलग्नक संख्या 22 के रूप में दाखिल की जा रही है।

39. यह कि शिकायतकर्ता जेड सिंह ने प्रार्थी की पुत्री हिर्देश कुमारी के साथ आर्य समाज के माध्यम से 04.09.2021 को विवाह करना और ले जाना, स्वीकार किया। इसके बाद जेड सिंह ने हिर्देश कुमारी को कब-कब, कहाँ-कहाँ रखा है, और यदि उसे कोई ले गया, तो कब ले गया और कहाँ से ले गया, इसको स्पष्ट करने की जिम्मेदारी जेड सिंह की है। इस दृष्टि से विवेचना अधिकारी ने भी कोई पूछताछ या जाँच नहीं की है।

40. यह कि शिकायतकर्ता जेड सिंह के अनुसार उसकी हिर्देश कुमारी से मोबाइल फोन के माध्यम से बातचीत और वीडियो रिकॉर्डिंग का आदान-प्रदान होता रहा है। हिर्देश कुमारी के मोबाइल नम्बर की जानकारी लेकर और उसका टावर लोकेशन या सी.डी.आर. निकालकर जाँच करना न्यायहित में है। किन्तु इस दृष्टि से भी विवेचना अधिकारी द्वारा कोई जाँच नहीं की गई।

41. यह कि प्रार्थी की पुत्री हिर्देश कुमारी, शिकायतकर्ता जेड सिंह के साथ 01.09.2021 को ही चली गई थी और उसके बाद से वह कभी प्रार्थीगण

के पास नहीं आई है। प्रथम सूचना रिपोर्ट दिनांक 28.09.2022 में प्रार्थीगण द्वारा विवाह के दो महीने बाद हिर्देश कुमारी को वापस लाने की बात कहा जाना बिलकुल झूठ और मनगढ़न्त है। 01.09.2021 के बाद प्रार्थीगण न तो हिर्देश कुमारी को वापस लाए और न ही हिर्देश कुमारी स्वयं प्रार्थीगण के पास कभी वापस आई है।

42. यह कि प्रार्थी संख्या 1 और 2 की तरफ से उक्त मामले में न्यायालय सत्र न्यायाधीश, औरैया के समक्ष जमानत प्रार्थना-पत्र दाखिल किया गया, जिसे अवैध रूप से आलोच्य आदेश दिनांकित 14.02.2023 पारित कर खारिज कर दिया गया। प्रार्थी संख्या 1 और 2 के मामले में न्यायालय सत्र न्यायाधीश, औरैया द्वारा पारित आलोच्य आदेश दिनांक 14.02.2023 की नि:शुल्क प्रति सह सत्यप्रति इस शपथ-पत्र के साथ क्रमशः संलग्नक संख्या 23 और 24 के रूप में दाखिल की जा रही है।

43. यह कि त्रुटि के कारण आलोच्य आदेश दिनांक 14.02.2023 के पृष्ठ संख्या 1 के पैरा 3 की लाइन संख्या 5 में 'सूचना दिनांक 02.09.2022' लिख गया है। यहाँ 'सूचना दिनांक 02.09.2021' होना चाहिए।

44. यह कि उक्त जमानत के मामले में न्यायालय सत्र न्यायाधीश, औरैया के समक्ष प्रार्थीगण के गाँव के निवासी और निष्पक्ष गवाह अनिल कुमार पुत्र नरेश कुमार, दुर्गेश पुत्र वीरेन्द्र सिंह और राधाकृष्ण पुत्र भगवत ने शपथ-पत्र दिनांक 19.01.2023 दाखिल कर स्वीकार किया कि हिर्देश कुमारी शादी के बाद से कभी प्रार्थी के पास नहीं आई। शपथ-पत्र दिनांक 19.01.2023 की सत्यप्रति/फोटोप्रति इस शपथ-पत्र के साथ संलग्नक संख्या 25 के रूप में दाखिल की जा रही है।

45. यह कि प्रार्थीगण अबोध, निर्दोष एवं बेगुनाह हैं। उनके विरुद्ध लगाया गया आरोप झूठा है और शिकायतकर्ता जेड सिंह द्वारा साजिश करके खुद को बचाने के लिए प्रार्थीगण को झूठा फँसाया गया है।

46. यह कि मामले में सभी गवाह शिकायतकर्ता जेड सिंह के सगे-सम्बन्धी हैं। किसी निष्पक्ष गवाह का बयान नहीं लिया गया है।

47. यह कि धारा 302, 201, 34 भा.द.सं. के अन्तर्गत प्रार्थीगण के विरुद्ध कोई अपराध नहीं बनता है।

48. यह कि प्रार्थीगण कानूनपालक एवं शान्तिप्रिय नागरिक हैं और उनका पूर्व इतिहास साफ-सुथरा है और उनके विरुद्ध इस आपराधिक मामले के अलावा अन्य कोई पूर्व आपराधिक इतिहास नहीं है।

49. यह कि यह वचन (Undertaking) दिया जाता है कि माननीय न्यायालय द्वारा जमानत दिये जाने पर प्रार्थीगण इस जमानत का दुरुपयोग नहीं करेंगे और वे जाँच एवं विचारण के दौरान पूर्ण सहयोग करेंगे।

50. यह कि मामले के उक्त तथ्यों एवं परिस्थितियों को दृष्टिगत रखते हुए न्यायहित में आवश्यक है कि यह माननीय न्यायालय, मुकदमा अपराध संख्या 0465 वर्ष 2022 अं/धा 302, 201, 34 भा.द.सं. थाना—अजीतमल, जनपद—औरैया में प्रार्थीगण को जमानत पर रिहा करने की कृपा करे और/या ऐसा अन्य एवं अग्रिम आदेश, जैसा इस माननीय न्यायालय द्वारा मामले की परिस्थितियों में पारित किया जाना उचित एवं उपयुक्त समझा जाए, पारित करने की कृपा करे।

मैं, उपर्युक्त नामांकित शपथकर्ता, यहाँ सशपथ बयान करता हूँ कि इस शपथ-पत्र के पैरा संख्या 1, 2, 3, 10, 15, 16(अंश), 18(अंश), 19, 21, 22(अंश), 23(अंश), 24(अंश), 32(अंश), 33(अंश), 35(अंश), 36, 41(अंश), 43, 45, 46, 48, एवं 49 के अन्तर्वस्तु मेरी निजी जानकारी में सत्य हैं; पैरा संख्या 4, 5, 6, 7, 8, 9, 11(अंश), 13, 14, 17(अंश), 20(अंश), 24(अंश), 25, 26, 27, 28, 30, 31, 32(अंश), 33(अंश), 34(अंश), 35(अंश), 37(अंश), 38, 39(अंश), 40(अंश), 42 एवं 44 के अन्तर्वस्तु रिकॉर्ड पर आधारित हैं; पैरा संख्या 11(अंश), 12, 16(अंश), 17(अंश), 18(अंश), 20(अंश), 22(अंश), 23(अंश), 29, 34(अंश), 37(अंश), 39(अंश), 40(अंश), एवं 41(अंश) के अन्तर्वस्तु सूचना पर आधारित हैं; और पैरा संख्या 47 एवं 50 के अन्तर्वस्तु कानूनी परामर्श पर आधारित हैं, जिन्हें मैं सत्य मानता हूँ और इसका कोई भाग न तो असत्य है और न ही छिपाया गया है।

ईश्वर मेरी सहायता करे।

अँगूठा निशान **(शपथकर्ता)**

मैं,...पंजीकृत लिपिक, हाई कोर्ट इलाहाबाद, यहाँ यह घोषणा करता हूँ कि शपथ देनेवाला शपथकर्ता, जो स्वयं को शपथकर्ता बता रहा है, वही व्यक्ति है। मैं शपथकर्ता को उसके द्वारा मेरे समक्ष उपलब्ध कराए गए अभिलेख को देखकर जानता हूँ।

(...)

आज दिनांक...मार्च, 2023 को पूर्वाह्न/अपराह्न...बजे शपथकर्ता द्वारा, जिसकी पहचान उपर्युक्त व्यक्ति द्वारा की गई, सत्यनिष्ठा से मेरे समक्ष घोषणा की गई।

मैंने शपथकर्ता को इस शपथ-पत्र के अन्तर्वस्तु को पढ़ाया और समझाया है, और शपथकर्ता का परीक्षण करके सन्तुष्ट हूँ कि उसने इस शपथ-पत्र के अन्तर्वस्तु को भली-भाँति समझ लिया है।

(शपथ आयुक्त)

परिशिष्ट-7

प्रार्थना-पत्र अं/धा 482 का प्रारूप

माननीय उच्च न्यायालय, इलाहाबाद के न्याय-प्रशासन के समक्ष

आपराधिक प्रकीर्ण प्रार्थना-पत्र संख्या...वर्ष 2022

(अन्तर्गत धारा 482 अपराध प्रक्रिया संहिता)

जनपद—हापुड़

1. एक्स. सागर () पुत्र...
   पता—...

प्रार्थी

बनाम

1. उत्तर प्रदेश राज्य, गृह मंत्रालय, लखनऊ,
   इसके सचिव के माध्यम से
2. थानाध्यक्ष, थाना—बाबूगढ़, जिला—हापुड़
3. वाई. पुत्री...पत्नी...
   वर्तमान निवास—...

प्रतिपक्षीगण

सेवा में,

उपर्युक्त उल्लिखित न्यायालय के माननीय मुख्य न्यायाधीश एवं अन्य सहयोगी न्यायाधीशगण।

उपर्युक्त याचीगण के इस प्रार्थना-पत्र के माध्यम से निम्न कथन सविनम्र प्रस्तुत किया जाता है :

1. यह कि इस प्रार्थना-पत्र के उद्देश्य हेतु सम्पूर्ण तथ्य, संलग्न शपथ-पत्र में विस्तार से दिया गया है, जो इस प्रार्थना-पत्र का एक हिस्सा है।

प्रार्थना

अत: सविनम्र प्रार्थना की जाती है कि यह माननीय न्यायालय, मुकदमा अपराध संख्या..., वर्ष..., अं/धा 323, 504, 506, 498-क भा.द.सं. तथा 3/4 दहेज उन्मूलन अधिनियम, थाना—बाबूगढ़, जनपद—हापुड़ में प्रार्थीगण के विरुद्ध दाखिल आलोच्य आरोप-पत्र दिनांक 06.07.2022 को निरस्त करने की कृपा करे।

पुन: सविनम्र प्रार्थना की जाती है कि यह माननीय न्यायालय, मुकदमा अपराध संख्या...वर्ष 2022 अं/धा 323, 504, 506, 498-क भा.द.सं. तथा 3/4 दहेज उन्मूलन अधिनियम, थाना—बाबूगढ़, जनपद—हापुड़ में प्रार्थीगण के विरुद्ध दाखिल आलोच्य आरोप-पत्र दिनांक 06/07/2022 के प्रभाव एवं क्रियान्वयन को तथा न्यायिक मजिस्ट्रेट, प्रथम, हापुड़ के समक्ष विचाराधीन आपराधिक वाद संख्या 16035 वर्ष 2022 की कार्यवाही को रोकने की कृपा करे और/या ऐसा अन्य एवं अग्रिम आदेश, जैसा इस माननीय न्यायालय द्वारा मामले की परिस्थितियों में पारित किया जाना उचित एवं उपयुक्त समझा जाए, पारित करने की कृपा करे।

दिनांक...

अनूप बरनवाल
(Anoop Baranwal)
याची के विधिवक्ता

× × × ×

मुकदमा अपराध संख्या...वर्ष 2022
अं/धा 323, 504, 506, 498-क भा.द.सं.
तथा 3/4 दहेज उन्मूलन अधिनियम,
थाना—बाबूगढ़, जनपद—हापुड़

माननीय उच्च न्यायालय, इलाहाबाद के न्याय-प्रशासन के समक्ष

शपथ-पत्र

अन्तर्गत

आपराधिक प्रकीर्ण प्रार्थना-पत्र संख्या 2022

(अन्तर्गत धारा 482 अपराध प्रक्रिया संहिता)

जनपद—हापुड़

1. एक्स. सागर (X. Sagar) पुत्र..., पता—...

प्रार्थी

बनाम

1. उत्तर प्रदेश राज्य, गृह मंत्रालय, लखनऊ, इसके सचिव के माध्यम से
2. थानाध्यक्ष, थाना—बाबूगढ़, जिला—हापुड़
3. वाई. पुत्री..., पत्नी..., वर्तमान निवास—...

प्रतिपक्षीगण

शपथ-पत्र द्वारा..., उम्र—... वर्ष, पुत्र...,
पता—..., जिला—हापुड़।
(धर्म—हिन्दू, व्यवसाय—शिक्षक)
(शपथकर्ता)

मैं, उपरोक्त नामांकित शपथकर्ता, यहाँ सत्यनिष्ठापूर्वक सशपथ घोषणा एवं पुष्टि करता हूँ :

1. यह कि शपथकर्ता प्रार्थी संख्या 1 है और वह प्रार्थी संख्या 2 व 3 के पुत्र के रूप में उनकी तरफ से पैरवी कर रहा है और इस कारण वह मामले के निम्न सशपथ घोषित तथ्यों से भली-भाँति अवगत है।
2. यह कि यह प्रार्थना-पत्र, प्रार्थीगण की तरफ से धारा 482 अपराध प्रक्रिया संहिता के अन्तर्गत दाखिल उसी वादहेतु (Cause of Action) के लिए, जैसा इस प्रार्थना-पत्र में विद्यमान है, प्रथम प्रार्थना-पत्र है और अभी तक इस हाई कोर्ट के इलाहाबाद प्रधान पीठ में या लखनऊ खंडपीठ में उसी वादहेतु के लिए कोई प्रार्थना-पत्र अं/धा 482 अप.प्र.सं. या आपराधिक निगरानी या आपराधिक रिट याचिका नहीं दाखिल किया है।
3. यह कि प्रार्थीगण ने अभी तक प्रतिपक्षीगण की तरफ से रजिस्टर्ड पत्र के माध्यम से कोई कैविएट या नोटिस नहीं प्राप्त किया है।
4. यह कि प्रार्थीगण द्वारा यह प्रार्थना-पत्र अं/धा 482 अप.प्र.सं., मुकदमा अपराध संख्या...वर्ष 2022 अं/धा 323, 504, 506, 498-क भा.द.सं. तथा 3/4 दहेज उन्मूलन अधिनियम, थाना—बाबूगढ़, जनपद—हापुड़ में उनके विरुद्ध दाखिल आलोच्य आरोप-पत्र दिनांक 06.07.2022 तथा न्यायिक मजिस्ट्रेट, प्रथम, हापुड़ के समक्ष विचाराधीन आपराधिक वाद संख्या 16035 वर्ष 2022 की कार्यवाही के खिलाफ दाखिल किया जा रहा है।

5. यह कि इस प्रार्थना-पत्र का आरम्भिक तथ्य यह है कि प्रार्थी संख्या 1 और प्रतिपक्षी संख्या 3 के मध्य 30.11.2017 को हिन्दू संस्कार एवं परम्परा के अनुसार विवाह सम्पन्न हुआ। विवाह उपरान्त प्रार्थी संख्या 1 हर तरीके से प्रतिपक्षी संख्या 3 की देखभाल करता रहा है और उसे हरसम्भव खुश रखने का प्रयास किया है। प्रार्थी संख्या 1 ने प्रतिपक्षी संख्या 3 को उसके प्रोफेशनल कोर्स की पढ़ाई-लिखाई के लिए प्रोत्साहित एवं सहयोग किया और उसके नाम से बीमा पॉलिसी भी कराई। फिर भी प्रतिपक्षी संख्या 3 द्वारा प्रार्थी संख्या 1 पर अपने माता-पिता से अलग होने का दबाव बनाना आरम्भ कर दिया गया। किन्तु ज्येष्ठ पुत्र होने के कारण प्रार्थी संख्या 1 ने अपने माता-पिता से अलग होने के प्रतिपक्षी संख्या 3 के गलत दबाव को मानने से इनकार कर दिया।
6. यह कि 07.07.2020 को प्रतिपक्षी संख्या 3 का भाई देवेन्द्र, जो पुलिस विभाग में कोतवाली बुढ़ाना, मुजफ्फरनगर में मुख्य आरक्षी (तत्समय आरक्षी) है, प्रार्थी के घर आया और प्रार्थी को झूठे केस में फँसाने की धमकी देने लगा। इसके उपरान्त 09.07.2020 को प्रतिपक्षी संख्या 3 स्वेच्छा से प्रार्थी का घर छोड़कर मायके चली गई। पुन: 06.09.2020 को प्रतिपक्षी संख्या 3 का भाई देवेन्द्र एवं अन्य परिजन प्रार्थी के घर आए और प्रार्थी के घरवालों को भद्दी-भद्दी गालियाँ देते हुए मार-पीट करने लगे। इस घटना में प्रार्थी संख्या 1 की बहन सीमा के शरीर पर चोटें भी आईं। इस अपराध के खिलाफ प्रार्थी संख्या 1 ने प्रथम सूचना रिपोर्ट दिनांक 12.11.2021; अन्तर्गत धारा 147, 452, 323, 504, 506, 427 थाना—हापुड़ नगर, जिला—हापुड़ दाखिल की। पुलिस आरक्षी देवेन्द्र के प्रभाव के कारण उक्त रिपोर्ट समय पर नहीं दर्ज की गई। प्रथम सूचना रिपोर्ट दिनांक 12.11.2021 एवं सीमा की चोट रिपोर्ट की सत्यप्रति/फोटोप्रति इस शपथ-पत्र के साथ क्रमश: संलग्नक संख्या 1 एवं 2 के रूप में दाखिल की जा रही है।
7. यह कि यह अभिकथित किया जाता है कि 07.07.2020 को देवेन्द्र द्वारा कारित किए गए उक्त आपराधिक घटना की कॉल रिकॉर्डिंग तथा 09.07.2020 को प्रतिपक्षी संख्या 3 द्वारा प्रार्थी का घर स्वेच्छा से छोड़ने सम्बन्धी घटना की सी.सी. टीवी फुटेज/वीडियो क्लिप प्रार्थी संख्या 1 के पास उपलब्ध है।

8. यह कि प्रार्थी संख्या 1 के उक्त प्रथम सूचना रिपोर्ट के प्रतिरोध (Counter Blast) में तथा प्रार्थी और उसके परिवार पर दबाव बनाने की नीयत से प्रतिपक्षी संख्या 3 ने न्यायिक मजिस्ट्रेट, हापुड़ के न्यायालय में 03.03.2022 को 156 (3) के अन्तर्गत प्रार्थना-पत्र दाखिल किया, जिसमें झूठी कहानी गढ़ते हुए प्रार्थी संख्या 1 के परिवार के सभी सदस्यों, जिसमें प्रार्थी संख्या 2 (पिता), प्रार्थी संख्या 3 (माता), छोटा भाई नामतः (Namely) शिवम, दो विवाहित बहनें नामतः शशि एवं सीमा और एक अविवाहित बहन नामतः मोनिका हैं, को फँसा दिया गया। प्रतिपक्षी संख्या 3 के प्रार्थना-पत्र दिनांक 03.03.2022 अं/धा 156 (3) अप.प्र.सं. की सत्यप्रति/फोटोप्रति इस शपथ-पत्र के साथ संलग्नक संख्या 3 के रूप में दाखिल की जा रही है।

9. यह कि प्रतिपक्षी संख्या 3 द्वारा दाखिल उक्त प्रार्थना-पत्र दिनांक 03.03.2022 को देखने से यह बिलकुल स्पष्ट है कि प्रतिपक्षी संख्या 3 ने तथाकथित आरोप की सूचना पुलिस अधीक्षक, हापुड़ के समक्ष लिखित रूप से और पोस्ट के माध्यम से नहीं भेजा है, जिसे किया जाना अप.प्र.सं. की धारा 154 (3) के अन्तर्गत बाध्यकारी एवं अनिवार्य है। न तो प्रतिपक्षी संख्या 3 द्वारा धारा 154 (3) के अनुपालन में पुलिस अधीक्षक, हापुड़ के समक्ष तथाकथित आरोप की लिखित में कोई सूचना भेजी गई और न ही प्रतिपक्षी संख्या 3 के पास इससे सम्बन्धित पोस्टल रसीद मौजूद है।

10. यह कि अपने प्रार्थना-पत्र दिनांक 03.03.2022 में प्रतिपक्षी संख्या 3 ने इस स्तर पर जाकर झूठा आरोप लगाया है कि प्रार्थी संख्या 1 के छोटे भाई नामतः शिवम ने उसके साथ बलात्कार किया है और प्रार्थी संख्या 1 ने उसके साथ अप्राकृतिक यौन सम्बन्ध बनाने का प्रयास किया है।

11. यह कि न्यायिक मजिस्ट्रेट, हापुड़ के न्यायालय ने अवैधानिक तरीके से आदेश दिनांक 28.03.2022 पारित कर यह निर्देश दिया कि प्रतिपक्षी संख्या 2, प्रार्थी के खिलाफ प्रथम सूचना रिपोर्ट दर्ज करे। न्यायिक मजिस्ट्रेट प्रथम, हापुड़ के आदेश दिनांकित 28.03.2022 की सत्यप्रति/फोटोप्रति इस शपथ-पत्र के साथ संलग्नक संख्या 4 के रूप में दाखिल की जा रही है।

12. यह कि आदेश दिनांक 28.03.2022 को देखने से यह बिलकुल स्पष्ट है कि न्यायिक मजिस्ट्रेट प्रथम, हापुड़ के न्यायालय ने न तो प्रतिपक्षी संख्या 2 के कार्यालय से और न ही पुलिस अधीक्षक, हापुड़ के कार्यालय से कोई रिपोर्ट मँगाई है।

13. यह कि न्यायिक मजिस्ट्रेट प्रथम, हापुड़ के आदेश दिनांक 28.03.2022 के अनुपालन में प्रतिपक्षी संख्या 2 ने प्रथम सूचना रिपोर्ट दिनांक 03.04.2022; जिसका अपराध मुकदमा संख्या.../2022 अन्तर्गत धारा 323, 504, 506, 498-क, 354, 376, 511 भा.द.सं., एवं 3/4 दहेज प्रतिषेध अधिनियम, थाना—बाबूगढ़, जिला—हापुड़ है, दर्ज किया। प्रतिपक्षी संख्या 3 की प्रथम सूचना रिपोर्ट दिनांक 03.04.2022 की सत्यप्रति/फोटोप्रति इस शपथ-पत्र के साथ संलग्नक संख्या 5 के रूप में दाखिल की जा रही है।

14. यह कि बैंक कॉलोनी, चमरी रोड में आरोपित तथाकथित घटना दिनांक 07.07.2020 और कचहरी की तथाकथित घटना दिनांक 25.11.2021 से सम्बन्धित मामले, जैसा प्रतिपक्षी संख्या 3 के प्रार्थना-पत्र दिनांक 03.03.2022 अं/धा 156 (3) अप.प्र.सं. में झूठा आरोपित है, थाना हापुड़ नगर के क्षेत्राधिकार में आते हैं, न कि थाना बाबूगढ़ के क्षेत्राधिकार में। इस कारण प्रतिपक्षी संख्या 3 का प्रथम सूचना रिपोर्ट दिनांक 03.04.2022 थाना—बाबूगढ़ में दर्ज किया जाना अवैध, विधिविरुद्ध एवं क्षेत्राधिकार के बाहर है और इस कारण इससे उत्पन्न आपराधिक कार्यवाही इस आधार पर भी खारिज किए जाने योग्य है।

15. यह कि प्रार्थीगण को यह अभिकथित करने के लिए बताया गया है कि प्रतिपक्षी संख्या 3 द्वारा तथाकथित घटना दिनांक 25.11.2021 से सम्बन्धित चोट रिपोर्ट या चिकित्सा रिपोर्ट का कोई अभिलेख न तो एफ.आई.आर. दिनांक 03.04.2022 दर्ज होने के पूर्व न्यायिक मजिस्ट्रेट प्रथम, हापुड़ के समक्ष दाखिल किया गया है और न ही एफ.आई.आर. दिनांकित 03.04.2022 दर्ज होने के बाद विवेचना के दौरान विवेचना अधिकारी के समक्ष दाखिल किया गया है।

16. यह कि प्रार्थीगण को यह अभिकथित करने के लिए बताया गया है कि उक्त अपराध मुकदमा संख्या...वर्ष 2022 में विवेचना अधिकारी ने विवेचना पूर्ण कर केस डायरी तैयार कर दी है। अपराध

मुकदमा संख्या...वर्ष 2022 की सम्पूर्ण केस डायरी की फोटोप्रति इस शपथ-पत्र के साथ संलग्नक संख्या 6 के रूप में दाखिल की जा रही है।

17. यह कि विवेचना अधिकारी ने उक्त अपराध मुकदमा संख्या...वर्ष 2022 में विवेचना पूर्ण कर प्रार्थी संख्या 1, 2 व 3 के विरुद्ध आलोच्य आरोप-पत्र दिनांक 06.07.2022 दाखिल किया है। विवेचना अधिकारी ने शिवम, शशि, सीमा एवं मोनिका के विरुद्ध आरोप को झूठा एवं असिद्ध पाया है और उनके पक्ष में अन्तिम रिपोर्ट लगाई है। प्रार्थी संख्या 1, 2 व 3 के विरुद्ध दाखिल आलोच्य आरोप-पत्र दिनांक 06.07.2022 की फोटोप्रति इस शपथ-पत्र के साथ संलग्नक संख्या 7 के रूप में दाखिल की जा रही है।

18. यह कि यह अभिकथित किया जाता है कि प्रार्थी संख्या 1 ने विवेचना की कार्यवाही के दौरान घटना दिनांक 07.07.2020 की कॉल रिकॉर्डिंग एवं घटना दिनांक 09.07.2020 की सी.सी. टीवी रिकॉर्डिंग की सी.डी. प्रस्तुत की, जिससे यह सिद्ध होता है कि प्रतिपक्षी संख्या 3 ने स्वेच्छा से प्रार्थी के घर को छोड़ा है। किन्तु विवेचना अधिकारी मामले के इस पहलू पर विचार करने में असफल रहा है और अवैधानिक तरीके से इस तथ्य को अपराध मुकदमा संख्या...वर्ष 2022 की उक्त केस डायरी में स्थान नहीं दिया है।

19. यह कि यह भी अभिकथित किया जाता है कि प्रार्थी संख्या 1 ने विवेचना की कार्यवाही के दौरान प्रतिपक्षी संख्या 3 के उस बयान को प्रस्तुत किया, जिसे उसने प्रार्थी के प्रार्थना-पत्र दिनांक 14.09.2022 से आरम्भ हुई कार्यवाही में महिला थाना हापुड़ नगर के समक्ष दिया था। अपने इस बयान में प्रतिपक्षी संख्या 3 ने प्रार्थीगण के विरुद्ध दहेज की माँग करने का कोई आरोप नहीं लगाया है। प्रार्थी संख्या 1 ने विवेचना की कार्यवाही के दौरान विवेचना अधिकारी का ध्यान प्रतिपक्षी संख्या 3 के इस बयान की ओर आकर्षित कराया, किन्तु विवेचना अधिकारी मामले के इस पहलू पर विचार करने में असफल रहा है और अवैधानिक तरीके से इस तथ्य को अपराध मुकदमा संख्या...वर्ष 2022 की उक्त केस डायरी में स्थान नहीं दिया है। प्रार्थी के प्रार्थना-पत्र दिनांक 14.09.2022 और प्रतिपक्षी

संख्या 3 के बयान की फोटोप्रति इस शपथ-पत्र के साथ संयुक्ततः संलग्नक संख्या 8 के रूप में दाखिल की जा रही है।

20. यह कि यह भी अभिकथित किया जाता है कि प्रार्थीगण ने हमेशा प्रतिपक्षी संख्या 3 को उच्च शिक्षा एवं समव्यावसायिक शिक्षा लेने के लिए प्रेरित एवं सहयोग किया है और इसके लिए बहुत धन भी खर्च किया है। ये तथ्य सिद्ध करता है कि उनके विरुद्ध दहेज की माँग करने का आरोप बिलकुल झूठा एवं मनगढ़न्त है। प्रतिपक्षी संख्या 3 की उच्च शिक्षा एवं समव्यावसायिक शिक्षा के लिए इतना खर्च करनेवाला प्रार्थी संख्या 1 दहेज की माँग नहीं कर सकता है। प्रार्थी संख्या 1 ने विवेचना की कार्यवाही के दौरान विवेचना अधिकारी के समक्ष प्रतिपक्षी संख्या 3 के शैक्षणिक प्रमाण-पत्र को प्रस्तुत किया, किन्तु विवेचना अधिकारी मामले के इस पहलू पर विचार करने में असफल रहा है और अवैधानिक तरीके से इस तथ्य को अपराध मुकदमा संख्या...वर्ष 2022 की उक्त केस डायरी में स्थान नहीं दिया है। प्रतिपक्षी संख्या 3 के शैक्षणिक प्रमाण-पत्र की फोटोप्रति इस शपथ-पत्र के साथ संलग्नक संख्या 9 के रूप में दाखिल की जा रही है।

21. यह कि यह भी अभिकथित किया जाता है कि प्रार्थीगण द्वारा अपना धन खर्च करके प्रतिपक्षी संख्या 3 का एल.आई.सी. से बीमा भी कराया गया है। यह तथ्य यह सिद्ध करता है कि दहेज की माँग करने का आरोप बिलकुल झूठा एवं मनगढ़न्त है। अपनी पत्नी पर उसके बीमा के लिए इतना खर्च करनेवाला प्रार्थी संख्या 1, दहेज की माँग नहीं कर सकता है। प्रार्थी संख्या 1 ने विवेचना की कार्यवाही के दौरान विवेचना अधिकारी के समक्ष प्रतिपक्षी संख्या 3 के बीमा बॉन्ड को प्रस्तुत किया, किन्तु विवेचना अधिकारी मामले के इस पहलू पर विचार करने में असफल रहा है और अवैधानिक तरीके से इस तथ्य को अपराध मुकदमा संख्या...वर्ष 2022 की उक्त केस डायरी में स्थान नहीं दिया है। प्रतिपक्षी संख्या 3 के बीमा बॉन्ड की फोटोप्रति इस शपथ-पत्र के साथ संलग्नक संख्या 10 के रूप में दाखिल की जा रही है।

22. यह कि यह भी अभिकथित किया जाता है कि जब तक प्रतिपक्षी संख्या 3 प्रार्थी के साथ रही है, प्रार्थी ने हमेशा उसके स्वास्थ्य का गम्भीरतापूर्वक

ध्यान रखा है। प्रार्थी संख्या 1 ने प्रतिपक्षी सं. 3 के क्षयरोग के इलाज के लिए पूरे सामर्थ्य के साथ प्रयास किया और ठीक कराया। प्रार्थी संख्या 1 की देख-रेख में हुए प्रतिपक्षी संख्या 3 के चिकित्सीय इलाज से सम्बन्धित अभिलेख की फोटोप्रति इस शपथ-पत्र के साथ संलग्नक संख्या 11 के रूप में दाखिल की जा रही है।

23. यह कि प्रार्थीगण को यह अभिकथित करने के लिए बताया गया है कि माननीय न्यायिक मजिस्ट्रेट प्रथम, हापुड़ के न्यायालय द्वारा आलोच्य आरोप-पत्र दिनांक 06.07.2022 पर 29.08.2022 का संज्ञान लिया गया। तत्पश्चात यह मामला, आपराधिक वाद संख्या...वर्ष 2022 के रूप में पंजीकृत होकर माननीय न्यायिक मजिस्ट्रेट प्रथम, हापुड़ के न्यायालय के समक्ष विचाराधीन है।

24. यह कि यह भी अभिकथित किया जाता है कि प्रार्थीगण द्वारा विवाद के शान्तिपूर्ण निपटारे के लिए हमेशा प्रयास किया जाता रहा है, किन्तु प्रतिपक्षी संख्या 3 ने विवाद के निपटारे को लेकर हमेशा नकारात्मक भाव बनाए रखा है। प्रार्थीगण विवाद के शान्तिपूर्ण निपटारे के लिए अभी भी आशान्वित हैं।

25. यह कि प्रार्थी संख्या 2, 65 वर्ष आयु का वृद्ध व्यक्ति है और प्रार्थी संख्या 3, 60 वर्ष आयु की महिला है तथा इन दोनों लोगों को प्रार्थी संख्या 1 के साथ प्रश्नगत मामले में झूठा फँसाया गया है।

26. यह कि अभियोजन की सम्पूर्ण कार्यवाही पूरी तरीके से प्रतिपक्षी संख्या 3 के प्रार्थना-पत्र दिनांक 03.03.2022, अं/धा 156 (3) अप.प्र.सं., पर आधारित है, जो स्वयं पोषणीय नहीं है क्योंकि यह प्रार्थना-पत्र अप.प्र.सं. की धारा 154 (3) के बाध्यकारी प्रावधान का अनुपालन किए बिना दाखिल किया गया है। धारा 154 (3) यह व्यवस्था करती है कि तथाकथित आरोप की सूचना पुलिस अधीक्षक, हापुड़ को लिखित में और पोस्ट के माध्यम से भेजा जाएगी, जिसका अनुपालन वर्तमान मामले में नहीं किया गया है।

27. यह कि प्रतिपक्षी संख्या 3 का प्रार्थना-पत्र दिनांक 03.03.2022, अं/धा 156 (3) अप.प्र.सं., दो वर्ष बाद दाखिल किया गया है और इतना ज्यादा देरी करके प्रार्थना-पत्र दाखिल करने का कोई सन्तोषजनक स्पष्टीकरण नहीं दिया गया है।

28. यह कि आलोच्य आरोप-पत्र दिनांक 06.07.2022 तथा न्यायिक मजिस्ट्रेट, प्रथम, हापुड़ के समक्ष विचाराधीन आपराधिक वाद संख्या...वर्ष 2022 की कार्यवाही के आधार पर प्रार्थीगण के विरुद्ध प्रश्नगत अभियोजन, विधिक प्रक्रिया का दुरुपयोग (Abuse of Process of Law) है, जो प्रार्थीगण के खिलाफ अन्याय कारित कर रहा है।
29. यह कि प्रार्थीगण के विरुद्ध धारा 323, 504, 506, 498-क, भा.द.सं. तथा धारा 3/4, दहेज उन्मूलन अधिनियम के अन्तर्गत अपराध कारित करने का कोई मामला नहीं बनता है।
30. यह कि प्रार्थीगण के विरुद्ध दाखिल आलोच्य आरोप-पत्र दिनांक 06.07.2022 तथा न्यायिक मजिस्ट्रेट, प्रथम, हापुड़ के समक्ष विचाराधीन आपराधिक वाद संख्या...वर्ष 2022 की कार्यवाही अवैध, विधिविरुद्ध और गैर-क्षेत्राधिकार है।
31. यह कि मामले के उक्त तथ्यों एवं परिस्थितियों को दृष्टिगत रखते हुए, न्यायहित में आवश्यक है कि यह माननीय न्यायालय, प्रार्थीगण के विरुद्ध दाखिल आलोच्य आरोप-पत्र दिनांक 06.07.2022 तथा न्यायिक मजिस्ट्रेट, प्रथम, हापुड़ के समक्ष विचाराधीन आपराधिक वाद संख्या...वर्ष 2022 की कार्यवाही को निरस्त करने की कृपा करे; यह भी सविनम्र प्रार्थना है कि यह माननीय न्यायालय इस मामले के विचाराधीन रहने के दौरान, मुकदमा अपराध संख्या...वर्ष 2022 अं/धा 323, 504, 506, 498-क भा.द.सं. तथा 3/4 दहेज उन्मूलन अधिनियम; थाना—बाबूगढ़, जनपद—हापुड़ में प्रार्थीगण के विरुद्ध दाखिल आलोच्य आरोप-पत्र दिनांक 06.07.2022 के प्रभाव एवं क्रियान्वयन को तथा न्यायिक मजिस्ट्रेट प्रथम, हापुड़ के समक्ष विचाराधीन आपराधिक वाद संख्या...वर्ष 2022 की कार्यवाही को रोकने की कृपा करे और/या ऐसा अन्य एवं अग्रिम आदेश, जैसा इस माननीय न्यायालय द्वारा मामले की परिस्थितियों में पारित किया जाना उचित एवं उपयुक्त समझा जाए, पारित करने की कृपा करे।

मैं, उपर्युक्त नामांकित शपथकर्ता, यहाँ सशपथ बयान करता हूँ कि इस शपथ-पत्र के पैरा संख्या 1, 2, 3, 4, 5, 6(अंश), 7, 10, 14(अंश), 15, 18, 19(अंश), 20(अंश), 21(अंश), 22(अंश), 24, 25, 27 एवं 29 के अन्तर्वस्तु मेरी निजी

जानकारी में सत्य हैं; पैरा संख्या 6(अंश), 8, 9(अंश), 11, 12, 13, 16, 17, 19(अंश), 20(अंश), 21(अंश), एवं 22(अंश) के अन्तर्वस्तु रिकॉर्ड पर आधारित हैं; पैरा संख्या 15 एवं 23 के अन्तर्वस्तु सूचना पर आधारित हैं; और पैरा संख्या 9(अंश), 14(अंश), 26, 28, 30 एवं 31 के अन्तर्वस्तु कानूनी परामर्श पर आधारित हैं, जिन्हें मैं सत्य मानता हूँ और इसका कोई भाग न तो असत्य है और न ही छिपाया गया है।

ईश्वर मेरी सहायता करे!

अँगूठा निशान **(शपथकर्ता)**

मैं,...पंजीकृत लिपिक, हाई कोर्ट इलाहाबाद, यहाँ यह घोषणा करता हूँ कि शपथ देनेवाला शपथकर्ता, जो स्वयं को शपथकर्ता बता रहा है, वही व्यक्ति है। मैं शपथकर्ता को उसके द्वारा मेरे समक्ष उपलब्ध कराए गए अभिलेख को देखकर जानता हूँ।

(...)

आज दिनांक...अक्टूबर, 2022 को पूर्वाह्न/अपराह्न...बजे शपथकर्ता द्वारा, जिसकी पहचान उपरोक्त व्यक्ति द्वारा की गई, सत्यनिष्ठा से मेरे समक्ष घोषणा की गई।

मैंने शपथकर्ता को इस शपथ-पत्र के अन्तर्वस्तु को पढ़ाया और समझाया है, और शपथकर्ता का परीक्षण करके सन्तुष्ट हूँ कि उसने इस शपथ-पत्र के अन्तर्वस्तु को भली-भाँति समझ लिया है।

(शपथ आयुक्त)

परिशिष्ट-8

आपराधिक अपील का प्रारूप

सत्र परीक्षण संख्या...वर्ष...में जिला एवं सत्र न्यायाधीश, वाराणसी द्वारा पारित निर्णय एवं आदेश दिनांक...के विरुद्ध

माननीय उच्च न्यायालय, इलाहाबाद के न्याय-प्रशासन के समक्ष

आपराधिक अपील संख्या...वर्ष 2023

(अन्तर्गत धारा 374(2) अपराध प्रक्रिया संहिता)

जनपद—वाराणसी

एक्स. (X) पुत्र श्री..., पता—...

...अपीलकर्ता

(09/06/20...से निरुद्ध)

बनाम

1. उत्तर प्रदेश राज्य, गृह मंत्रालय, लखनऊ, इसके सचिव के माध्यम से

...प्रतिपक्षी

सत्र परीक्षण संख्या...वर्ष...में जिला एवं सत्र न्यायाधीश, वाराणसी द्वारा पारित निर्णय एवं आदेश दिनांक..., जिसके माध्यम से अपीलकर्ता को धारा 498-ए भा.द.सं. के अन्तर्गत एक वर्ष का सश्रम कारावास एवं रुपये 500/- का हर्जाना और धारा 304-बी भा.द.सं. के अन्तर्गत सश्रम आजीवन कारावास की सजा दी गई है, के विरुद्ध यह आपराधिक अपील निम्न आधारों पर सविनम्र दाखिल की जा रही है :

आधार

1. क्योंकि मृत्युकालीन कथन, जिस पर विश्वास करके अधीनस्थ विचारण न्यायालय द्वारा आलोच्य निर्णय एवं आदेश दिनांक 27.08.2008 पारित किया गया है, सन्देहास्पद है और इसमें कही गई बातें मृतका के ही दूसरे मृत्युकालीन कथन से अन्तर्विरोधी हैं।
2. क्योंकि तथाकथित मृत्युकालीन कथन के समय मृतका 95 प्रतिशत जली हुई थी और वह किसी तरह का कथन करने की स्थिति में नहीं थी। चिकित्सक के किसी मेडिकल रिपोर्ट एवं प्रमाण-पत्र के अभाव में ऐसे मृत्युकालीन कथन पर विचारण न्यायालय ने विश्वास करके गलती की है।
3. क्योंकि अपीलकर्ता का मृतका से दूर का सम्बन्ध है, इसलिए दहेज की माँग सम्बन्धी आरोप निराधार एवं बेबुनियाद है। विचारण न्यायालय के समक्ष दहेज की माँग करने सम्बन्धी आरोप की पुष्टि नहीं हुई है।
4. क्योंकि विद्वान विचारण न्यायालय द्वारा पारित आलोच्य निर्णय एवं आदेश दिनांक 27.08.2008 अवैध और विधिविरुद्ध है और मामले के तथ्यों पर आधारित नहीं है।
5. क्योंकि विचारण न्यायालय ने गलत तरीके से अभियोजन (Prosecution) के साक्ष्य पर विश्वास किया है।
6. क्योंकि विचारण न्यायालय अवैध तरीके से बचाव पक्ष (Defence) के साक्ष्य पर सम्यक विचार करने में असफल रहा है।
7. क्योंकि अभियोजन द्वारा प्रस्तुत साक्ष्य, निष्पक्ष साक्ष्य नहीं हैं और इन पर विश्वास करके विचारण न्यायालय ने त्रुटि की है।
8. क्योंकि पोस्टमार्टम रिपोर्ट एवं पंचनामा, अभियोजन पक्ष का समर्थन नहीं करते हैं।
9. क्योंकि विद्वान विचारण न्यायालय द्वारा पारित आलोच्य निर्णय एवं आदेश दिनांक 27.08.2008 शंका एवं अनुमान (Surmises and Conjunctures) पर आधारित है।
10. क्योंकि अपीलकर्ता एक 70 वर्ष का वृद्ध व्यक्ति है और उसे जमानत पर रिहा करना न्यायहित में है।

11. क्योंकि अपीलकर्ता मामले के विचारण के दौरान जमानत पर था और उसने इसका कभी दुरुपयोग नहीं किया है।
12. क्योंकि विचारण न्यायालय द्वारा दी गई सजा बहुत ज्यादा है।

प्रार्थना

अतः सविनम्र प्रार्थना की जाती है कि यह माननीय न्यायालय, उपरोक्त आपराधिक अपील को स्वीकार करने और सत्र परीक्षण संख्या...वर्ष...में जिला एवं सत्र न्यायाधीश, वाराणसी द्वारा पारित आलोच्य निर्णय एवं आदेश दिनांक...को निरस्त करने की कृपा करे।

पुनः सविनम्र प्रार्थना की जाती है कि यह माननीय न्यायालय, उपरोक्त अपील के विचाराधीन रहने तक आलोच्य निर्णय एवं आदेश दिनांक...को निलम्बित करने और अपीलकर्ता को जमानत पर रिहा करने की कृपा करे।

दिनांक... **अनूप बरनवाल**

(Anoop Baranwal)

अपीलकर्ता के विधिवक्ता

परिशिष्ट-9

आपराधिक निगरानी का प्रारूप

मुकदमा अपराध संख्या...वर्ष 2022
अं/धा 376-एबी, 377 भा.द.सं.
तथा 5/7 पॉक्सो अधिनियम,
थाना—गीडा, जनपद—गोरखपुर

माननीय उच्च न्यायालय, इलाहाबाद के न्याय-प्रशासन के समक्ष

आपराधिक निगरानी संख्या...वर्ष 2022

[अं/धा 102, किशोर न्याय (बच्चों की देख-रेख एवं संरक्षण) अधिनियम, 2015]

जनपद—गोरखपुर

XXX जुवेनाइल (XXX Juvenile) अवयस्क पुत्र श्री...जरिये पिता/नैसर्गिक संरक्षक..., पता—...

...निगरानीकर्ता
(09/06/2022 से निरुद्ध)

<u>**बनाम**</u>

1. उत्तर प्रदेश राज्य, गृह मंत्रालय, लखनऊ,
इसके सचिव के माध्यम से
2. किशोर न्याय बोर्ड, गोरखपुर
3. श्री...पुत्र...पता—...,
थाना—गीडा, जिला—गोरखपुर...

प्रतिपक्षीगण

प्रधान मजिस्ट्रेट, किशोर न्याय बोर्ड, गोरखपुर द्वारा पारित आलोच्य आदेश दिनांक 02.09.2022 तथा अपर जिला एवं विशेष सत्र न्यायाधीश पॉक्सो एक्ट-प्रथम, गोरखपुर द्वारा पारित आलोच्य आदेश दिनांक 20.09.2022, जिसके माध्यम से निगरानीकर्ता/किशोर नामतः...(किशोर का नाम) का जमानत प्रार्थना-पत्र खारिज किया गया है, के विरुद्ध यह प्रथम आपराधिक निगरानी है।

यह आपराधिक निगरानी निम्न आधारों पर सविनम्र दाखिल की जा रही है :

आधार

1. क्योंकि दोनों विद्वान अवर न्यायालय, आलोच्य आदेश दिनांक 02.09.2022 तथा 20.09.2022 पारित करते समय किशोर न्याय अधिनियम, 2015 की धारा 12 के बाध्यकारी प्रावधान को ठीक तरीके से समझने में विफल रहे हैं, जैसा कि इसके खंड (1) में प्रयुक्त शब्द shall से स्पष्ट है कि विधायिका का आशय किशोर को जमानत देने का रहा है बावजूद इसके कि कारित अपराध की प्रकृति एवं गम्भीरता जो भी हो।
2. क्योंकि दोनों विद्वान अवर न्यायालयों ने कानून के इस स्थापित सिद्धान्त कि किशोर को जमानत देने से मना करने के लिए अपराध की गम्भीरता (Gravity of Offence) विचारार्थ प्रासंगिक विषय नहीं होना चाहिए, का पालन न करके स्पष्ट गलती की है।
3. क्योंकि विद्वान अवर अपीलीय न्यायालय द्वारा जमानत देने से मना करने के लिए गीडा थाने की जिस रिपोर्ट पर विश्वास किया है, वह कोई तार्किक रिपोर्ट न होकर मात्र हाँ/नहीं में दिया गया जवाब है और बिना किसी साक्ष्य से समर्थित है। गीडा थाने की ऐसी रिपोर्ट पर विश्वास करके अवर अपीलीय न्यायालय द्वारा जमानत देने से मना करना न्यायहित के विरुद्ध है।
4. क्योंकि आलोच्य आदेश दिनांक 02.09.2022 तथा 20.09.2022 पारित करते समय दोनों विद्वान अवर न्यायालय, विधि सह परिवीक्षा अधिकारी गोरखपुर की सामाजिक जाँच रिपोर्ट दिनांक 12.08.2022 को सम्पूर्णता के साथ देखने में विफल रहे हैं, जिसमें स्पष्ट रूप से यह पाया गया है कि 'जाँच के दौरान किशोर के परिजनों की कोई भी आपराधिक पृष्ठभूमि

प्रकाश में नहीं आई है। किशोर राजकीय सम्प्रेक्षण गृह में आवासित है। आवासन अवधि के दौरान किशोर द्वारा कोई विपरीत आचरण प्रकाश में नहीं आया है। किशोर से बातचीत की गई। बातचीत के दौरान किशोर का व्यवहार सामान्य दिखा।'

5. क्योंकि प्रथम सूचना रिपोर्ट दिनांक 09.06.2022 तथा गवाहों एवं पीड़िता के बयान के मध्य घटना के होने के तरीके को लेकर अन्तर्विरोध (Contradiction) स्पष्ट है। प्रथम सूचना रिपोर्ट में जहाँ कहा गया है कि निगरानीकर्ता ने पीड़िता को अपने घर बुलाया, वहीं बयानों में कहा गया है कि पीड़िता स्वयं निगरानीकर्ता के घर पेंसिल व रबड़ लेने के लिए गई। निगरानीकर्ता को घटना में शामिल करने के लिए लगाए गए आरोप में व्याप्त अन्तर्विरोध आरोप को झूठा एवं मनगढ़न्त साबित करता है। मामले के इस महत्त्वपूर्ण पहलू पर दोनों विद्वान अवर न्यायालय ध्यान देने व विचार करने में विफल रहे हैं।
6. क्योंकि तथाकथित घटना की पीड़िता...के मेडिको-लीगल परीक्षण रिपोर्ट दिनांक 09.06.2022 और पैथालॉजिस्ट द्वारा तैयार स्मीयर्स परीक्षण रिपोर्ट दिनांक 10.06.2022 के अवलोकन से स्पष्ट है कि ये अभियोजन पक्ष का समर्थन नहीं करते हैं। मेडिकल रिपोर्ट तथा अभियोजन पक्ष के मध्य मौजूद अन्तर्विरोध, आरोप को झूठा एवं मनगढ़न्त साबित करता है। मामले के इस महत्त्वपूर्ण पहलू पर दोनों विद्वान अवर न्यायालय ध्यान देने व विचार करने में विफल रहे हैं।
7. क्योंकि आलोच्य आदेश दिनांक 02.09.2022 और 20.09.2022 को पारित करते समय दोनों विद्वान अवर न्यायालयों ने निगरानीकर्ता के 13 वर्षीय किशोर होने और माता-पिता के संरक्षण के अभाव के कारण उसके कोमल मन पर पड़नेवाले विपरीत प्रभाव को ध्यान में न रखकर स्पष्ट विधिक गलती (Manifest Error of Law) की है।
8. क्योंकि दोनों विद्वान अवर न्यायालयों ने आलोच्य आदेश पारित करते समय इस तथ्य को नजरअन्दाज किया है कि निगरानीकर्ता कक्षा 4 का होनहार विद्यार्थी रहा है और उसने लगभग 90 प्रतिशत अंक प्राप्त किए हैं और उसे निरुद्ध करना उसके शैक्षणिक कॅरियर के लिए हानिकारक है, जो न्यायहित में नहीं है।

9. क्योंकि दोनों विद्वान अवर न्यायालयों ने आलोच्य आदेश पारित करते समय निगरानीकर्ता के पिता अमरजीत निषाद द्वारा दिए गए वचन (Undertaking) कि वह अपने प्रतिपाल्य सूरज को आपराधिक गतिविधियों में संलिप्त नहीं होने देगा और वह उसके मानसिक व शैक्षिक स्तर के विकास हेतु सतत प्रयत्नशील रहेगा, पर विचार न करके कानूनी गलती की है।

10. क्योंकि दोनों विद्वान अवर न्यायालयों द्वारा जमानत देने से मना करना निराधार आशंका (Unfounded Apprehension) व अनुमान पर आधारित है।

11. क्योंकि दोनों विद्वान अवर न्यायालयों द्वारा पारित आलोच्य आदेश दिनांक 02.09.2022 और 20.09.2022 अवैध, विधिविरुद्ध, त्रुटिपूर्ण, गैर-तार्किक एवं स्थापित विधिक सिद्धान्तों के विरुद्ध है और निरस्त करने योग्य है।

प्रार्थना

अत: सविनम्र प्रार्थना की जाती है कि यह माननीय न्यायालय, मुकदमा अपराध संख्या..., वर्ष..., अं/धा 376-एबी, 377 भा.द.सं. तथा 5/7 पॉक्सो अधिनियम, थाना—गीडा, जनपद—गोरखपुर में प्रधान मजिस्ट्रेट, किशोर न्याय बोर्ड, गोरखपुर द्वारा पारित आलोच्य आदेश दिनांक 02.09.2022 तथा आपराधिक अपील संख्या.../2022 में अपर जिला एवं विशेष सत्र न्यायाधीश पॉक्सो एक्ट-प्रथम, गोरखपुर द्वारा पारित आलोच्य आदेश दिनांक 20.09.2022 को निरस्त करने की कृपा करे और/या ऐसा अन्य एवं अग्रिम आदेश, जैसा इस माननीय न्यायालय द्वारा मामले की परिस्थितियों में पारित किया जाना उचित एवं उपयुक्त समझा जाए, पारित करने की कृपा करे।

दिनांक...

अनूप बरनवाल
(Anoop Baranwal)
निगरानीकर्ता के विधिवक्ता

× × × ×

मुकदमा अपराध संख्या...वर्ष 2022
अं/धा 376-एबी, 377 भा.द.सं.
तथा 5/7 पॉक्सो अधिनियम,
थाना—गीडा, जनपद—गोरखपुर

माननीय उच्च न्यायालय, इलाहाबाद के न्याय-प्रशासन के समक्ष

आपराधिक जमानत प्रार्थना-पत्र संख्या 2022

अन्तर्गत

आपराधिक निगरानी संख्या 2022

[अन्तर्गत धारा 102, किशोर न्याय (बच्चों की देख-रेख एवं संरक्षण)]
अधिनियम, 2015

जनपद—गोरखपुर

XXX जुवेनाइल (XXX Juvenile) अवयस्क पुत्र श्री...जरिये पिता/नैसर्गिक संरक्षक..., पता—... ...निगरानीकर्ता

(09/06/2022 से निरुद्ध)

बनाम

1. उत्तर प्रदेश राज्य, गृह मंत्रालय, लखनऊ,
   इसके सचिव के माध्यम से
2. किशोर न्याय बोर्ड, गोरखपुर
3. श्री...पुत्र..., पता—...,
   थाना—गीडा, जिला—गोरखपुर...

प्रतिपक्षीगण

सेवा में,

उपर्युक्त उल्लिखित न्यायालय के माननीय मुख्य न्यायाधीश एवं अन्य सहयोगी न्यायाधीशगण।

उपर्युक्त याचीगण के इस प्रार्थना-पत्र के माध्यम से निम्न कथन सविनम्र प्रस्तुत किया जाता है :

1. यह कि इस प्रार्थना-पत्र के उद्देश्य हेतु सम्पूर्ण तथ्य, संलग्न शपथ-पत्र में विस्तार से दिया गया है, जो इस प्रार्थना-पत्र का एक हिस्सा है।

प्रार्थना

अतः सविनम्र प्रार्थना की जाती है कि यह माननीय न्यायालय, मुकदमा अपराध संख्या...वर्ष 2022 अं/धा 376-एबी, 377 भा.द.सं. तथा 5/7 पॉक्सो अधिनियम, थाना—गीडा, जनपद—गोरखपुर में निगरानीकर्ता/किशोर को जमानत पर रिहा करने

की कृपा करे और/या ऐसा अन्य एवं अग्रिम आदेश, जैसा इस माननीय न्यायालय द्वारा मामले की परिस्थितियों में पारित किया जाना उचित एवं उपयुक्त समझा जाए, पारित करने की कृपा करे।

दिनांक... **अनूप बरनवाल**

(Anoop Baranwal)

निगरानीकर्ता के विधिवक्ता

× × × ×

मुकदमा अपराध संख्या...वर्ष 2022
अं/धा 376-एबी, 377 भा.द.सं.
तथा 5/7 पॉक्सो अधिनियम,
थाना—गीडा, जनपद—गोरखपुर

माननीय उच्च न्यायालय, इलाहाबाद के न्याय-प्रशासन के समक्ष

शपथ-पत्र

अन्तर्गत

आपराधिक जमानत प्रार्थना-पत्र संख्या 2022

अन्तर्गत

आपराधिक निगरानी संख्या 2022

[अन्तर्गत धारा 102, किशोर न्याय (बच्चों की देख-रेख एवं संरक्षण)]
अधिनियम, 2015

जनपद—गोरखपुर

XXX जुवेनाइल (XXX Juvenile) अवयस्क पुत्र श्री...जरिये पिता/नैसर्गिक संरक्षक..., पता—... ...निगरानीकर्ता

(09/06/2022 से निरुद्ध)

बनाम

उत्तर प्रदेश राज्य, व अन्य दो ...प्रतिपक्षीगण

शपथ-पत्र द्वारा..., उम्र—... वर्ष, पुत्र...,
पता—..., जिला—गोरखपुर
(धर्म—हिन्दू, व्यवसाय—श्रमिक)

(शपथकर्ता)

मैं, उपरोक्त नामांकित शपथकर्ता, यहाँ सत्यनिष्ठापूर्वक सशपथ घोषणा एवं पुष्टि करता हूँ :

1. यह कि शपथकर्ता, अवयस्क निगरानीकर्ता का पिता और नैसर्गिक संरक्षक है, तथा इस रूप में वह निगरानीकर्ता की तरफ से पैरवी कर रहा है और इस कारण वह मामले के निम्न सशपथ घोषित तथ्यों से भली-भाँति अवगत है।
2. यह कि यह निगरानी, प्रार्थीगण की तरफ से धारा 102, किशोर न्याय (बच्चों की देख-रेख एवं संरक्षण) अधिनियम, 2015 के अन्तर्गत दाखिल उसी वादहेतु (Cause of Action) के लिए, जैसा इस निगरानी में विद्यमान है, प्रथम आपराधिक निगरानी है और अभी तक इस हाई कोर्ट के इलाहाबाद प्रधानपीठ में या लखनऊ खंडपीठ में इस वादहेतु के लिए उसने अन्य कोई आपराधिक निगरानी या प्रार्थना-पत्र अं/धा 482 अप.प्र.सं. या आपराधिक रिट याचिका नहीं दाखिल किया है।
3. यह कि निगरानीकर्ता ने अभी तक प्रतिपक्षीगण की तरफ से रजिस्टर्ड पत्र के माध्यम से कोई कैविएट या नोटिस नहीं प्राप्त किया है।
4. यह कि शिकायतकर्ता श्री मक्खन निषाद द्वारा निगरानीकर्ता के विरुद्ध प्रथम सूचना रिपोर्ट दिनांकित 09.06.2022 दाखिल कर उसे मुकदमा अपराध संख्या 184 वर्ष 2022 अं/धा 376-एबी, 377 भा.द.सं. तथा 5/7 पॉक्सो अधिनियम, थाना—गीडा, जनपद—गोरखपुर में अभियोजित किया गया है। इस प्रथम सूचना रिपोर्ट में 09.06.2022 को तथाकथित आपराधिक घटना घटित होने का आरोप लगाया गया है। प्रथम सूचना रिपोर्ट दिनांकित 09.06.2022 की सत्यप्रति/फोटोप्रति इस शपथ-पत्र के साथ संलग्नक संख्या 1 के रूप में दाखिल की जा रही है।
5. यह कि तथाकथित घटना की पीड़िता...का मेडिको-लीगल परीक्षण रिपोर्ट 09.06.2022 को सायं 9.30 किया जाना बताया गया है। इसके साथ पैथालॉजिस्ट द्वारा भी वैजाइनल स्मीयर्स एवं एनल स्मीयर्स की परीक्षण रिपोर्ट दिनांक 10.06.22 तैयार की गई है। इन दोनों रिपोर्टों के अवलोकन से स्पष्ट है कि ये अभियोजन पक्ष का समर्थन नहीं करती हैं और लगाए गए आरोप को झूठ साबित करती हैं। मेडिको-लीगल परीक्षण रिपोर्ट दिनांक 09.06.2022 एवं पैथालॉजिस्ट के परीक्षण रिपोर्ट दिनांक 10.06.22 की

सत्यप्रति/फोटोप्रति इस शपथ-पत्र के साथ संलग्नक संख्या 2 के रूप में दाखिल की जा रही है।

6. यह कि यह अभिकथित करने के लिए बताया गया है कि जाँच अधिकारी ने जाँच के दौरान शिकायतकर्ता श्री मक्खन निषाद का बयान अं/धा 161 अप.प्र.सं. रिकॉर्ड किया। शिकायतकर्ता श्री मक्खन निषाद के बयान अं/धा 161 अप.प्र.सं. की सत्यप्रति/फोटोप्रति इस शपथ-पत्र के साथ संलग्नक संख्या 3 के रूप में दाखिल की जा रही है।

7. यह कि यह भी अभिकथित करने के लिए बताया गया है कि जाँच अधिकारी ने जाँच के दौरान गवाह—श्रीमती...एवं श्रीमती...का बयान अं/धा 161 अप.प्र.सं. रिकॉर्ड किया। गवाह श्रीमती सुशीला एवं श्रीमती पचुई उर्फ भानुमति के बयान अं/धा 161 अप.प्र.सं. की सत्यप्रति/फोटोप्रति इस शपथ-पत्र के साथ क्रमश: संलग्नक संख्या 4 एवं 5 के रूप में दाखिल की जा रही है।

8. यह कि यह भी अभिकथित करने के लिए बताया गया है कि तथाकथित घटना की पीड़िता...का बयान अं/धा 164 अप.प्र.सं. 10.06.2022 को रिकॉर्ड किया गया। पीड़िता...का बयान अं/धा 164 अप.प्र.सं. की सत्यप्रति/फोटोप्रति इस शपथ-पत्र के साथ संलग्नक संख्या 6 के रूप में दाखिल की जा रही है।

9. यह कि प्रथम सूचना रिपोर्ट दिनांकित 09.06.2022 तथा गवाहों एवं पीड़िता के बयान के मध्य घटना होने के तरीके को लेकर अन्तर्विरोध (Contradiction) स्पष्ट है। प्रथम सूचना रिपोर्ट में जहाँ कहा गया है कि निगरानीकर्ता ने पीड़िता को अपने घर बुलाया, वहीं बयानों में कहा गया है कि पीड़िता स्वयं निगरानीकर्ता के घर पेंसिल व रबड़ लेने के लिए गई। निगरानीकर्ता को घटना में शामिल करने के लिए लगाए गए आरोप में व्याप्त यह अन्तर्विरोध, आरोप को झूठा एवं मनगढ़न्त साबित करता है।

10. यह कि तथाकथित घटना के समय निगरानीकर्ता की उम्र मात्र 12 वर्ष, 3 माह, 18 दिन थी। किशोर न्याय बोर्ड, गोरखपुर ने किशोर न्याय (बच्चों की देख-रेख एवं संरक्षण) अधिनियम, 2015 के अन्तर्गत आदेश दिनांक 06.08.2022 पारित करके निगरानीकर्ता को उक्त मामले के सम्बन्ध में 'विधि का उल्लंघन करनेवाला बालक' घोषित किया है।

किशोर न्याय बोर्ड, गोरखपुर के आदेश दिनांक 06.08.2022 की सत्यप्रति/फोटोप्रति इस शपथ-पत्र के साथ संलग्नक संख्या 7 के रूप में दाखिल की जा रही है।

11. यह कि यह अभिकथित करने के लिए बताया गया है कि किशोर न्याय बोर्ड, गोरखपुर के आदेश दिनांक 06.08.2022 को किसी उच्चतर न्यायालय के समक्ष चुनौती नहीं दी गई है और इस तरह आदेश दिनांक 06.08.2022 ने अन्तिम स्वरूप ग्रहण कर लिया है।

12. यह कि निगरानीकर्ता की तरफ से उक्त मामले में प्रधान मजिस्ट्रेट, किशोर न्याय बोर्ड, गोरखपुर के समक्ष जमानत प्रार्थना-पत्र दिनांक 10.08.2022 सशपथ-पत्र दाखिल किया गया। निगरानीकर्ता के सशपथ जमानत प्रार्थना-पत्र दिनांकित 10.08.2022 की सत्यप्रति/फोटोप्रति इस शपथ-पत्र के साथ संलग्नक संख्या 8 के रूप में दाखिल की जा रही है।

13. यह कि अपने सशपथ जमानत प्रार्थना-पत्र दिनांक 10.08.2022 में निगरानीकर्ता के पिता/शपथकर्ता ने यह वचन (Undertaking) दिया है कि वह अपने प्रतिपाल्य सूरज को आपराधिक गतिविधियों में संलिप्त नहीं होने देगा और वह उसके मानसिक व शैक्षिक स्तर के विकास हेतु सतत प्रयत्नशील रहेगा। शपथकर्ता आज भी अपने इस वचन (Undertaking) पर कायम है।

14. यह कि उक्त मामले में किशोर न्याय बोर्ड, गोरखपुर ने विधि सह परिवीक्षा अधिकारी, गोरखपुर और थाना—गीडा, जनपद—गोरखपुर से आख्या प्रस्तुत करने के लिए पत्र दिनांकित 10.08.2022 जारी किया, जिसकी सत्यप्रति/फोटोप्रति इस शपथ-पत्र के साथ संलग्नक संख्या 9 के रूप में दाखिल की जा रही है।

15. यह कि उक्त मामले में विधि सह परिवीक्षा अधिकारी, गोरखपुर ने सामाजिक जाँच रिपोर्ट दिनांक 12.08.2022 तैयार कर दाखिल की है। विधि सह परिवीक्षा अधिकारी, गोरखपुर की सामाजिक जाँच रिपोर्ट दिनांक 12.08.2022 की सत्यप्रति/फोटोप्रति इस शपथ-पत्र के साथ संलग्नक संख्या 10 के रूप में दाखिल की जा रही है।

16. यह कि उक्त मामले में थाना—गीडा, जनपद—गोरखपुर ने भी रिपोर्ट (अदिनांकित) दाखिल की। थाना—गीडा, जनपद—गोरखपुर की रिपोर्ट

की सत्यप्रति/फोटोप्रति इस शपथ-पत्र के साथ संलग्नक संख्या 11 के रूप में दाखिल की जा रही है।

17. यह कि प्रधान मजिस्ट्रेट, किशोर न्याय बोर्ड, गोरखपुर ने निगरानीकर्ता के जमानत प्रार्थना-पत्र को अवैध रूप से आलोच्य आदेश दिनांक 02.09.2022 पारित कर खारिज कर दिया। प्रधान मजिस्ट्रेट, किशोर न्याय बोर्ड, गोरखपुर द्वारा पारित आलोच्य आदेश दिनांक 02.09.2022 की प्रमाणित प्रति/सत्यप्रति को संलग्न निगरानी-मेमो के साथ दाखिल किया गया है।

18. यह कि प्रधान मजिस्ट्रेट, किशोर न्याय बोर्ड, गोरखपुर के आलोच्य आदेश दिनांक 02.09.2022 से पीड़ित होकर निगरानीकर्ता ने अपर जिला एवं विशेष सत्र न्यायाधीश पॉक्सो एक्ट-प्रथम, गोरखपुर के समक्ष आपराधिक अपील संख्या 123/2022 दाखिल की। अवर अपीलीय न्यायालय ने इस आपराधिक अपील को आलोच्य आदेश दिनांक 20.09.2022 पारित करके खारिज कर दिया। अपर जिला एवं विशेष सत्र न्यायाधीश पॉक्सो एक्ट-प्रथम, गोरखपुर द्वारा पारित आलोच्य आदेश दिनांक 20.09.2022 की प्रमाणित प्रति/सत्यप्रति को संलग्न निगरानी-मेमो के साथ दाखिल किया गया है।

19. यह कि निगरानीकर्ता कक्षा 4 का होनहार विद्यार्थी रहा है और उसने लगभग 90 प्रतिशत अंक प्राप्त किये हैं। कोरोना अवधि के बाद उसने पुनः पढ़ाई आरम्भ कर दी थी और आगे अपनी पढ़ाई जारी रखना चाहता है। इसलिए निगरानीकर्ता को जमानत देने से मना किया जाना और उसे निरुद्ध रखना उसके शैक्षणिक कॅरियर के लिए हानिकारक है, जो न्यायहित में नहीं है। निगरानीकर्ता के कक्षा 4 के अंकपत्र की फोटोप्रति इस शपथ-पत्र के साथ संलग्नक संख्या 12 के रूप में दाखिल की जा रही है।

20-28. (निगरानी के आधारों को यहाँ तथ्य के रूप में लिखकर शपथ-पत्र का हिस्सा बनाया गया है।)

29. यह कि निगरानीकर्ता के विरुद्ध लगाया गया आरोप झूठा है और गाँव के पार्टीबन्दी के कारण लगाया गया है।

30. यह कि निगरानीकर्ता के विरुद्ध इस आपराधिक मामले के अलावा अन्य कोई आपराधिक इतिहास नहीं है।

31. यह कि यह वचन (Undertaking) दिया जाता है कि निगरानीकर्ता, माननीय न्यायालय द्वारा जमानत दिये जाने पर, इस जमानत का दुरुपयोग नहीं करेगा और वह जाँच एवं विचारण के दौरान पूर्ण सहयोग करेगा।

32. यह कि मामले के उक्त तथ्यों एवं परिस्थितियों को दृष्टिगत रखते हुए, न्यायहित में आवश्यक है कि यह माननीय न्यायालय, मुकदमा अपराध संख्या...वर्ष 2022 अं/धा 376-एबी, 377 भा.द.सं. तथा 5/7 पॉक्सो अधिनियम, थाना—गीडा, जनपद—गोरखपुर में प्रधान मजिस्ट्रेट, किशोर न्याय बोर्ड, गोरखपुर द्वारा पारित आलोच्य आदेश दिनांक 02.09.2022 तथा आपराधिक अपील संख्या 123/2022 में अपर जिला एवं विशेष सत्र न्यायाधीश पॉक्सो एक्ट-प्रथम, गोरखपुर द्वारा पारित आलोच्य आदेश दिनांक 20.09.2022 को निरस्त करने और निगरानीकर्ता/किशोर को जमानत पर रिहा करने की कृपा करे और/या ऐसा अन्य एवं अग्रिम आदेश, जैसा इस माननीय न्यायालय द्वारा मामले की परिस्थितियों में पारित किया जाना उचित एवं उपयुक्त समझा जाए, पारित करने की कृपा करे।

मैं, उपरोक्त नामांकित शपथकर्ता, यहाँ सशपथ बयान करता हूँ कि इस शपथ-पत्र के पैरा संख्या 1, 2, 3, 13(अंश), 19(अंश), 24, 25, 26, 29, 30 एवं 31 के अन्तर्वस्तु मेरी निजी जानकारी में सत्य हैं; पैरा संख्या 4, 5, 6, 7, 8, 9, 10, 12, 13(अंश), 14, 15, 16, 17, 18, 19(अंश) एवं 23(अंश) के अन्तर्वस्तु रिकॉर्ड पर आधारित हैं; पैरा संख्या 11 के अन्तर्वस्तु सूचना पर आधारित हैं; और पैरा संख्या 20, 21, 22, 23(अंश), 27, 28 एवं 32 के अन्तर्वस्तु कानूनी परामर्श पर आधारित हैं, जिन्हें मैं सत्य मानता हूँ और इसका कोई भाग न तो असत्य है और न ही छिपाया गया है।

ईश्वर मेरी सहायता करे।

अँगूठा निशान **(शपथकर्ता)**

मैं,...पंजीकृत लिपिक, हाई कोर्ट इलाहाबाद, यहाँ यह घोषणा करता हूँ कि शपथ देनेवाला शपथकर्ता, जो स्वयं को शपथकर्ता बता रहा है, वही व्यक्ति है। मैं शपथकर्ता को उसके द्वारा मेरे समक्ष उपलब्ध कराए गए अभिलेख को देखकर जानता हूँ।

(...)

आज दिनांक...अक्टूबर, 2022 को पूर्वाह्न/अपराह्न...बजे शपथकर्ता द्वारा, जिसकी पहचान उपरोक्त व्यक्ति द्वारा की गई, सत्यनिष्ठा से मेरे समक्ष घोषणा की गई।

मैंने शपथकर्ता को इस शपथ-पत्र के अन्तर्वस्तु को पढ़ाया और समझाया है, और शपथकर्ता का परीक्षण करके सन्तुष्ट हूँ कि उसने इस शपथ-पत्र के अन्तर्वस्तु को भली-भाँति समझ लिया है।

(शपथ आयुक्त)

परिशिष्ट-10

स्थानान्तरण प्रार्थना-पत्र का प्रारूप

माननीय उच्च न्यायालय, इलाहाबाद के न्याय-प्रशासन के समक्ष

सिविल प्रकीर्ण स्थानान्तरण प्रार्थना-पत्र संख्या...वर्ष 2023

(अन्तर्गत धारा 24 सिविल प्रक्रिया संहिता)

जनपद—गोरखपुर

एक्स. गुप्ता (X. Gupta) पत्नी वाई. गोयल,
पुत्री...गुप्ता, पता—..., लखीमपुर

प्रार्थिनी/प्रतिवादी

बनाम

वाई. गोयल (Y. Goyal) पुत्र...,
पता—..., गोरखपुर

प्रतिपक्षी/वादी

सेवा में,

उपर्युक्त उल्लिखित न्यायालय के माननीय मुख्य न्यायाधीश एवं अन्य सहयोगी न्यायाधीशगण।

उपर्युक्त याची के इस प्रार्थना-पत्र के माध्यम से निम्न कथन सविनम्र प्रस्तुत किया जाता है :

1. यह कि इस स्थानान्तरण प्रार्थना-पत्र के उद्देश्य हेतु सम्पूर्ण तथ्य, संलग्न शपथ-पत्र में विस्तार से दिया गया है, जो इस प्रार्थना-पत्र का एक हिस्सा है।

प्रार्थना

अत: सविनम्र प्रार्थना की जाती है कि यह माननीय न्यायालय, सिविल न्यायाधीश (सीनियर डिवीजन), गोरखपुर के समक्ष लम्बित मूल वाद संख्या.../2018; वाई. गोयल बनाम एक्स. गुप्ता को गोरखपुर स्थित जनपद न्यायालय से लखीमपुर खीरी स्थित जनपद न्यायालय में स्थानान्तरित करने की कृपा करे।

पुन: सविनम्र प्रार्थना की जाती है कि यह माननीय न्यायालय, इस प्रार्थना-पत्र के विचाराधीन रहने तक माननीय सिविल न्यायाधीश (सीनियर डिवीजन), गोरखपुर के समक्ष लम्बित मूल वाद संख्या.../2018; वाई. गोयल बनाम एक्स. गुप्ता की कार्यवाही को रोकने की कृपा करे और/या ऐसा अन्य एवं अग्रिम आदेश, जैसा इस माननीय न्यायालय द्वारा मामले की परिस्थितियों में पारित किया जाना उचित एवं उपयुक्त समझा जाए, पारित करने की कृपा करे।

दिनांक...

अनूप बरनवाल
(Anoop Baranwal)
याची के विधिवक्ता

× × × ×

माननीय उच्च न्यायालय, इलाहाबाद के न्याय-प्रशासन के समक्ष
शपथ-पत्र
अन्तर्गत

सिविल प्रकीर्ण स्थानान्तरण प्रार्थना-पत्र संख्या 2023
(अन्तर्गत धारा 24 सिविल प्रक्रिया संहिता)

जनपद—गोरखपुर

एक्स. गुप्ता (X. Gupta) पत्नी वाई गोयल,
पुत्री...गुप्ता, पता—..., लखीमपुर

प्रार्थिनी/प्रतिवादी

बनाम

वाई. गोयल (Y. Goyal) पुत्र...,
पता—..., गोरखपुर

प्रतिपक्षी/वादी

शपथ-पत्र द्वारा...उम्र- 33 वर्ष, पुत्र..., पता—...,
लखीमपुर शहर, लखीमपुर—262701
(धर्म—हिन्दू, व्यवसाय—सेवा)

(शपथकर्ता)

मैं, उपरोक्त नामांकित शपथकर्ता, यहाँ सत्यनिष्ठापूर्वक पुष्ट एवं सशपथ घोषणा करता हूँ :

1. यह कि शपथकर्ता प्रार्थिनी का सगा भाई है और वह उसकी तरफ से पैरवी कर रहा है और इस कारण वह मामले के निम्न सशपथ घोषित तथ्यों से भली-भाँति अवगत है।
2. यह कि यह प्रार्थना-पत्र, प्रार्थिनी की तरफ से धारा 24 सिविल प्रक्रिया संहिता के अन्तर्गत दाखिल उसी वादहेतु (Cause of Action) के लिए, जैसा इस प्रार्थना-पत्र में विद्यमान है, प्रथम प्रार्थना-पत्र है और अभी तक इस हाई कोर्ट की इलाहाबाद प्रधानपीठ में या लखनऊ खंडपीठ में उसी वादहेतु के लिए कोई अन्य प्रार्थना-पत्र अं/धा 24 सि.प्र.सं. नहीं दाखिल किया है।
3. यह कि प्रार्थिनी ने अभी तक प्रतिपक्षी की तरफ से रजिस्टर्ड पत्र के माध्यम से कोई कैविएट या नोटिस नहीं प्राप्त किया है।
4. यह कि इस प्रार्थना-पत्र का आरम्भिक तथ्य यह है कि प्रार्थिनी और प्रतिपक्षी के मध्य 13.12.2000 को हिन्दू संस्कार एवं परम्परा के अनुसार विवाह सम्पन्न हुआ। उनके मध्य एक पुत्र...12.03.2007 को पैदा हुआ, जो प्रार्थिनी के साथ रह रहा है।
5. यह कि प्रार्थिनी और प्रतिपक्षी अपना खुशहाली भरा वैवाहिक जीवन व्यतीत कर रहे थे, किन्तु इसी दौरान दुर्भाग्य का पल तब आया जब प्रतिपक्षी का उसके ही अस्पताल नामतः...में काम कर रही जेड गुप्ता नाम की एक महिला के साथ अवैध सम्बन्ध विकसित हो गया।
6. यह कि प्रतिपक्षी और जेड गुप्ता के मध्य अवैध सम्बन्ध की जानकारी प्रार्थिनी को पहली बार जून, 2013 में हुई। प्रार्थिनी द्वारा इस अवैध सम्बन्ध का विरोध करने पर प्रतिपक्षी उसे शारीरिक एवं मानसिक रूप से प्रताड़ित करने लगा।

7. यह कि प्रार्थिनी को अपने से अलग करने और जेड गुप्ता के साथ आजादीपूर्वक रहने की बदनीयत एवं दुराशय से प्रतिपक्षी ने झूठे एवं मनगढ़न्त आरोप लगाते हुए एक प्रार्थना-पत्र अन्तर्गत धारा 156(3) अप.प्र. सं. 09.12.2013 को दाखिल किया। यह प्रार्थना-पत्र, प्रकीर्ण प्रार्थना संख्या.../2013 के रूप में दर्ज हुआ। प्रतिपक्षी के प्रार्थना-पत्र दिनांक 09.12.2013 की सत्यप्रति/फोटोप्रति इस शपथ-पत्र के साथ संलग्नक संख्या 1 के रूप में दाखिल की जा रही है।
8. यह कि उक्त प्रकीर्ण प्रार्थना संख्या.../2013 के मामले में माननीय न्यायिक मजिस्ट्रेट, गोरखपुर के न्यायालय ने आदेश दिनांक 16.05.2014 एवं 29.10.2014 पारित किया। माननीय न्यायिक मजिस्ट्रेट, गोरखपुर के न्यायालय के आदेश दिनांक 16.05.2014 एवं 29.10.2014 की सत्यप्रति/फोटोप्रति इस शपथ-पत्र के साथ संलग्नक संख्या 2 के रूप में दाखिल की जा रही है।
9. यह कि प्रकीर्ण प्रार्थना संख्या.../2013 का मामला माननीय न्यायिक मजिस्ट्रेट, गोरखपुर के न्यायालय के समक्ष आज भी विचाराधीन है। प्रकीर्ण प्रार्थना संख्या.../2013 के आदेश-पत्रक (Order-Sheet) की सत्यप्रति/फोटोप्रति इस शपथ-पत्र के साथ संलग्नक संख्या 3 के रूप में दाखिल की जा रही है।
10. यह कि यह अभिकथित किया जाता है कि प्रार्थिनी को प्रकीर्ण प्रार्थना संख्या.../2013 के मामले की जानकारी पहली बार जून, 2023 में हुई।
11. यह कि प्रतिपक्षी द्वारा प्रार्थिनी के विरुद्ध किए गए अपराध एवं प्रताड़ना के खिलाफ प्रार्थिनी द्वारा प्रथम सूचना रिपोर्ट दिनांक 23.01.2018, जिसका मुकदमा अपराध संख्या.../2018 अन्तर्गत धारा 498-क, 497, 323, 504, 506, एवं 120-क भा.द.सं., थाना—गुलरिहा, जिला—गोरखपुर है, दाखिल करना पड़ा। प्रार्थिनी के प्रथम सूचना रिपोर्ट दिनांक 23.01.2018 की सत्यप्रति/फोटोप्रति इस शपथ-पत्र के साथ संलग्नक संख्या 4 के रूप में दाखिल की जा रही है।
12. यह कि उक्त प्रथम सूचना रिपोर्ट दिनांक 23.01.2018 से उपजे आपराधिक मामले में जाँच अधिकारी ने सम्यक जाँचोपरान्त आरोप-पत्र (Charge

Sheet) दाखिल किया। इस आरोप-पत्र से उपजे आपराधिक मामला संख्या.../2019 में अपर मुख्य न्यायिक मजिस्ट्रेट, द्वितीय, गोरखपुर के न्यायालय ने प्रतिपक्षी के विरुद्ध संज्ञान लेते हुए समन आदेश दिनांक 13.07.2019 पारित किया। प्रतिपक्षी के विरुद्ध पारित समन आदेश दिनांक 13.07.2019 की सत्यप्रति/फोटोप्रति इस शपथ-पत्र के साथ संलग्नक संख्या 5 के रूप में दाखिल की जा रही है।

13. यह कि प्रतिपक्षी द्वारा दोबारा किए गए अपराध के खिलाफ प्रार्थिनी ने प्रथम सूचना रिपोर्ट दिनांक 23.03.2018, जिसका अपराध मुकदमा संख्या.../2018 अन्तर्गत धारा 323, 504 भा.द.सं., थाना—कैंट, जिला—गोरखपुर है, दाखिल किया। प्रार्थिनी के प्रथम सूचना रिपोर्ट दिनांक 23.03.2018 की सत्यप्रति/फोटोप्रति इस शपथ-पत्र के साथ संलग्नक संख्या 6 के रूप में दाखिल की जा रही है।

14. यह कि उक्त प्रथम सूचना रिपोर्ट दिनांक 23.03.2018 से उपजे आपराधिक मामले में जाँच अधिकारी ने, प्रतिपक्षी के प्रभाव में आकर गलत एवं अवैध तरीके से अन्तिम रिपोर्ट दिनांक 20.05.2021 दाखिल कर दी। इस अन्तिम रिपोर्ट से उपजे आपराधिक मामला संख्या 1177/2021 में कई तिथियाँ 21.06.2021, 27.08.2021, 15.11.2021, 08.02.2022, 25.07.2022, 12.09.2022, 07.12.2022, 13.02.2023, 18.05.2023, और 16.09.2023 निर्धारित हुईं। यह मामला अभी भी विचाराधीन है।

15. यह कि प्रतिपक्षी द्वारा की गई घरेलू हिंसा के विरुद्ध प्रार्थिनी ने माननीय अपर मुख्य न्यायिक मजिस्ट्रेट, लखीमपुर के न्यायालय के समक्ष शिकायत प्रार्थना-पत्र संख्या.../2020 अन्तर्गत धारा 12, घरेलू हिंसा अधिनियम, 2005 दाखिल किया। प्रार्थिनी के शिकायत प्रार्थना-पत्र संख्या.../2020 की सत्यप्रति/फोटोप्रति इस शपथ-पत्र के साथ संलग्नक संख्या 7 के रूप में दाखिल की जा रही है।

16. यह कि शिकायत प्रार्थना-पत्र संख्या.../2020 अन्तर्गत धारा 12, घरेलू हिंसा अधिनियम, 2005 के मामले में प्रतिपक्षी ने हाजिर होकर अपना उत्तरपत्र दिनांक 03.02.2023 दाखिल किया। प्रतिपक्षी के उत्तरपत्र दिनांक 03.02.2023 की सत्यप्रति/फोटोप्रति इस शपथ-पत्र के साथ संलग्नक संख्या 8 के रूप में दाखिल की जा रही है।

17. यह कि प्रार्थिनी की शिकायत प्रार्थना-पत्र संख्या.../2020 अन्तर्गत धारा 12, घरेलू हिंसा अधिनियम, 2005, अपर मुख्य न्यायिक मजिस्ट्रेट, लखीमपुर के न्यायालय के समक्ष विचाराधीन है।

18. यह कि प्रतिपक्षी ने मनगढ़न्त एवं बेबुनियाद तथ्यों के आधार पर माननीय सिविल न्यायाधीश (सीनियर डिवीजन), गोरखपुर के समक्ष मूल वाद संख्या.../2018; वाई. गोयल बनाम एक्स. गुप्ता दाखिल किया। मूल वाद संख्या.../2018 के अर्जीदावा की सत्यप्रति/फोटोप्रति इस शपथ-पत्र के साथ संलग्नक संख्या 9 के रूप में दाखिल की जा रही है।

19. यह कि उक्त मूल वाद में वशारतपुर, गोरखपुर स्थित विवादित भूमि और गौतम बिहार आवासीय योजना, गोरखपुर स्थित भूमि प्रार्थिनी ने विवाह के दौरान अपने माता-पिता द्वारा दिए गए और स्वयं के अर्जित धन से अपने नाम खरीदी थी। प्रतिपक्षी ने बदनीयत से इन दोनों सम्पत्ति के विरुद्ध प्रतिषेध आदेश जारी करने की माँग करते हुए उक्त मूल वाद दाखिल किया है।

20. यह कि मूल वाद संख्या.../2018 का उक्त मामला माननीय सिविल न्यायाधीश (सीनियर डिवीजन), गोरखपुर के समक्ष विचाराधीन है। मूल वाद संख्या.../2018 के आदेश-पत्रक (Order Sheet) की सत्यप्रति/फोटोप्रति इस शपथ-पत्र के साथ संलग्नक संख्या 10 के रूप में दाखिल की जा रही है।

21. यह कि प्रतिपक्षी के जेड गुप्ता के साथ विकसित हुए सम्बन्ध और प्रतिपक्षी द्वारा प्रार्थिनी के विरुद्ध किए गए आपराधिक कृत्य को देखते हुए प्रार्थिनी के समक्ष उससे विवाह-विच्छेद कर लेने के अलावा कोई विकल्प नहीं रह गया। अत: प्रार्थिनी ने माननीय प्रधान न्यायाधीश, पारिवारिक न्यायालय, लखीमपुर खीरी के समक्ष विवाह-विच्छेद याचिका संख्या.../2018 अन्तर्गत धारा 13 हिन्दू विवाह अधिनियम, 1955 दाखिल की। विवाह-विच्छेद याचिका संख्या.../2018 के अर्जीदावा की सत्यप्रति/फोटोप्रति इस शपथ-पत्र के साथ संलग्नक संख्या 11 के रूप में दाखिल की जा रही है।

22. यह कि विवाह-विच्छेद याचिका संख्या.../2018 के मामले में प्रतिपक्षी ने हाजिर होकर अपना उत्तरपत्र दाखिल किया। विवाह-विच्छेद

याचिका संख्या.../2018 में प्रतिपक्षी द्वारा दाखिल उत्तरपत्र की सत्यप्रति/फोटोप्रति इस शपथ-पत्र के साथ संलग्नक संख्या 12 के रूप में दाखिल की जा रही है।

23. यह कि विवाह-विच्छेद याचिका संख्या.../2018 का उक्त मामला माननीय प्रधान न्यायाधीश, पारिवारिक न्यायालय, लखीमपुर खीरी के समक्ष विचाराधीन है। विवाह-विच्छेद याचिका संख्या.../2018 के आदेश-पत्रक की सत्यप्रति/फोटोप्रति इस शपथ-पत्र के साथ संलग्नक संख्या 13 के रूप में दाखिल की जा. रही है।

24. यह कि प्रार्थिनी के एफ.आई.आर. के प्रतिरोध (Counter Blast) में प्रतिपक्षी ने फर्जी और मनगढ़न्त आरोप लगाते हुए प्रार्थिनी और 3 अज्ञात लोगों के विरुद्ध प्रथम सूचना रिपोर्ट दिनांक 24.10.2018, दाखिल की, जिसका अपराध मुकदमा संख्या.../2018 अन्तर्गत धारा 406, 506, 419, 420 एवं 471 भा.द.सं., थाना—गुलरिहा, जिला—गोरखपुर है। प्रतिपक्षी के प्रथम सूचना रिपोर्ट दिनांक 24.10.2018 की सत्यप्रति/फोटोप्रति इस शपथ-पत्र के साथ संलग्नक संख्या 14 के रूप में दाखिल की जा रही है।

25. यह कि उक्त प्रथम सूचना रिपोर्ट दिनांक 24.10.2018 से उपजे आपराधिक मामले में जाँच अधिकारी ने सम्यक जाँचोपरान्त आरोप को प्रथमदृष्टया गलत एवं झूठा पाया और अन्तिम रिपोर्ट दाखिल की। इस अन्तिम रिपोर्ट से उपजे एफ.आई.आर. संख्या.../2020 का मामला अपर मुख्य न्यायिक मजिस्ट्रेट, द्वितीय, गोरखपुर के न्यायालय के समक्ष विचाराधीन है। एफ.आई.आर. संख्या.../2020 के आदेश-पत्रक (Order Sheet) की सत्यप्रति/फोटोप्रति इस शपथ-पत्र के साथ संलग्नक संख्या 15 के रूप में दाखिल की जा रही है।

26. यह कि मूल वाद संख्या.../2018 की मार्च, 2023 में जानकारी होने के तुरन्त बाद प्रार्थिनी ने अपने विधिवक्ता से सम्पर्क किया। परामर्श के उपरान्त प्रार्थिनी ने इस वाद में सि.प्रा.सं. के आदेश 7 नियम 11 के अन्तर्गत एक प्रकीर्ण प्रार्थना-पत्र 26-ग दिनांक 20.04.2023 दाखिल किया, जिसकी सत्यप्रति/फोटोप्रति इस शपथ-पत्र के साथ संलग्नक संख्या 16 के रूप में दाखिल की जा रही है।

27. यह कि प्रार्थिनी को जानकर आश्चर्य हुआ कि माननीय सिविल न्यायाधीश (सीनियर डिवीजन), गोरखपुर ने आदेश दिनांक 03.07.2023 पारित करके प्रकीर्ण प्रार्थना-पत्र 26-ग दिनांक 20.04.2023 को खारिज कर दिया। सिविल न्यायाधीश (सीनियर डिवीजन), गोरखपुर के आदेश दिनांक 03.07.2023 की सत्यप्रति/फोटोप्रति इस शपथ-पत्र के साथ संलग्नक संख्या 17 के रूप में दाखिल की जा रही है।

28. यह कि प्रतिपक्षी द्वारा त्यागे जाने के बाद प्रार्थिनी, वर्ष 2013 से लखीमपुर स्थित अपने मायके में रह रही है।

29. यह कि प्रार्थिनी के मायके में उसकी 70 वर्षीय वृद्ध माता और 16 वर्षीय पुत्र रहते हैं। उसके पिता श्री...गुप्ता की मृत्यु नवम्बर, 2019 में हो गई थी और उसका एकमात्र भाई...(शपथकर्ता)...के जनपद न्यायालय में लिपिक पद पर कार्यरत है। प्रार्थिनी के साथ कोई वयस्क पुरुष-सदस्य नहीं रहते हैं।

30. यह कि गोरखपुर और लखीमपुर खीरी के मध्य दूरी लगभग 350 किलोमीटर है और इन दोनों शहर के बीच कोई सीधी ट्रेन भी नहीं है। लखीमपुर खीरी से गोरखपुर आने-जाने में कम-से-कम दो रात और दो दिन का समय लगता है और इस कारण से प्रार्थिनी के लिए गोरखपुर जाकर मूल वाद संख्या.../2018 के मामले की पैरवी करना बहुत कठिन और असुरक्षित है।

31. यह कि प्रार्थिनी स्कोलियोसिस (Scoliosis) अर्थात रीढ़ के एक ओर टेढ़ेपन की बीमारी से पीड़ित है और डॉक्टर ने उसे लम्बी दूरी की यात्रा न करने का परामर्श दिया है। इस कारण भी प्रार्थिनी के लिए मूल वाद संख्या.../2018 के मामले की पैरवी करने के लिए गोरखपुर आना-जाना बहुत कठिन है। प्रार्थिनी के इलाज-पत्रक की सत्यप्रति/फोटोप्रति इस शपथ-पत्र के साथ संलग्नक संख्या 18 के रूप में दाखिल की जा रही है।

32. यह कि प्रार्थिनी की उम्र लगभग 40 वर्ष है। इस कारण उसके लिए अकेले 350 किलोमीटर की दूरी पर स्थित गोरखपुर आना-जाना उसकी सुरक्षा की दृष्टि से ठीक नहीं है।

33. यह कि प्रतिपक्षी द्वारा प्रार्थिनी या उसके पुत्र 16 वर्षीय...को उनके भरण-पोषण या पठन-पाठन के लिए आज तक कोई खर्च नहीं दिया गया

है और इसके विपरीत प्रतिपक्षी प्रार्थिनी और उसके पुत्र को मुकदमों के जरिए मानसिक, शारीरिक और आर्थिक रूप से परेशान और प्रताड़ित करता रहा है।

34. यह कि प्रार्थिनी आर्थिक रूप से निर्बल एवं लाचार है। इस कारण उसके द्वारा गोरखपुर जाकर मूल वाद संख्या.../2018 के मामले की पैरवी करना और साक्ष्य-सबूत प्रस्तुत करना सम्भव नहीं है।

35. यह कि मामले के उक्त तथ्यों एवं परिस्थितियों को दृष्टिगत रखते हुए, न्यायहित में आवश्यक है कि यह माननीय न्यायालय, सिविल न्यायाधीश (सीनियर डिवीजन), गोरखपुर के समक्ष लम्बित मूल वाद संख्या.../2018; वाई. गोयल बनाम एक्स. गुप्ता को गोरखपुर स्थित जनपद न्यायालय से लखीमपुर खीरी स्थित जनपद न्यायालय की सक्षम पीठ के समक्ष स्थानान्तरित करने की कृपा करे।

माननीय न्यायालय से यह भी सविनम्र प्रार्थना है कि वह इस प्रार्थना-पत्र के विचाराधीन रहने तक माननीय सिविल न्यायाधीश (सीनियर डिवीजन), गोरखपुर के समक्ष लम्बित मूल वाद संख्या.../2018; वाई. गोयल बनाम एक्स. गुप्ता की कार्यवाही को रोकने की कृपा करे और/या ऐसा अन्य एवं अग्रिम आदेश, जैसा इस माननीय न्यायालय द्वारा मामले की परिस्थितियों में पारित किया जाना उचित एवं उपयुक्त समझा जाए, पारित करने की कृपा करे।

मैं, उपरोक्त नामांकित शपथकर्ता, यहाँ सशपथ बयान करता हूँ कि इस शपथ-पत्र के पैरा संख्या...के अन्तर्वस्तु मेरी निजी जानकारी में सत्य हैं; पैरा संख्या...के अन्तर्वस्तु रिकॉर्ड पर आधारित हैं; पैरा संख्या...के अन्तर्वस्तु सूचना पर आधारित हैं; और पैरा संख्या...के अन्तर्वस्तु कानूनी सलाह पर आधारित हैं, जिन्हें मैं सत्य मानता हूँ और इसका कोई भाग न तो असत्य है और न ही छिपाया गया है।

ईश्वर मेरी सहायता करे।

अँगूठा निशान **(शपथकर्ता)**

मैं,...पंजीकृत लिपिक, हाई कोर्ट इलाहाबाद, यहाँ यह घोषणा करता हूँ कि शपथ देनेवाला शपथकर्ता, जो स्वयं को शपथकर्ता बता रहा है, वही व्यक्ति

है। मैं शपथकर्ता को उसके द्वारा मेरे समक्ष उपलब्ध कराए गए अभिलेख को देखकर जानता हूँ।

(...)

आज दिनांक...जुलाई, 2023 को पूर्वाह्न/अपराह्न...बजे शपथकर्ता द्वारा, जिसकी पहचान उपर्युक्त व्यक्ति द्वारा की गई, सत्यनिष्ठा से मेरे समक्ष घोषणा की गई।

मैंने शपथकर्ता को इस शपथ-पत्र के अन्तर्वस्तु को पढ़ाया और समझाया है, और शपथकर्ता का परीक्षण करके सन्तुष्ट हूँ कि उसने इस शपथ-पत्र के अन्तर्वस्तु को भली-भाँति समझ लिया है।

(शपथ आयुक्त)

परिशिष्ट-11

अनुक्रमणिका (Index) का प्रारूप

माननीय उच्च न्यायालय, इलाहाबाद के न्याय-प्रशासन के समक्ष

अनुक्रमणिका

अन्तर्गत

सिविल/आपराधिक प्रकीर्ण रिट याचिका संख्या...वर्ष 2023

(भारतीय संविधान के अनुच्छेद 226 के अन्तर्गत)

जिला—इलाहाबाद

एक्स. सिंह (X. Singh) और 3 अन्य याचीगण

बनाम

उत्तर प्रदेश राज्य और 2 अन्य विपक्षीगण

क्रम सं.	विवरण	दिनांक	संल. सं.	पृष्ठ सं.
1.	तिथिवार घटनाएँ			
2.	सिविल/आपराधिक प्रकीर्ण अन्तरिम प्रार्थना-पत्र			
3.	सिविल/आपराधिक प्रकीर्ण रिट याचिका			
4.	...की सत्यप्रति		1	
...	...		...	
...	याचिका के समर्थन में शपथ-पत्र			
...	वकालतनामा			

दिनांक...

अनूप बरनवाल
(Anoop Baranwal)
याची के विधिवक्ता

परिशिष्ट-12

तिथिवार घटनाओं (Date and Events) का प्रारूप

माननीय उच्च न्यायालय, इलाहाबाद के न्याय-प्रशासन के समक्ष

तिथि एवं घटनाएँ

अन्तर्गत

सिविल/आपराधिक प्रकीर्ण रिट याचिका संख्या...वर्ष 2023

(भारतीय संविधान के अनुच्छेद 226 के अन्तर्गत)

जिला—इलाहाबाद

एक्स. सिंह (X. Singh) और 3 अन्य — याचीगण

बनाम

उत्तर प्रदेश राज्य और 2 अन्य — विपक्षीगण

तिथि	**घटनाएँ**
08/07/2022	विपक्षी संख्या 2 द्वारा उ. प्र. उच्चतर शिक्षा सेवा आयोग अधिनियम, 1980 की धारा 12 में निर्धारित प्रक्रिया का पालन करते हुए सहायक आचार्य (Assistant Professor) के कुल 917 पद पर भर्ती के लिए विज्ञापन जारी किया गया।
...	...
...	इस कारण वर्तमान याचिका दाखिल की जा रही है।

दिनांक...

अनूप बरनवाल

(Anoop Baranwal)

याची के विधिवक्ता

परिशिष्ट-13

किसी मामले में दाखिल होने वाले 'अन्तरिम प्रार्थना-पत्र' का प्रारूप

माननीय उच्च न्यायालय, इलाहाबाद के न्याय-प्रशासन के समक्ष

सिविल/आपराधिक प्रकीर्ण अन्तरिम प्रार्थना-पत्र संख्या...वर्ष 2023

अन्तर्गत

सिविल/आपराधिक प्रकीर्ण रिट याचिका संख्या...वर्ष 2023

(भारतीय संविधान के अनुच्छेद 226 के अन्तर्गत)

जिला—इलाहाबाद

1. एक्स. सिंह (X. Singh), पुत्र..., पता—...
2. ...

याचीगण

बनाम

1. उत्तर प्रदेश राज्य, उच्च शिक्षा मंत्रालय, लखनऊ, इसके सचिव के माध्यम से
2. ...

प्रतिपक्षीगण

सेवा में,

उपर्युक्त उल्लिखित न्यायालय के माननीय मुख्य न्यायाधीश एवं अन्य सहयोगी न्यायाधीशगण।

उपर्युक्त याचीगण के इस प्रार्थना-पत्र के माध्यम से निम्न कथन सविनम्र प्रस्तुत किया जाता है :

1. यह कि इस प्रार्थना-पत्र के उद्देश्य हेतु सम्पूर्ण तथ्य, संलग्न रिट याचिका एवं इसके समर्थन में दाखिल शपथ-पत्र में विस्तार से दिया गया है, जो इस प्रार्थना-पत्र का एक हिस्सा है।

प्रार्थना

अत: सविनम्र प्रार्थना की जाती है कि यह माननीय न्यायालय, उपर्युक्त याचिका के विचाराधीन रहने तक विपक्षी संख्या 2 द्वारा पारित आदेश दिनांक...के प्रभाव को रोकने और मौके पर यथास्थिति बनाए रखने हेतु अन्तरिम आदेश जारी करने की कृपा करे, और/या ऐसा अन्य एवं अग्रिम आदेश, जैसा इस माननीय न्यायालय द्वारा मामले की परिस्थितियों में पारित किया जाना उचित एवं उपयुक्त समझा जाए, पारित करने की कृपा करे।

या

अत: सविनम्र प्रार्थना की जाती है कि यह माननीय न्यायालय, उपर्युक्त याचिका के विचाराधीन रहने तक विपक्षी संख्या 3 को मुकदमा अपराध संख्या...वर्ष 2022 अं/धा..., ...अधिनियम; थाना—बाबूगढ़, जनपद—हापुड़ में याची को गिरफ्तार न करने और उसके विरुद्ध कोई उत्पीड़न की कार्यवाही न करने का निर्देश देने की कृपा करे, और/या ऐसा अन्य एवं अग्रिम आदेश, जैसा इस माननीय न्यायालय द्वारा मामले की परिस्थितियों में पारित किया जाना उचित एवं उपयुक्त समझा जाए, पारित करने की कृपा करे।

दिनांक...

अनूप बरनवाल

(Anoop Baranwal)

याची के विधिवक्ता

परिशिष्ट-14

किसी मामले में दाखिल होने वाले 'प्रार्थना-पत्र' का प्रारूप

माननीय उच्च न्यायालय, इलाहाबाद के न्याय-प्रशासन के समक्ष

सिविल प्रकीर्ण पक्षकार-संयोजन प्रार्थना-पत्र संख्या...वर्ष 2023

(Civil Misc. Impleadment Application No. of 2023)

(इलाहाबाद हाई कोर्ट नियम, 1952 के अध्याय 22, नियम 5-क के अन्तर्गत)

अन्तर्गत

सिविल प्रकीर्ण रिट याचिका संख्या...वर्ष 2023

(भारतीय संविधान के अनुच्छेद 226 के अन्तर्गत)

जनपद—आजमगढ़

एक्स. देवी (X. Devi) पत्नी...,
निवासी—..., जिला—आजमगढ़, उत्तर प्रदेश-276135

याची

बनाम

1. उत्तर प्रदेश राज्य, गृह मंत्रालय, लखनऊ, इसके सचिव के माध्यम से,
2. ...

प्रतिपक्षीगण

सेवा में,

उपर्युक्त उल्लिखित न्यायालय के माननीय मुख्य न्यायाधीश एवं अन्य सहयोगी न्यायाधीशगण।

उपर्युक्त याची के इस प्रार्थना-पत्र के माध्यम से निम्न कथन सविनम्र प्रस्तुत किया जाता है :

1. यह कि इस प्रार्थना-पत्र के उद्देश्य हेतु सम्पूर्ण तथ्य, संलग्न शपथ-पत्र में विस्तार से दिया गया है, जो इस प्रार्थना-पत्र का एक हिस्सा है।
2. यह कि वर्तमान प्रार्थना-पत्र...को दाखिल किया जा रहा है, जो इस माननीय न्यायालय के समक्ष...को आने की सम्भावना है।

प्रार्थना

अतः सविनम्र प्रार्थना की जाती है कि यह माननीय न्यायालय, उक्त रिट याचिका में 'ग्राम सभा—धरसन, पोस्ट—कंधरापुर, जिला—आजमगढ़, उत्तर प्रदेश, इसके ग्राम प्रधान के माध्यम से' को प्रतिपक्षी संख्या 6 के रूप में जोड़ने की अनुमति प्रदान करने की कृपा करे, और/या ऐसा अन्य एवं अग्रिम आदेश, जैसा इस माननीय न्यायालय द्वारा मामले की परिस्थितियों में पारित किया जाना उचित एवं उपयुक्त समझा जाए, पारित करने की कृपा करे।

दिनांक

अनूप बरनवाल
(Anoop Baranwal)
याची के विधिवक्ता

× × × ×

माननीय उच्च न्यायालय, इलाहाबाद के न्याय-प्रशासन के समक्ष

शपथ-पत्र

अन्तर्गत

सिविल प्रकीर्ण पक्षकार-संयोजन प्रार्थना-पत्र संख्या...वर्ष 2023

(Civil Misc. Impleadment Application No. of 2023)

(इलाहाबाद हाई कोर्ट नियम, 1952 के अध्याय 22, नियम 5-क के अन्तर्गत)

अन्तर्गत

सिविल प्रकीर्ण रिट याचिका संख्या...वर्ष 2023

(भारतीय संविधान के अनुच्छेद 226 के अन्तर्गत)

जनपद—आजमगढ़

एक्स. देवी (X. Devi), पत्नी...,
निवासी—..., जिला—आजमगढ़, उत्तर प्रदेश-276135

याची

बनाम

1. उत्तर प्रदेश राज्य, गृह मंत्रालय, लखनऊ, इसके सचिव के माध्यम से,
2. ...

प्रतिपक्षीगण

शपथ-पत्र द्वारा...उम्र लगभग...वर्ष, पुत्र..., निवासी—...,
जिला—आजमगढ़, उत्तर प्रदेश-276135
(धर्म—हिन्दू, व्यवसाय—व्यवसाय)

(शपथकर्ता)

मैं, उपरोक्त नामांकित शपथकर्ता, यहाँ सत्यनिष्ठापूर्वक सशपथ घोषणा एवं पुष्टि करता हूँ :

1. यह कि शपथकर्ता याची का पति है और वह उसकी तरफ से पैरवी कर रहा है और इस कारण वह मामले के निम्न सशपथ घोषित तथ्यों से भली-भाँति अवगत है।
2. यह कि उक्त रिट याचिका में 'ग्राम सभा—धरसन, पोस्ट—कंधरापुर, जिला—आजमगढ़, उत्तर प्रदेश, इसके ग्राम प्रधान के माध्यम से' भी एक उचित एवं आवश्यक पक्षकार है।
3. यह कि भूलवश 'ग्राम सभा—धरसन, पोस्ट—कंधरापुर, जिला—आजमगढ़, उत्तर प्रदेश, इसके ग्राम प्रधान के माध्यम से' को उक्त रिट याचिका में प्रतिपक्षी के रूप में पक्षकार नहीं बनाया जा सका है।
4. यह कि मामले के उक्त तथ्यों एवं परिस्थितियों को दृष्टिगत रखते हुए न्यायहित में आवश्यक है कि उक्त रिट याचिका में 'ग्राम सभा—धरसन, पोस्ट—कंधरापुर, जिला—आजमगढ़, उत्तर प्रदेश, इसके ग्राम प्रधान के माध्यम से' को प्रतिपक्षी संख्या 6 के रूप में जोड़ने की अनुमति प्रार्थिनी/याची को प्रदान करने की कृपा करे, अन्यथा प्रार्थिनी को अपूरणीय क्षति कारित होगा।

मैं, उपरोक्त नामांकित शपथकर्ता, यहाँ सशपथ बयान करता हूँ कि इस शपथ-पत्र के पैरा संख्या 1 के अन्तर्वस्तु मेरे निजी जानकारी में सत्य हैं; और पैरा संख्या... के अन्तर्वस्तु रिकॉर्ड पर आधारित हैं; और पैरा संख्या 2 एवं 4 के अन्तर्वस्तु

कानूनी परामर्श पर आधारित हैं; और पैरा संख्या 3 के अन्तर्वस्तु सूचना पर आधारित हैं, जिन्हें मैं सत्य मानता हूँ और इसका कोई भाग न तो असत्य है और न ही छिपाया गया है।

ईश्वर मेरी सहायता करे।

अँगूठा निशान **(शपथकर्ता)**

मैं,...पंजीकृत लिपिक, हाई कोर्ट इलाहाबाद, यहाँ यह घोषणा करता हूँ कि शपथ देनेवाला शपथकर्ता, जो स्वयं को शपथकर्ता बता रहा है, वही व्यक्ति है। मैं शपथकर्ता को उसके द्वारा मेरे समक्ष उपलब्ध कराए गए अभिलेख को देखकर जानता हूँ।

(...)

आज दिनांक...फरवरी, 2023 को पूर्वाह्न/अपराह्न...बजे शपथकर्ता द्वारा, जिसकी पहचान उपरोक्त व्यक्ति द्वारा की गई, सत्यनिष्ठा से मेरे समक्ष घोषणा की गई।

मैंने शपथकर्ता को इस शपथ-पत्र के अन्तर्वस्तु को पढ़ाया और समझाया है, और शपथकर्ता का परीक्षण करके सन्तुष्ट हूँ कि उसने इस शपथ-पत्र के अन्तर्वस्तु को भली-भाँति समझ लिया है।

(शपथ आयुक्त)

परिशिष्ट-15

अलग-अलग प्रार्थना-पत्र (Application) हेतु 'प्रार्थना (Prayer) का प्रारूप

1. आदेश-संशोधन (Correction) प्रार्थना-पत्र हेतु प्रार्थना

अत: सविनम्र प्रार्थना की जाती है कि यह माननीय न्यायालय, इस प्रार्थना-पत्र को स्वीकार करने और आदेश दिनांक...में संशोधन, जैसा उपरोक्त पैरा संख्या...में वर्णित है, करने की कृपा करे, और/या ऐसा अन्य एवं अग्रिम आदेश, जैसा इस माननीय न्यायालय द्वारा मामले की परिस्थितियों में पारित किया जाना उचित एवं उपयुक्त समझा जाए, पारित करने की कृपा करे।

2. पुनर्स्थापन (Restoration) प्रार्थना-पत्र हेतु प्रार्थना

अत: सविनम्र प्रार्थना की जाती है कि यह माननीय न्यायालय, इस प्रार्थना-पत्र को स्वीकार करने और माननीय न्यायमूर्ति...द्वारा पारित निर्णय एवं आदेश दिनांक...को वापस लेते हुए रिट याचिका/द्वितीय अपील/प्रथम अपील/...को इसके मूल संख्या पर पुनर्स्थापित करने की कृपा करे, और/या ऐसा अन्य एवं अग्रिम आदेश, जैसा इस माननीय न्यायालय द्वारा मामले की परिस्थितियों में पारित किया जाना उचित एवं उपयुक्त समझा जाए, पारित करने की कृपा करे।

3. पक्षकार-प्रतिस्थापन (Substitution) प्रार्थना-पत्र हेतु प्रार्थना

अत: सविनम्र प्रार्थना की जाती है कि यह माननीय न्यायालय, इस प्रार्थना-पत्र को स्वीकार करने और पक्षकार-रचना (Array of Parties) में प्रतिपक्षी संख्या 2 का

नाम निकालकर उनके स्थान पर संलग्न शपथ-पत्र के पैरा 3 में वर्णित व्यक्तियों का नाम वारिस एवं कानूनी प्रतिनिधि के रूप में प्रतिस्थापित करने की कृपा करे, और/या ऐसा अन्य एवं अग्रिम आदेश, जैसा इस माननीय न्यायालय द्वारा मामले की परिस्थितियों में पारित किया जाना उचित एवं उपयुक्त समझा जाए, पारित करने की कृपा करे।

4. स्थगन विस्तार (Stay Extension) प्रार्थना-पत्र हेतु प्रार्थना

अतः सविनम्र प्रार्थना की जाती है कि यह माननीय न्यायालय, इस प्रार्थना-पत्र को स्वीकार करने और उक्त मामले में पारित स्थगन आदेश दिनांक...को विस्तारित करने की कृपा करे, और/या ऐसा अन्य एवं अग्रिम आदेश, जैसा इस माननीय न्यायालय द्वारा मामले की परिस्थितियों में पारित किया जाना उचित एवं उपयुक्त समझा जाए, पारित करने की कृपा करे।

5. विलम्ब माफी (Delay Condonation) प्रार्थना-पत्र हेतु प्रार्थना

अतः सविनम्र प्रार्थना की जाती है कि यह माननीय न्यायालय, संलग्न...प्रार्थना-पत्र को दाखिल करने में हुए विलम्ब को माफ करने की कृपा करे, और/या ऐसा अन्य एवं अग्रिम आदेश, जैसा इस माननीय न्यायालय द्वारा मामले की परिस्थितियों में पारित किया जाना उचित एवं उपयुक्त समझा जाए, पारित करने की कृपा करे।

6. सूचीकरण (Listing) प्रार्थना-पत्र हेतु प्रार्थना

अतः सविनम्र प्रार्थना की जाती है कि यह माननीय न्यायालय, उक्त मामले को यथाशीघ्र किसी निश्चित तिथि पर सूचीबद्ध करने के लिए सम्बन्धित कार्यालय को निर्देशित करने की कृपा करे, और/या ऐसा अन्य एवं अग्रिम आदेश, जैसा इस माननीय न्यायालय द्वारा मामले की परिस्थितियों में पारित किया जाना उचित एवं उपयुक्त समझा जाए, पारित करने की कृपा करे।

परिशिष्ट-16

शपथ-पत्र (Affidavit) का प्रारूप

माननीय उच्च न्यायालय, इलाहाबाद के न्याय-प्रशासन के समक्ष

शपथ-पत्र

अन्तर्गत

सिविल प्रकीर्ण रिट याचिका संख्या...वर्ष 2023

(भारतीय संविधान के अनुच्छेद 226 के अन्तर्गत)

जिला—इलाहाबाद

एक्स. सिंह (X. Singh) और 3 अन्य

याचीगण

बनाम

उत्तर प्रदेश राज्य और 2 अन्य

विपक्षीगण

शपथ-पत्र द्वारा...उम्र लगभग...वर्ष

पुत्र...पता—...

(धर्म—हिन्दू, व्यवसाय—विद्यार्थी)

(शपथकर्ता)

मैं, उपरोक्त नामांकित शपथकर्ता, यहाँ सत्यनिष्ठापूर्वक सशपथ घोषणा एवं पुष्टि करता हूँ :

1. यह कि शपथकर्ता उक्त रिट याचिका में याची संख्या 1 है और वह याची संख्या 2, 3 एवं 4 की तरफ से पैरवी कर रहा है और इस कारण वह मामले के निम्न सशपथ घोषित तथ्यों से भली-भाँति अवगत है।

2. यह कि मामले के सम्पूर्ण तथ्य एवं परिस्थितियाँ संलग्न रिट याचिका में विस्तार से दी गई हैं, जिसे इस शपथ-पत्र के समर्थन में पढ़ने की कृपा की जाए।

मैं, उपरोक्त नामांकित शपथकर्ता, यहाँ सशपथ बयान करता हूँ कि इस शपथ-पत्र के पैरा संख्या 1 एवं 2 और संलग्न रिट याचिका के पैरा संख्या 1, 2, 11(अंश), 16, 19(अंश) एवं 20 के अन्तर्वस्तु मेरी निजी जानकारी में सत्य हैं; और संलग्न रिट याचिका के पैरा संख्या 3, 4, 5, 6, 7, 8, 9 एवं 11(अंश) के अन्तर्वस्तु रिकॉर्ड पर आधारित हैं; और संलग्न रिट याचिका के पैरा संख्या 10, 12, 13 एवं 17 के अन्तर्वस्तु सूचना पर आधारित हैं; और संलग्न रिट याचिका के पैरा संख्या 14, 15, 18, 19(अंश), 20, 21, 23 एवं 24 के अन्तर्वस्तु कानूनी परामर्श पर आधारित हैं, जिन्हें मैं सत्य मानता हूँ और इसका कोई भाग न तो असत्य है और न ही छिपाया गया है।

ईश्वर मेरी सहायता करे।

अँगूठा निशान **(शपथकर्ता)**

मैं,...पंजीकृत लिपिक, हाई कोर्ट इलाहाबाद, यहाँ यह घोषणा करता हूँ कि शपथ देनेवाला शपथकर्ता, जो स्वयं को शपथकर्ता बता रहा है, वही व्यक्ति है। मैं शपथकर्ता को उसके द्वारा मेरे समक्ष उपलब्ध कराए गए अभिलेख को देखकर जानता हूँ।

(...)

आज दिनांक...अप्रैल, 2023 को पूर्वाह्न/अपराह्न...बजे शपथकर्ता द्वारा, जिसकी पहचान उपरोक्त व्यक्ति द्वारा की गई, सत्यनिष्ठा से मेरे समक्ष घोषणा की गई।

मैंने शपथकर्ता को इस शपथ-पत्र के अन्तर्वस्तु को पढ़ाया और समझाया है, और शपथकर्ता का परीक्षण करके सन्तुष्ट हूँ कि उसने इस शपथ-पत्र के अन्तर्वस्तु को भली-भाँति समझ लिया है।

(शपथ आयुक्त)

परिशिष्ट-17

'उत्तर शपथ-पत्र (Counter Affidavit)' का प्रारूप

माननीय उच्च न्यायालय, इलाहाबाद के न्याय-प्रशासन के समक्ष

उत्तर शपथ-पत्र

अन्तर्गत

आपराधिक प्रकीर्ण जमानत प्रार्थना-पत्र संख्या...वर्ष 2020

(अन्तर्गत धारा 439 अपराध प्रक्रिया संहिता)

जनपद—आजमगढ़

एस. उपाध्याय, पुत्र..., निवासी ग्राम—...
थाना—अहरौला, जिला—आजमगढ़

प्रार्थी

बनाम

उत्तर प्रदेश राज्य

प्रतिपक्षी

शपथ-पत्र द्वारा...उम्र-43 वर्ष, पुत्र..., पता—...,
नगर पंचायत..., जिला—आजमगढ़।
(धर्म—हिन्दू, व्यवसाय—व्यवसाय)

(शपथकर्ता)

मैं, उपर्युक्त नामांकित शपथकर्ता, यहाँ सत्यनिष्ठापूर्वक सशपथ घोषणा एवं पुष्टि करता हूँ :

1. यह कि शपथकर्ता उक्त मामले में शिकायतकर्ता है और इस कारण वह मामले के निम्न सशपथ घोषित तथ्यों से भली-भाँति अवगत है।

2. यह कि चतुर्थ जमानत प्रार्थना-पत्र के समर्थन में दाखिल शपथ-पत्र का पैरावार उत्तर निम्न है।
3. यह कि शपथ-पत्र के पैरा संख्या 1 व 2 के अन्तर्वस्तु, औपचारिक होने के कारण इसका उत्तर देने की आवश्यकता नहीं है।
4. यह कि शपथ-पत्र के पैरा संख्या 3 के अन्तर्वस्तु के उत्तर में कहना है कि प्रार्थी ने अपनी कोचिंग संस्था का नाजायज लाभ उठाते हुए जघन्य अपराध किया है, जिसके लिए वह कारावास में है।
5. यह कि शपथ-पत्र के पैरा संख्या 4, 5 व 6 के अन्तर्वस्तु अभिलेख के विषय हैं, जिन्हें इनके माध्यम से सत्यापित किया जा सकता है।
6. यह कि शपथ-पत्र के पैरा संख्या 7, 8, 9, 10, 11, 12, 13, 14, एवं 15 के अन्तर्वस्तु अभिलेख के विषय हैं, जिन्हें इनके माध्यम से सत्यापित किया जा सकता है। इनके उत्तर में यह कहना है कि प्रार्थी/अभियुक्त ने अपनी कोचिंग संस्था का नाजायज लाभ उठाते हुए जघन्य अपराध किया है, जिसके विरुद्ध शिकायतकर्ता द्वारा प्रथम सूचना रिपोर्ट दिनांक 22.12.2016 दाखिल की गई और जाँचोपरान्त जाँच अधिकारी ने आरोप-पत्र दाखिल किया है। घटना के समय पीड़िता कक्षा 8 की छात्रा थी और उसकी उम्र 14 वर्ष थी। पीड़िता के जूनियर हाई स्कूल एवं हाई स्कूल के अंकपत्र की सत्यप्रति/फोटोप्रति इस शपथ-पत्र के साथ संलग्नक संख्या 1 के रूप में दाखिल की जा रही है।
7. यह कि शपथ-पत्र के पैरा संख्या 16 के अन्तर्वस्तु के उत्तर में निम्न कथन किया जाता है—

    (क) यह कि पी.डब्ल्यू.-1 (शिकायतकर्ता) और पी.डब्ल्यू.-2 की मुख्य परीक्षा एवं प्रतिपरीक्षा 13.12.2017 से 20.09.2018 की अवधि के दौरान हुई। इस दौरान अभियुक्त की ओर से आजमगढ़ के दो विधिवक्तागण श्री...यादव और...यादव उपस्थित हुए। ये दोनों माननीय अधिवक्तागण आजमगढ़ में अपराध क्षेत्र के प्रसिद्ध विधिवक्ता हैं। सभी अभियुक्तों की ओर से श्री...यादव ने पी.डब्ल्यू.-1 की प्रतिपरीक्षा (Cross Examination) की।

    (ख) यह कि इसके उपरान्त पी.डब्ल्यू.-3 (पीड़िता) की मुख्य परीक्षा एवं प्रतिपरीक्षा 15.11.2018 से आरम्भ हुई और क्रमशः 15.11.2018,

23.11.2018, 27.11.2018 एवं 30.11.2018 को हुई। प्रतिपरीक्षा के लिए अगली तिथि 07.12.2018 निश्चित की गई। इस दिन भी पी.डब्ल्यू.-3 (पीड़िता) उपस्थित हुई। किन्तु अभियुक्त के दो विधिवक्ताओं में से एक विधिवक्ता श्री...यादव ने प्रतिपरीक्षा को टालने का प्रार्थना-पत्र दे दिया, जिसे माननीय परीक्षण न्यायालय ने अपने आदेश दिनांक 07.12.2018 द्वारा खारिज कर दिया। प्रार्थी/अभियुक्त की ओर से श्री...यादव, विधिवक्ता के माध्यम से दाखिल प्रार्थना-पत्र दिनांक 07.12.2018 एवं परीक्षण न्यायालय के आदेश दिनांक 07.12.2018 की सत्यप्रति/फोटोप्रति इस शपथ-पत्र के साथ क्रमशः संलग्नक संख्या 2 एवं 3 के रूप में दाखिल की जा रही है।

(ग) यह कि अभियुक्त/प्रार्थी के विधिवक्ता श्री...यादव द्वारा कोई चिकित्सा प्रमाण-पत्र नहीं दाखिल किया गया। परीक्षण न्यायालय का आदेश दिनांक 07.12.2018 सम्यक एवं न्यायोचित आदेश है, जिसे अभियुक्त/प्रार्थी द्वारा भी कभी चुनौती नहीं दी गई।

(घ) यह कि श्री..., विधिवक्ता की अनुपस्थिति में अभियुक्त/प्रार्थी के दूसरे अधिवक्ता श्री...द्वारा प्रतिपरीक्षा की जा सकती थी, किन्तु ऐसा न करके केवल पीड़िता को परेशान एवं उत्पीड़ित करने का प्रयास किया गया।

(च) यह कि माननीय परीक्षण न्यायालय के आदेश के अनुपालन में पी.डब्ल्यू.-3 (पीड़िता) की पुनः प्रतिपरीक्षा क्रमशः 14.02.2019 एवं 05.04.2019 को हुई। इस बात की जानकारी अभियुक्त/प्रार्थी को और उनके अधिवक्तागण को थी, किन्तु उनके द्वारा पुनः प्रतिपरीक्षा के लिए, यदि कोई छूटा था, कोई प्रार्थना-पत्र नहीं दिया गया।

(छ) यह कि तत्पश्चात जाँच अधिकारी एवं चिकित्सा अधिकारी/पी.डब्ल्यू.-4, पी.डब्ल्यू.-5 और पी.डब्ल्यू.-6 की मुख्य परीक्षा एवं प्रतिपरीक्षा 18.07.2019 से 06.01.2020 की अवधि के दौरान हुई।

(ज) यह कि अभियोजन पक्ष की ओर से सभी गवाहों का साक्ष्य पूर्ण हो गया।

(झ) यह कि पीड़िता को परेशान एवं उत्पीड़ित करने की नीयत से प्रार्थी/अभियुक्त की ओर से सी.आर.पी.सी. की धारा 311 के अन्तर्गत प्रार्थना-पत्र दिनांक 06.11.2020 दाखिल किया गया, जिसे आलोच्य आदेश दिनांक 01.11.2021 द्वारा स्वीकार कर लिया गया। प्रार्थी/अभियुक्त की ओर से दाखिल प्रार्थना-पत्र दिनांक 06.11.2020 एवं परीक्षण न्यायालय के आलोच्य आदेश दिनांक 01.11.2021 की सत्यप्रति/फोटोप्रति इस शपथ-पत्र के साथ क्रमशः संलग्नक संख्या 4 एवं 5 के रूप में दाखिल की जा रही है।

8. यह कि शपथ-पत्र के पैरा संख्या 17, 18, 19, 20, 21 एवं 22 के अन्तर्वस्तु गलत, एवं आधारहीन हैं अतः इन्हें अस्वीकार किया जाता है। प्रार्थी/अभियुक्त, इस चतुर्थ जमानत-पत्र के लिए कोई नया आधार बता पाने में असफल रहा है।
9. यह कि शपथ-पत्र के पैरा संख्या 23 के अन्तर्वस्तु ऑर्डरशीट से सम्बन्धित हैं और अभिलेख के विषय हैं, जिन्हें इनके माध्यम से सत्यापित किया जा सकता है।
10. यह कि शपथ-पत्र के पैरा संख्या 24, 25, 26, 27, 28, 29, 30 एवं 31 के अन्तर्वस्तु गलत, एवं आधारहीन हैं और इन्हें जिस तरह कहा गया है, वह अस्वीकरणीय हैं। प्रार्थी/अभियुक्त, इस चतुर्थ जमानत-पत्र के लिए कोई नया आधार बता पाने में असफल रहा है।
11. यह कि शपथ-पत्र के पैरा संख्या 32 के समर्थन में कोई साक्ष्य नहीं दाखिल किया गया है।
12. यह कि शपथ-पत्र के पैरा संख्या 33, 34, 35, 36, 37, 38, 39, 40 एवं 41 के अन्तर्वस्तु गलत, एवं आधारहीन हैं और इन्हें जिस तरह कहा गया है, वह अस्वीकरणीय हैं। प्रार्थी/अभियुक्त, इस चतुर्थ जमानत-पत्र के लिए कोई नया आधार बता पाने में असफल रहा है। अतः अभियुक्त/प्रार्थी की ओर से दाखिल वर्तमान चतुर्थ जमानत प्रार्थना-पत्र अर्थदंड के साथ खारिज होने योग्य है।

मैं, उपरोक्त नामांकित शपथकर्ता, यहाँ सशपथ बयान करता हूँ कि इस शपथ-पत्र के पैरा संख्या 1, 2, 3, 7, 7ढ, 11, 13 एवं 14 के अन्तर्वस्तु मेरी निजी

जानकारी में सत्य हैं; पैरा संख्या 5, 6(अंश), 7ख, 7झ, 9, 16 एवं 18(अंश) के अन्तर्वस्तु रिकॉर्ड पर आधारित हैं; पैरा संख्या के अन्तर्वस्तु 4, 6(अंश), 7क, 7ख, 7ग, 7घ, 7च, 7छ, 7ज, 7ट, 7ठ, 7ड एवं 15 सूचना पर आधारित हैं; और पैरा संख्या 8, 10, 12, 17, 18(अंश), 19 एवं 20 के अन्तर्वस्तु कानूनी परामर्श पर आधारित हैं, जिन्हें मैं सत्य मानता हूँ और इसका कोई भाग न तो असत्य है और न ही छिपाया गया है।

ईश्वर मेरी सहायता करे।

अँगूठा निशान **(शपथकर्ता)**

मैं,...पंजीकृत लिपिक, हाई कोर्ट इलाहाबाद, यहाँ यह घोषणा करता हूँ कि शपथ देनेवाला शपथकर्ता, जो स्वयं को शपथकर्ता बता रहा है, वही व्यक्ति है। मैं शपथकर्ता को उसके द्वारा मेरे समक्ष उपलब्ध कराए गए अभिलेख को देखकर जानता हूँ।

(...)

आज दिनांक...जनवरी, 2023 को पूर्वाह्न/अपराह्न...बजे शपथकर्ता द्वारा, जिसकी पहचान उपरोक्त व्यक्ति द्वारा की गई, सत्यनिष्ठा से मेरे समक्ष घोषणा की गई।

मैंने शपथकर्ता को इस शपथ-पत्र के अन्तर्वस्तु को पढ़ाया और समझाया है, और शपथकर्ता का परीक्षण करके सन्तुष्ट हूँ कि उसने इस शपथ-पत्र के अन्तर्वस्तु को भली-भाँति समझ लिया है।

(शपथ आयुक्त)

परिशिष्ट-18

'प्रत्युत्तर शपथ-पत्र (Rejoinder Affidavit)' का प्रारूप

माननीय उच्च न्यायालय, इलाहाबाद के न्याय-प्रशासन के समक्ष
प्रत्युत्तर शपथ-पत्र
अन्तर्गत
आपराधिक निगरानी संख्या 4643 वर्ष 2022
[अन्तर्गत धारा 102, किशोर न्याय (बच्चों की देख-रेख एवं संरक्षण)]
अधिनियम, 2015

जनपद—गोरखपुर

XXX जुवेनाइल (XXX Juvenile) अवयस्क पुत्र श्री...निषाद जरिये पिता/नैसर्गिक संरक्षक...निषाद, पता—ग्राम/पोस्ट—बहरामपुर, थाना—गीडा, जिला—गोरखपुर

निगरानीकर्ता
(09/06/2022 से निरुद्ध)

बनाम

1. उत्तर प्रदेश राज्य, गृह मंत्रालय, लखनऊ,
   इसके सचिव के माध्यम से
2. किशोर न्याय बोर्ड, गोरखपुर
3. श्री...पुत्र...पता—...,
   थाना—गीडा, जिला—गोरखपुर...

प्रतिपक्षीगण

शपथ-पत्र द्वारा...उम्र—29 वर्ष, पुत्र श्री..., पता—ग्राम/पोस्ट—बहरामपुर, थाना—गीडा, जिला—गोरखपुर
(धर्म—हिन्दू, व्यवसाय—श्रमिक)

(शपथकर्ता)

मैं, उपरोक्त नामांकित शपथकर्ता, यहाँ सत्यनिष्ठापूर्वक सशपथ घोषणा एवं पुष्टि करता हूँ :

1. यह कि शपथकर्ता उक्त मामले में निगरानीकर्ता का पिता और नैसर्गिक संरक्षक है, तथा इस रूप में वह निगरानीकर्ता की तरफ से पैरवी कर रहा है और इस कारण वह मामले के निम्न सशपथ घोषित तथ्यों से भली-भाँति अवगत है।
2. यह कि शपथकर्ता ने प्रतिपक्षी संख्या 1 के उत्तर शपथ-पत्र को पढ़ा है और वह इसे अच्छी तरह समझकर निम्न पैरावार प्रतिउत्तर दे रहा है।
3. यह कि उत्तर शपथ-पत्र के पैरा संख्या 1 के अन्तर्वस्तु, औपचारिक होने के कारण इसका जवाब देने की आवश्यकता नहीं है।
4. यह कि उत्तर शपथ-पत्र के पैरा संख्या 2 के अन्तर्वस्तु अभिलेख का विषय हैं, जिन्हें इनके माध्यम से सत्यापित किया जाना न्यायहित में है।
5. यह कि उत्तर शपथ-पत्र के पैरा संख्या 3 के अन्तर्वस्तु, औपचारिक होने के कारण इसका जवाब देने की आवश्यकता नहीं है।
6. यह कि उत्तर शपथ-पत्र के पैरा संख्या 4 के अन्तर्वस्तु के जवाब में निगरानी के समर्थन में दाखिल शपथ-पत्र के पैरा संख्या 2 एवं 3 के अन्तर्वस्तु की पुनरावृत्ति एवं पुनर्पुष्टि की जाती है।
7. यह कि उत्तर शपथ-पत्र के पैरा संख्या 5 में प्रथम सूचना के दाखिले की बात स्वीकार है किन्तु शेष बातें जिस तरह कही गई हैं, वे अस्वीकार्य हैं। इसके जवाब में निगरानी के समर्थन में दाखिल शपथ-पत्र के पैरा संख्या 4, 5, 6, 7 एवं 8 के अन्तर्वस्तु की पुनरावृत्ति एवं पुनर्पुष्टि की जाती है। निगरानीकर्ता अवयस्क एवं अबोध लड़का है और उसके खिलाफ जो आरोप लगाया गया है, वह गलत है एवं गाँव की गुटबाजी के कारण लगाया गया है। पीड़िता की अनुपूरक मेडिको-लीगल रिपोर्ट (Supplementary Medico-Legal Report) से अभियोग-कथन गलत एवं झूठा साबित होता है। पीड़िता के पूरक मेडिको-लीगल रिपोर्ट दिनांक 11.06.2022 की सत्यप्रति/फोटोप्रति इस शपथ-पत्र के साथ प्रत्युत्तर संलग्नक संख्या 1 के रूप में दाखिल की जा रही है।
8. यह कि उत्तर शपथ-पत्र के पैरा संख्या 6 के अन्तर्वस्तु गलत हैं और इन्हें अस्वीकार किया जाता है। इसके जवाब में निगरानी के समर्थन में

दाखिल शपथ-पत्र के पैरा संख्या 9 के अन्तर्वस्तु की पुनरावृत्ति एवं पुनर्पुष्टि की जाती है।

9. यह कि उत्तर शपथ-पत्र के पैरा संख्या 7 के अन्तर्वस्तु के जवाब में निगरानी के समर्थन में दाखिल शपथ-पत्र के पैरा संख्या 10, 11, 12, 13, 14, 15, 16 एवं 17 के अन्तर्वस्तु की पुनरावृत्ति एवं पुनर्पुष्टि की जाती है। निगरानीकर्ता अवयस्क एवं निर्दोष है और उसके जमानत प्रार्थना-पत्र को खारिज करके दोनों अधीनस्थ न्यायालयों ने कानूनी गलती की है और इस स्थापित व्यवस्था का अनुपालन नहीं किया है कि किसी अवयस्क के जमानत प्रार्थना-पत्र पर विचार करते समय अपराध की प्रकृति को नहीं देखा जाना चाहिए।

10. यह कि उत्तर शपथ-पत्र के पैरा संख्या 8 के अन्तर्वस्तु के जवाब में निगरानी के समर्थन में दाखिल शपथ-पत्र के पैरा संख्या 18 के अन्तर्वस्तु की पुनरावृत्ति एवं पुनर्पुष्टि की जाती है। अपीलीय न्यायालय ने आदेश दिनांक 20.09.2022 पारित करके कानूनी गलती की है।

11. यह कि उत्तर शपथ-पत्र के पैरा संख्या 9 के अन्तर्वस्तु के जवाब में निगरानी के समर्थन में दाखिल शपथ-पत्र के पैरा संख्या 19 के अन्तर्वस्तु की पुनरावृत्ति एवं पुनर्पुष्टि की जाती है। निगरानीकर्ता बहुत ही मेधावी छात्र रहा है और शपथकर्ता उसकी देखभाल और अच्छे संस्कार की जिम्मेदारी लेता है।

12. यह कि उत्तर शपथ-पत्र के पैरा संख्या 10 के अन्तर्वस्तु के जवाब में निगरानी के समर्थन में दाखिल शपथ-पत्र के पैरा संख्या 20, 21, 22, 23, 24, 25, 26, 27, 28 एवं 29 के अन्तर्वस्तु की पुनरावृत्ति एवं पुनर्पुष्टि की जाती है। निगरानीकर्ता अवयस्क एवं निर्दोष है और उसके जमानत प्रार्थना-पत्र को खारिज करके दोनों अधीनस्थ न्यायालयों ने कानूनी गलती की है।

13. यह कि उत्तर शपथ-पत्र के पैरा संख्या 11 के अन्तर्वस्तु के जवाब में निगरानी के समर्थन में दाखिल शपथ-पत्र के पैरा संख्या 30 के अन्तर्वस्तु की पुनरावृत्ति एवं पुनर्पुष्टि की जाती है। निगरानीकर्ता का कोई आपराधिक इतिहास नहीं है। वह अवयस्क एवं निर्दोष है तथा एक मेधावी छात्र रहा है। सुधारगृह में रहने के दौरान भी उसका व्यवहार बहुत ही

सदाचारी एवं स्वस्थ रहा है। शपथकर्ता निगरानीकर्ता के देखभाल की जिम्मेदारी लेता है।

14. यह कि उत्तर शपथ-पत्र के पैरा संख्या 12 के अन्तर्वस्तु के जवाब में निगरानी के समर्थन में दाखिल शपथ-पत्र के पैरा संख्या 31 एवं 32 के अन्तर्वस्तु की पुनरावृत्ति एवं पुनर्पुष्टि की जाती है। निगरानीकर्ता अवयस्क एवं निर्दोष है और उसके जमानत प्रार्थना-पत्र को खारिज करके दोनों अधीनस्थ न्यायालयों ने कानूनी गलती की है और इस स्थापित व्यवस्था का अनुपालन नहीं किया है कि किसी अवयस्क के जमानत प्रार्थना-पत्र पर विचार करते समय अपराध की प्रकृति को नहीं देखा जाना चाहिए। निगरानीकर्ता बहुत ही मेधावी छात्र रहा है और शपथकर्ता निगरानीकर्ता की देखभाल की जिम्मेदारी लेता है। अत: निगरानीकर्ता को जमानत पर रिहा किया जाना न्यायहित में है।

मैं, उपरोक्त नामांकित शपथकर्ता, यहाँ सशपथ बयान करता हूँ कि इस शपथ-पत्र के पैरा संख्या 1, 2, 3, 5, 6, 7(अंश), 8, 9(अंश), 10(अंश), 11, 12(अंश), 13 एवं 14(अंश) के अन्तर्वस्तु मेरी निजी जानकारी में सत्य हैं; पैरा संख्या 4 एवं 7(अंश) के अन्तर्वस्तु रिकॉर्ड पर आधारित हैं; पैरा संख्या...के अन्तर्वस्तु...सूचना पर आधारित हैं; और पैरा संख्या 9(अंश), 10(अंश), 12(अंश) एवं 14(अंश) के अन्तर्वस्तु कानूनी परामर्श पर आधारित हैं, जिन्हें मैं सत्य मानता हूँ और इसका कोई भाग न तो असत्य है और न ही छिपाया गया है।

ईश्वर मेरी सहायता करे।

अँगूठा निशान **(शपथकर्ता)**

मैं,...पंजीकृत लिपिक, हाई कोर्ट इलाहाबाद, यहाँ यह घोषणा करता हूँ कि शपथ देनेवाला शपथकर्ता, जो स्वयं को शपथकर्ता बता रहा है, वही व्यक्ति है। मैं शपथकर्ता को उसके द्वारा मेरे समक्ष उपलब्ध कराए गए अभिलेख को देखकर जानता हूँ।

(...)

आज दिनांक...जनवरी, 2023 को पूर्वाह्न/अपराह्न...बजे शपथकर्ता द्वारा, जिसकी पहचान उपरोक्त व्यक्ति द्वारा की गई, सत्यनिष्ठा से मेरे समक्ष घोषणा की गई।

मैंने शपथकर्ता को इस शपथ-पत्र के अन्तर्वस्तु को पढ़ाया और समझाया है, और शपथकर्ता का परीक्षण करके सन्तुष्ट हूँ कि उसने इस शपथ-पत्र के अन्तर्वस्तु को भली-भाँति समझ लिया है।

(शपथ आयुक्त)

परिशिष्ट-19

'पूरक शपथ-पत्र (Supplementary Affidavit)' का प्रारूप

माननीय उच्च न्यायालय, इलाहाबाद के न्याय-प्रशासन के समक्ष
पूरक शपथ-पत्र
अन्तर्गत
सिविल प्रकीर्ण रिट याचिका संख्या...वर्ष 2023
(भारतीय संविधान के अनुच्छेद 226 के अन्तर्गत)

जनपद—आजमगढ़

एन. देवी (N. Devi)

याची

बनाम

उत्तर प्रदेश राज्य एवं अन्य

प्रतिपक्षीगण

शपथ-पत्र द्वारा, उम्र लगभग 35 वर्ष, पुत्र श्री..., निवासी—ग्राम—..., पोस्ट—..., जिला—आजमगढ़, उत्तर प्रदेश-276135 (धर्म—..., व्यवसाय—...)

(शपथकर्ता)

मैं, उपरोक्त नामांकित शपथकर्ता, यहाँ सत्यनिष्ठापूर्वक सशपथ घोषणा एवं पुष्टि करता हूँ :

1. यह कि शपथकर्ता याची का पति है और वह उसकी तरफ से पैरवी कर रहा है और इस कारण वह मामले के निम्न सशपथ घोषित तथ्यों से भली-भाँति अवगत है।

2. यह कि ग्राम धड़सन स्थित पोखरी संख्या 272 हेतु मत्स्य पालन पट्टा के लिए प्रतिपक्षी संख्या 5 के पक्ष में की गई नीलामी को स्वीकृति प्रदान की गई है या नहीं, इस सम्बन्ध में जानकारी लेने के लिए याची, प्रतिपक्षी संख्या 2 के कार्यालय में गई। प्रतिपक्षी संख्या 2 के कार्यालय द्वारा 13.04.2023 को बताया गया कि सम्बन्धित पत्रावली प्रतिपक्षी संख्या 4 के पास रखी जाती है, इसलिए इस सम्बन्ध में जानकारी प्रतिपक्षी संख्या 4 के कार्यालय से प्राप्त होगी।
3. यह कि तत्पश्चात याची, 20.04.2023 को प्रतिपक्षी संख्या 4 के कार्यालय में मिली। सम्बन्धित बाबू अनिल जी ने बताया कि ग्राम धड़सन स्थित पोखरी संख्या 272 के सन्दर्भ में मत्स्य पालन पट्टा को अभी स्वीकृति नहीं प्रदान की गई है। कार्यालय के बाबू अनिल जी ने यह भी बताया गया कि याची की आपत्ति दिनांक 11.11.2022 एवं 06.02.23 पर भी कोई निर्णय नहीं लिया गया है और यह अभी भी विचाराधीन है।

मैं, उपरोक्त नामांकित शपथकर्ता, यहाँ सशपथ बयान करता हूँ कि इस शपथ-पत्र के पैरा संख्या 1, 2 एवं 4 के अन्तर्वस्तु मेरे निजी जानकारी में सत्य हैं; और संलग्न रिट याचिका के पैरा संख्या...के अन्तर्वस्तु रिकॉर्ड पर आधारित हैं; और संलग्न रिट याचिका के पैरा संख्या...के अन्तर्वस्तु कानूनी परामर्श पर आधारित हैं; और संलग्न रिट याचिका के पैरा संख्या 3 के अन्तर्वस्तु सूचना पर आधारित हैं, जिन्हें मैं सत्य मानता हूँ और इसका कोई भाग न तो असत्य है और न ही छिपाया गया है।

ईश्वर मेरी सहायता करे।

अँगूठा निशान **(शपथकर्ता)**

मैं,...पंजीकृत लिपिक, हाई कोर्ट इलाहाबाद, यहाँ यह घोषणा करता हूँ कि शपथ देनेवाला शपथकर्ता, जो स्वयं को शपथकर्ता बता रहा है, वही व्यक्ति है। मैं शपथकर्ता को उसके द्वारा मेरे समक्ष उपलब्ध कराए गए अभिलेख को देखकर जानता हूँ।

(...)

आज दिनांक...फरवरी, 2023 को पूर्वाह्न/अपराह्न...बजे शपथकर्ता द्वारा, जिसकी पहचान उपरोक्त व्यक्ति द्वारा की गई, सत्यनिष्ठा से मेरे समक्ष घोषणा की गई।

मैंने शपथकर्ता को इस शपथ-पत्र के अन्तर्वस्तु को पढ़ाया और समझाया है, और शपथकर्ता का परीक्षण करके सन्तुष्ट हूँ कि उसने इस शपथ-पत्र के अन्तर्वस्तु को भली-भाँति समझ लिया है।

(शपथ आयुक्त)

परिशिष्ट-20

कैविएट प्रार्थना-पत्र का प्रारूप

माननीय उच्च न्यायालय, इलाहाबाद के न्याय-प्रशासन के समक्ष

सिविल प्रकीर्ण कैविएट प्रार्थना-पत्र संख्या...वर्ष 2023

(Civil Misc. Caveat Application No...of 2023)

(इलाहाबाद हाई कोर्ट नियम, 1952 के अध्याय 22, नियम 5 सपठित सिविल प्रक्रिया संहिता की धारा 148-क के अन्तर्गत)

द्वारा

एक्स. गुप्ता (X. Gupta) पुत्र...,
निवासी—..., पडरौना, जिला—कुशीनगर प्रार्थी/प्रतिपक्षी

अन्तर्गत

सिविल प्रकीर्ण रिट याचिका संख्या...वर्ष 2023

(भारतीय संविधान के अनुच्छेद 226 के अन्तर्गत)

जनपद—कुशीनगर

1. वाई. देवी (Y. Devi) पत्नी...
   निवासी— पडरौना, जिला—कुशीनगर

प्रस्तावित याची

बनाम

1. राजस्व परिषद उ. प्र. लखनऊ
2. एक्स. गुप्ता (X. Gupta) पुत्र...,
   निवासी— पडरौना, जिला—कुशीनगर

प्रतिपक्षीगण

सेवा में,

उपर्युक्त उल्लिखित न्यायालय के माननीय मुख्य न्यायाधीश एवं अन्य सहयोगी न्यायाधीशगण।

उपर्युक्त प्रार्थी के इस प्रार्थना-पत्र के माध्यम से निम्न कथन सविनम्र प्रस्तुत किया जाता है :

1. यह कि राजस्व परिषद उ. प्र. लखनऊ/प्रतिपक्षी संख्या 1 द्वारा प्रार्थी की निगरानी, जिसकी निगरानी संख्या...(अन्तर्गत धारा 219 उ. प्र. भू राजस्व अधिनियम, 1901) है, के मामले में आदेश दिनांक 05.06.2023 पारित किया गया है।
2. यह कि उपरोक्त प्रस्तावित याची, इस माननीय उच्च न्यायालय के समक्ष प्रतिपक्षी संख्या 1 द्वारा पारित आदेश दिनांक 05.06.2023 के विरुद्ध सिविल प्रकीर्ण रिट याचिका दाखिल कर सकता है।
3. यह कि प्रस्तावित सिविल प्रकीर्ण रिट याचिका और इसके साथ दाखिल होनेवाले सिविल प्रकीर्ण स्थगन या अन्तरिम प्रार्थना-पत्र पर प्रार्थी/कैविएटर को भी सुना जाना न्यायहित में है।
4. यह कि प्रार्थी/कैविएटर ने प्रस्तावित याची को इस कैविएट प्रार्थना-पत्र नोटिस रजिस्टर्ड डाक के माध्यम से भेज दिया है और रजिस्ट्री की प्राप्ति इस कैविएट प्रार्थना-पत्र के साथ संलग्न है।
5. यह कि इस कैविएट प्रार्थना-पत्र के साथ वकालतनामा भी दाखिल किया जा रहा है। यह वकालतनामा प्रार्थी/कैविएटर के विधिवक्तागण श्री अनूप बरनवाल एवं श्री नित्य प्रकाश तिवारी द्वारा स्वीकार किया गया है।
6. यह कि न्यायहित में प्रस्तावित याची को निर्देश देना आवश्यक है कि वह प्रस्तावित सिविल प्रकीर्ण रिट याचिका एवं अन्तरिम प्रार्थना-पत्र, समस्त संलग्नक के साथ, की प्रति श्री अनूप बरनवाल एवं श्री नित्य प्रकाश तिवारी, विधिवक्ता, चैम्बर नं. 161, इलाहाबाद उच्च न्यायालय, को प्राप्त कराए, अन्यथा प्रार्थी/कैविएटर को अपूरणीय क्षति एवं नुकसान उठाना पड़ेगा।

प्रार्थना

अत: सविनम्र प्रार्थना की जाती है कि यह माननीय न्यायालय, प्रतिपक्षी संख्या 1 के आदेश दिनांक 05.06.2023 के विरुद्ध दाखिल होनेवाली प्रस्तावित सिविल प्रकीर्ण रिट याचिका एवं अन्तरिम प्रार्थना-पत्र, समस्त संलग्नक के साथ, की प्रति श्री अनूप बरनवाल एवं श्री नित्य प्रकाश तिवारी, विधिवक्ता, चैम्बर नं. 161, इलाहाबाद उच्च न्यायालय, को प्राप्त कराने हेतु निर्देशित करने तथा प्रस्तावित सिविल प्रकीर्ण रिट याचिका और अन्तरिम प्रार्थना-पत्र पर प्रार्थी/कैविएटर के विधिवक्ता को सुनने की कृपा करे।

दिनांक	**अनूप बरनवाल**	**नित्य प्रकाश तिवारी**
...	(ANOOP BARANWAL)	(NITYA PRAKASH TIWARI)

प्रार्थी/कैविएटर के विधिवक्ता

चैम्बर संख्या 161, उच्च न्यायालय, इलाहाबाद

अनुक्रमणिका